掌尚文化

Culture is Future

尚文化·掌天下

A Study on the Development Path of

General Aviation Industry in Guizhou Province

贵州通用航空产业
发展路径研究

陈应武———

著

经济管理出版社
ECONOMY & MANAGEMENT PUBLISHING HOUSE

图书在版编目（CIP）数据

贵州通用航空产业发展路径研究 ／ 陈应武著.
北京：经济管理出版社，2024. -- ISBN 978-7-5096
-9840-2

Ⅰ．F562.873

中国国家版本馆 CIP 数据核字第 2024WG9307 号

组稿编辑：宋　娜
责任编辑：宋　娜
责任印制：许　艳
责任校对：陈　颖

出版发行：经济管理出版社
　　　　　（北京市海淀区北蜂窝 8 号中雅大厦 A 座 11 层　100038）
网　　址：www. E-mp.com.cn
电　　话：(010) 51915602
印　　刷：唐山玺诚印务有限公司
经　　销：新华书店
开　　本：720mm×1000mm/16
印　　张：15.5
字　　数：218 千字
版　　次：2024 年 8 月第 1 版　　2024 年 8 月第 1 次印刷
书　　号：ISBN 978-7-5096-9840-2
定　　价：98.00 元

前　言

　　随着全球化和区域经济一体化的不断深入，通用航空产业作为国民经济的重要组成部分，正逐渐成为推动社会进步和技术创新的关键力量。中国作为世界上人口众多、经济发展迅速的国家之一，其通用航空产业的发展更是备受瞩目。贵州省以其独特的地理环境和丰富的民族文化，为通用航空产业的发展提供了得天独厚的条件。本书旨在深入探讨贵州省通用航空产业的发展现状、面临的挑战与机遇，以及未来的发展方向。

　　发展通用航空产业，具有极其重要的战略意义。作为现代经济体系中的重要组成部分，通用航空产业不仅代表了国家航空工业的发展水平，更是衡量一个国家综合国力和科技实力的重要标志。随着全球经济一体化和区域经济合作的不断深入，通用航空产业在提高国家竞争力等方面发挥着越来越重要的作用。通用航空产业的发展水平直接关系到国家的空中交通管理能力、航空应急救援能力，以及航空科技创新能力。它能够为国家提供快速、高效的空中运输解决方案，满足日益增长的商务、旅游和物流需求。同时，通用航空产业也是国家战略性新兴产业，对于推动科技创新、促进产业结构优化升级、实现可持续发展具有重要意义。在全球范围内，通用航空产业已经成为推动经济增长、提升国家软实力的关键因素。它通过提供高质量的航空产品和服务，不仅满足了人们对便捷出行的追求，也为国家在全球航空市场中赢得了话语权和影响力。随着科学技术的进步和市场需求的不断扩大，通用航空产业必将迎来更广阔的发展空间，成为国家经济发展的重要引擎。

发展通用航空产业是推动产业升级的重要牵引。通用航空产业不仅涵盖了航空器的研发、制造、运营和维护等环节，还关联到航空服务、航空金融、航空教育等多元化领域，形成了一个跨行业、多层次的产业链结构。通用航空产业凭借其技术含量高、产业链条长、市场潜力大等显著特点，正日益成为推动产业升级和经济增长的重要力量。通过不断的技术创新和产业融合，通用航空产业能够为相关产业带来新的发展机遇，促进产业结构的优化升级，提高整个产业链的竞争力。它不仅能够为传统产业注入新的活力，还能在新兴产业中发挥引领作用，加速新旧动能的转换。通用航空产业的发展有助于推动制造业向高端化、智能化转型，同时也为服务业提供了新的增长点。此外，通用航空产业的发展能够吸引大量的投资，创造就业机会，促进地方经济发展。随着科学技术的进步和市场需求的不断扩大，通用航空产业有望成为未来经济发展的新引擎，为实现高质量发展提供强有力的支撑。

发展通用航空产业是发展新质生产力的重要抓手。"新质生产力"这一概念在当代经济体系中占据着核心地位，它是指以高新技术为基础、以创新为动力、以知识为关键要素的生产力。通用航空产业作为新质生产力的典型代表，不仅展示了技术进步的前沿，更是经济社会发展的重要推动力。它通过集合现代科技的最新成果在航空领域的广泛应用，如信息技术、新材料技术、新能源技术等，极大地促进了产业的创新和升级。通用航空产业的发展不仅提升了生产效率，降低了生产成本，更重要的是，它促进了资源的合理配置和利用，这在航空器的设计、制造、运营和维护等各个环节都得到了体现。通过采用先进的材料和制造技术，航空器的重量得以减轻，性能得到提升，同时生产成本也得到了有效控制。此外，通用航空产业还通过引入智能化、自动化的生产流程，进一步提高了生产效率，降低了对人力资源的依赖。经济发展的新动力正是来源于通用航空产业这样的新质生产力。它不仅为传统产业提供了转型升级的路径，也为新兴产业的发展提供了强有力的支持。通用航空产业的绿色、低碳特性，也符合当前全球可持续发展的趋势，为实现经济、社会和环境的和谐发展提供了新的解决方案。

发展通用航空产业是贵州省后发追赶的重要机遇。贵州省作为中国西南地区的门户，不仅拥有壮丽的山水风光和丰富的民族文化，更因其独特的地理位置和气候条件，成为发展通用航空产业的理想之地。随着国家西部大开发战略的深入实施，贵州省正站在新的发展起点上，迎来了前所未有的历史机遇。通用航空产业的兴起对于贵州省而言，不仅是一项推动产业升级、培育新经济增长点的战略举措，更是实现后发追赶、促进区域协调发展的关键钥匙。贵州省的地理优势在于其多样的地形和气候，这为通用航空产业提供了广阔的发展空间和多样化的应用场景。从山地丘陵到高原盆地，从亚热带湿润气候到高原气候，贵州省的自然条件为通用航空器的飞行训练、旅游观光、农业植保、应急救援等业务提供了得天独厚的条件。同时，贵州省丰富的民族文化和旅游资源，也为通用航空旅游、文化体验等业务的发展提供了独特的内容和形式。此外，贵州省在大数据、云计算等信息技术领域的快速发展，为通用航空产业的信息化、智能化提供了坚实的技术支撑。通过大数据技术的应用，可以提高通用航空产业的运营效率和安全管理水平，推动产业向高端化、智能化方向发展。

通用航空产业以其无限的发展潜力和广泛的应用前景，正逐渐成为推动经济发展和社会进步的重要力量。对于贵州省乃至整个国家而言，这一产业不仅关系到经济结构的优化升级，更是实现高质量发展的关键战略领域。随着科学技术的进步和市场需求的不断扩大，通用

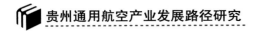

航空产业正迎来前所未有的发展机遇。通过科学规划和合理布局，贵州省充分利用其地理、气候和民族文化等优势，有望将通用航空产业打造成为推动区域经济发展的新引擎。这不仅能够为当地创造新的经济增长点，还能有效促进产业升级和经济结构的转型。通过与旅游、农业、应急救援等其他领域的深度融合，贵州省的通用航空产业将为社会提供更加多样化和高质量的服务，满足人民群众日益增长的美好生活需要。

展望未来，随着通用航空产业的不断壮大，贵州省将在全国乃至全球经济舞台上扮演更加重要的角色。通用航空产业的繁荣，将为贵州省的经济发展注入新的动力，为实现经济结构优化升级和高质量发展贡献力量，为构建现代产业体系和促进社会全面进步提供坚实支撑。

目　录

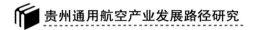

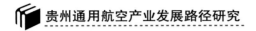

第一章　通用航空概述

航空是一切与天空有关的人类活动，包括飞行，以及与飞行有关的飞行器设计、制造、运营、维修保养等相关行为。航空分为民用航空和军用航空。民用航空又分为商业航空和通用航空。

二战后，随着公共航空运输的日益成熟，与之对应的通用航空作为越来越重要的业态取得了快速的发展，在生产生活中扮演着重要角色，对国民经济起着重要作用。

第一节　通用航空的定义

不同国家乃至不同文件对通用航空的定义各不相同，有的差别较大，有的差别则很细微。之所以存在差别，与各国通用航空发展水平、对通用航空安全的理解、与国际社会的关系，以及对安全问题的认识和独特的文化等方面有关。《中华人民共和国民用航空法》（1996年）明确，"通用航空，是指使用民用航空器从事除公共航空运输以外的民用航空活动，包括从事工业、农业、林业、渔业和建筑业的作业飞行以及医疗卫生、抢险救灾、气象探测、海洋监测、科学实验、教育训练、文化体育等方面的飞行活动"。《中华人民共和国通用航空飞行管理条例》（2003年）规定，"通用航空是指除军事、警务、海关缉私飞行和公共航空运输飞行以外的航空活动，包括从事工业、农业、林业、渔业、矿业、建筑业的作业飞行和医疗卫生、抢险救灾、气象探测、海洋监测、科学实验、遥感测绘、教育训练、文化体育、旅游观光等方面的飞行活动"。中华人民共和国民用航空行业标准——《通用航空术语》（2012 年）对通用航空的定义是，"除军事、警务、海关缉私飞行和公共航空运输飞行以外的航空活动。美国联邦航空管理局（FAA）将民用航空活动划分为航空公司业务活动和通用航空两种"。总体来讲，通用航空有别于军用航空，是民用航空的一种。

也有按照民用航空器乘员数量来界定通用航空的，即将 19 座（含）以下的飞机等飞行器所从事的民用飞行活动定义为通用航空，19 座以上的则定义为商业航空。这一分类的根据源于全球民航系统的规定：承载 19 人以上的飞行器，需要配备空乘人员。这种方法虽然没有从内涵和外延上对通用航空与其他形式的航空进行准确区分，但浅显明白，易于理解把握。

尽管各国对通用航空的定义不同，同一国家不同时期对通用航空的定义也可能不同，但通用航空属于民用航空是确定无疑的共识。简单地讲，可以将通用航空理解为除去商业航空后民用航空的其他所有部分。

通用航空产业是十分重要的战略性新兴产业，产品种类十分丰富。按照是否有驾驶人员可分为有人机和无人机两大类，按照动力类别可以分为燃油驱动和电驱动两大类；每个大类又可分为固定翼和旋翼两类；每一类又根据不同载荷分为不同型号。而且该产业涉及生产制造、运营、保养维修、托管、回收再利用等多个环节。仅从运营角度来看，通用航空业务范围就十分广阔，包括包机飞行、个人娱乐飞行、驾照培训、旅游（旅游观光、飞行俱乐部）、农业（农业植保、精密农业监控、田间管理）、物流（空中物流、岛间运输）、高压电线巡查、治安巡逻及交通疏导、偏远地区医疗救助、航空测绘、环境监测、森林巡检及防火、野生动物保护、泥石流监测、灾害预警及应急救援、石油天然气管道巡查等。

通用航空产业不仅是第二产业的重要组成部分，也涉及第三产业，同时对第一产业有重要影响。通用航空器的制造属于典型的工业，也就是第二产业，且是技术含量比较高、附加值也较高的第二产业。通用机场等相关基础设施建设，以及通用航空小镇建设等涉及建筑施工，属于建筑业，也即第二产业。飞机租赁托管、飞行保障服务、通用航空运营、维修保养、飞行员培训等则属于第三产业。对于第一产业农业而言，通用航空产业也能够发挥重要作用，如使用通用飞机进行农药喷洒、飞行播种等，效率高，对提高农业劳动生产率意义重大。

"通用航空产业链条长，本行业的发展将带动上下游数十个行业，产业技术附加值高、资金密集度高，能够带动国民经济上一个新台阶。通用航空投入产出比例高达 1∶10，就业带动比 1∶12，远高于汽车等装备制造业。"[1] 随着通用航空向各个领域的渗透，通用航空产业正逐步成为带动科技、旅游、农业等传统产业升级和经济发展方式转变的重要力量。

通用航空作为民用航空的重要组成部分，其发展壮大需要以比较发达的经济作为基础，没有资金、技术等作为基础，通用航空产业很难发展起来。反之，通用航空产业的发展，也为国民经济的发展注入了活力，提供了新的支撑。其作为一种全新的业态，无论是提供了新的产品，还是吸纳了新的就业人口，都能推动经济增长，提升社会福利水平。此外，通用航空产业还为现代社会提供了高效的公共服务手段，能够提高政府公共服务能力，增强应对处理突发事件的能力等。在汶川大地震、舟曲的特大泥石流和日本东北部海域的海啸引发的大地震中，直升机的救援能力明显优于其他任何救援工具。在气象探测

---

① 于一，刘菲，管祥明．我国通用航空市场与战略研究［M］．北京：中国民航出版社，2021：77.

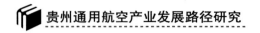

等方面，其优势更是其他生产工具无可比拟的。

通用航空兼具生产工具、交通工具、消费工具和社会公共服务工具的属性。生产工具属性主要指通用航空能够为经济建设提供高效的作业飞行。交通工具属性主要指通用航空能够作为综合交通运输体系的组成部分承担运输功能，包括短途运输和公务航空等。消费工具属性主要指通用航空能够作为承载消费升级需求的工具，满足社会公众的高消费需求。这一属性体现在各类航空消费、体验和娱乐类飞行中，如低空旅游、航空跳伞和私人飞行等。社会公共服务属性主要是指通用航空能够为应急救援、医疗救助、治安防范、环境监测和交通管理等提供作业飞行。依据飞行作业的服务对象和性质，通用航空运营服务可大致分为航空作业、公共服务、航空消费和培训飞行等类型。

通用航空产业的发展程度代表着一个国家和地区飞机制造和航空产业的发展水平，它的重要作用越来越被人们所认识。不少国家都采取提供政府补贴、提供准入便利、减免税费、鼓励使用通用航空器、大力采购通用航空服务等多种方式大力支持发展通用航空产业。美国、欧洲、加拿大、澳大利亚等国家和地区都已形成与国民经济较为匹配的通用航空产业体系。以美国为例，通用航空产业每年带来的直接经济产值近700亿美元，间接经济贡献超过2190亿美元，占美国GDP的0.75%左右，并提供了多达110万个就业岗位。通用航空产业已经成为该项产业较发达的国家就业的重要渠道之一，而且从业人员专业素养总体较高，收入也较高。这部分收入较高的人群，消费能力一般比较强，能够从消费端提供发展动能，从而带动经济增长。

第二节　通用航空器的分类

我们经常听到航空器、航天器、飞行器等说法，但往往不清楚其准确含义。在交流探讨中，经常出现大家讨论的东西不是一回事或者不完全是一回事而影响沟通效果的情形。为厘清其中关系，有必要对这些既彼此联系、又相互区别的概念进行简要梳理。

顾名思义，飞行器是指能够在空中飞行的器械。飞行器具有四个特征：能够离开地面、能够在空中飞行、由人类生产制造、由人对其飞行姿态进行控制，这些特征共同界定了飞行器的概念。飞鸟能够离开地面，也能够在空中飞行，但其并非人类生产制造的产物，其飞行也不受人的控制，因此不是飞行器；有人从地上捡起一块石头，将它扔向远方，最后在某处落地，在这一过程中，石头飞离了地面，并在空中飞行了一段时间，但因为石头并非人类制造，飞行过程也基本不受人控制而是受重力控制，因此石头不是飞行器；有人将手中的钢笔扔向空中，钢笔在空中飞行一段时间，最后落到地面上，虽然钢笔由人制造，离开了地面在空中飞行了一段时间，但因为其飞行过程基本不受人的控制，最后在重力的作用下落到地面，因此钢笔也非飞行器；无人机为人类生产制造的一种机器，能够飞离地面后在空中飞行，可在人的控制下形成多种飞行姿态，是一种典型的飞行器。

按照飞行环境和工作方式的不同，可以把飞行器分为五类：航空器、航天器、火箭、导弹和制导武器。在大气层内飞行的飞行器称为航空器，主要包括飞艇、气球、滑翔机、飞机、水面飞行器（水上飞机、水陆两栖飞机、地效飞机、三栖飞机）、直升机等。它们靠空气的静浮力或空气相对运动产生的空气动力升空飞行。在大气层以外或在太空飞行的飞行器称为航天器，如人造地球卫星、载人飞船、空间探测器、航天飞机等。它们在运载火箭的推动下获得必要的速度进入太空，然后在引力作用下完成轨道运动飞行。火箭是以火箭发动机为动力的飞行器，既可以在大气层内，也可以在大气层外飞行。导弹是一种携带战斗部、依靠自身动力装置，由制导系统控制飞行轨迹的飞行器，有主要在大气层外飞行的弹道导弹和装有翼面在大气层内飞行的地空导弹、巡航导弹等。制导武器是能够按照一定规律进行的、在大气中飞行的、高命中率武器，如未敏弹、制导炮弹等①。

通用航空器是指各种能够在大气层中飞行的人造飞行器，不仅包括日常熟知的通用飞机，还有许多其他类型的产品，包括热气球、飞艇、滑翔机、直升机等，甚至风筝、儿童玩的竹蜻蜓等都是航空器。但使用最多的还是通用飞机，它在通用航空器中占有极其重要的地位。我们在讨论通航飞行时，往往指通用飞机的飞行，这已经形成了某种意义上的思维定式，带来了一定困扰。在研究通用航空器时，这一点特别需要引起注意和重视，要避免忽略其他通用航空器。

按照不同的方法，通用航空器可分为不同的类别。

按照适航证的类型，可分为标准类、初级类、限用类和轻型运动类四种。具体而言，标准类包括固定翼飞机、直升机和载人自由气球等，其中固定翼飞机含单发或4座以下、双发或5~9座、10~19座，直升机含单发和双发两种；初级类包括固定翼飞机和旋翼飞机；限用类包括固定翼飞机、旋翼飞机和其他；轻型运动类包括固定翼飞机、直升机、自转旋翼机、滑翔机、具有水上功能的航空器等。

根据自身重量与同等体积的空气的重量之间的关系，可以将通用航空器分为轻于空气和重于空气两种。轻于空气的通用航空器，因为比同体积的空气轻，可以浮于空气中，类似比水轻的物体可以浮于水中或者浮在水面上一样。重于空气的通用航空器，则无法浮于空气中，如果要浮于空气中并且能够飞行，则需要依靠动力系统提供支持。

根据构造特点可将通用航空器进一步分为下列几种类型：固定翼飞机、旋翼机、滑翔机等。

根据用途可将通用航空器划分为运动飞机、公务机、农林飞机和多用途飞机。

在各种通用航空器中，使用最多的是小型飞机。所谓小型飞机，是相对大型飞机而言的，之所以分为大型飞机和小型飞机，是为了方

---

① 古彪. 世界特种飞行器及应用 [M]. 北京：航空工业出版社，2016：2.

便管理，这两者之间的差异，在我国由民航管理部门界定。根据有关规定，按照起飞重量来衡量，5吨以下的称为小型飞机，5吨以上的称为大型飞机。不同类型的飞机，其设计制造不同，用途或使用场景也不同。大型飞机一般用于民用航空运输。大型飞机运量大、载油多、航程长，适合长途空中运输。小型飞机运量较小、载油少、航程短，适合在一定距离之内实施某些特殊作业，特别是在一些复杂地形条件和气候环境下，小型飞机可以充分发挥其灵活且可以悬浮于空中的特点，完成比较艰难的任务。当然，大型飞机对起降场地的要求比较高，相应的基础设施投资力度比较大；小型飞机对起降机场的要求要小很多，跑道比较短，基础设施投资力度也比较小。从飞行高度和速度来看，小型飞机飞行高度一般在6000米以下，飞行速度一般不超过每小时500千米，比大型飞机飞得更低，也飞得更慢。需要特别强调的是，由于飞机的制造涉及复杂的空气动力学、机械结构和强度、气密性等因素，大型飞机并非小型飞机的简单放大。一般而言，小型飞机的制造要简单得多，如其在低空飞行，不涉及高空空气稀薄缺氧的问题，可以不考虑气密性，也不用配备制氧装置。

由于需要满足不同的使用场景和多样化的需求，小型飞机的品种非常多。有的轻型飞机，其自身重量还不足200千克，非常轻巧；有的航程很短，不足100千米，但也能满足某类需求；有的由于只需要满足某种特定的功能，其结构也非常简单；有的起飞需要的跑道总长度不足100米，仅需滑行二三十米即可起飞，有的甚至可以在农田里起飞。

利用通航飞机开展作业，突出的优点是几乎不受地形限制。无论是陡峭的山崖、茂密的森林、沼泽、水面还是沙漠，通航飞机都可以在很短时间内到达作业点并开展作业。换作其他工具，哪怕是具有灵巧的双手和灵活的头脑的专业人士亲自上阵，都会受到地形很大的影响，甚至难以到达这些地方。倘若不使用通航飞机，不同地形往往需要使用不同的工具，如到水面作业需要轮船，在沼泽地需要宽履带车辆。通航飞机因为在空中飞行，不用考虑不同地形的差异，在人的操作下它可以在不同的地形地貌下完成种类繁多的工作。

美国塞斯纳飞机公司是世界上设计与制造通用飞机的著名厂商，已生产飞机超过 18.8 万架，远远超过其他任何通用飞机制造公司或者国家。塞斯纳飞机公司主要产品包括单发飞机、大篷车系列飞机和奖状系列飞机，其中塞斯纳 C172（全球销量超过 4.3 万架）是经典机型，塞斯纳 C400（最大时速为每小时 435 千米）被公认为最快的单发四座飞机。

法国达索飞机制造公司是全球喷气公务机总销量最高的飞机制造商，共销售出 1700 多架公务机，超过美国著名公务机制造商湾流宇航公司（共售出 1300 多架）约 400 架。

第三节　通用航空业务

关于通用航空的业务种类，有不同的分类方法。

从用途来看，国际民航组织将通用航空业务分为三类，包括航空作业、教学训练、公务飞行及其他消费。国际民航组织的资料表明，航空作业飞行量占飞行总量的 20%，教学训练飞行量占 22%，公务飞行及其他消费类飞行量占 58%[①]。

对于通用航空的广泛应用，《通用航空经营许可管理规定》（交通运输部令 2016 年第 31 号）第六条明确："开展以下经营项目的企业应当取得通用航空经营许可：①甲类通用航空包机飞行、石油服务、直升机引航、医疗救护、商用驾驶员执照培训；②乙类空中游览、直升机机外载荷飞行、人工降水、航空探矿、航空摄影、海洋监测、渔业飞行、城市消防、空中巡查、电力作业、航空器代管，跳伞飞行服务；

---

① 金伟，高远洋.中国战略性新兴产业研究与发展·通用航空［M］.北京：机械工业出版社，2021.

③丙类私用驾驶员执照培训、航空护林、航空喷洒（撒）、空中拍照、空中广告、科学实验、气象探测；④丁类使用具有标准适航证的载人自由气球、飞艇开展空中游览；使用具有特殊适航证的航空器开展航空表演飞行、个人娱乐飞行、运动驾驶员执照培训、航空喷洒（撒）、电力作业等经营项目。其他需经许可的经营项目，由民航局确定；抢险救灾不受上述项目的划分限制，按照民航局的有关规定执行。"这种分类方法为当时分类指导和管理服务提供了相应的依据。

为推动通用航空业的规范发展，2019年1月，中国民用航空局（以下简称民航局）印发的《关于推进通用航空法规体系重构工作的通知》（民航发〔2019〕5号），对通用航空的业务和法规进行了新的梳理重构。根据民航局最新文件和要求，按照经营性质，通用航空业务可分为经营性业务和非经营性业务。按照运行能力，通用航空业务可分为1~6级。1级：包括采用60座以上飞机（不含机组）开展的载人、载客飞行以及采用商载3.4吨以上飞机开展的非载人飞行业务。2级：包括采用30~59座飞机（不含机组）开展的载人、载客飞行以及采用商载3.4吨以上飞机开展的非载人飞行业务。3级：包括采用20~29座飞机（不含机组）开展的载人、载客飞行以及采用商载3.4吨以下飞机开展的非载人飞行业务。4级：包括采用10~19座飞机（不含机组）开展的载人、载客飞行以及采用商载3.4吨以下飞机开展的非载人飞行业务。5级：包括采用9座以下飞机（不含机组）开展的载人、载客飞行以及采用商载3.4吨以下飞机开展的非载人飞行业务。6级：包括采用30座以上直升机（不含机组）、20~29座直升机（不含机组）、10~19座直升机（不含机组）、9座以下直升机（不含机组）开展的载人、载客飞行，非载人业务暂不区分机型。

由何景武、田云编著的《通用航空企业筹建与运营》一书，从三个不同角度对通用航空进行分类：

第一，通用航空按照飞行服务对象的不同，可以分为工业飞行、农业飞行和其他飞行。①工业飞行。工业飞行是指通用航空部门使用通用航空器专门为工业生产部门提供的各种经营性作业和服务的飞行,主要包括陆上和海上石油服务、航空吊挂、航空调查、航空摄影、航空遥感、航空物理探矿、航空巡线和航空拍照等飞行活动。②农林飞行。农林飞行是指通用航空部门使用通用航空器专门为农、林、牧、副、渔业生产,气象,资源保护等提供的各种经营性作业和服务的飞行。它具体包括航空护林、航空播种、航空灭虫和人工降水等飞行活动。③其他飞行。其他飞行是指通用航空飞行部门使用民用航空器进行的为工业和农、林、牧、副、渔业服务以外的飞行,具体包括私人飞行,教学训练飞行、公务航空飞行、空中旅游飞行、体育文化飞行、医疗服务和抢险急救等飞行活动。

第二,通用航空按照飞行的经济效益与社会效益的不同,可以分为商业性飞行和公益性飞行。①商业性飞行。商业性飞行是以获得经济效益为主要目的的通用航空飞行,是通用航空飞行的主体,如海上石油运输、航空播种等。通用航空飞行要在保证飞行安全的基础上,最大限度地获得经济效益,这是通用航空部门的生存之本。②公益性飞行。公益性飞行是以获得社会效益为主要目的的通用航空飞行,它也是通用航空飞行的重要内容,如紧急救援、抗洪救灾等。公益性飞行也可以获得一定的经济补偿。

第三,通用航空按照飞行所属的部门不同,可以分为民用通用航空与非民用通用航空。①民用通用航空。民用通用航空按照定义的范围不同可以分为广义与狭义两个方面。这里所说的民用通用航空,是从狭义的角度来定义的,是从民用航空部门的角度提出来的,因此,其业务范围必定限制在民用航空的范畴。②非民用通用航空。非民用通用航空是从广义的角度提出来的。从广义的角度来讲,除军事飞行、公共航空以外的航空活动都属于通用航空活动的范围。所谓非民用通用航空,是指除了上述活动(军事飞行、公共航空)之外的非民航部门的飞行活动，具体包括海关部门利用航空器进行的稽查活动、公安部门利用航空器进行的警务活动、体育部门利用航空器进行的强身健体及竞技比赛活动，以及科学研究部门利用航空器进行的科学研究活动等。[①]

也可以将通用航空业务分为生产服务型、生活服务型和公共服务型三类。生产服务型业务包括农林植保、教学训练、公务航空、石油勘探、空中运输、空中播种等。生活服务型业务包括个人飞行娱乐、个人交通、空中游览、航空表演等。公共服务型业务包括医疗救护、应急救援、森林巡查、灭火等。

从产业角度来讲，将通用航空分为经营性与非经营性较为恰当。经营性通用航空业态比较多，辐射带动能力较强，对经济发展的贡献大；非经营性业态相对单一，但也会涉及保养维修等比较庞大的业务，对经济的影响不可忽视。

第四节 通用航空安全

通用航空安全事故大多出现在低空飞行、发动机失去全部或者部分功率、在目视飞行规则下进入仪表气象条件、过度依赖飞行经验、夜间飞行等场景中。

低空飞行（距离地面100~1000米的飞行）场景下，飞行器易与电线、树木等相撞，发生安全事故引发相撞的原因包括超载影响飞行姿态、浓雾影响视线、大意、超低空炫技等。在超低空飞行过程中，电线本身很细，很难被看到，且经常与天空、树木以及房屋等融为一体，不易发现其具体准确位置，这是造成通用航空事故的常见原因。在不少事故中，飞行员知道电线的存在并清楚其大概位置，但还是在超低空飞行过程中因为一时的疏忽与大意导致撞线并造成了事故。澳

---

① 何景武，田云. 通用航空企业筹建与运营［M］. 北京：北京航空航天大学出版社，2022：5-6.

大利亚运输安全委员会数据库显示，2001—2010 年，共发生了 180 起撞线事故，其中 100 起涉及农林作业飞行。澳大利亚运输安全委员会的研究表明，63% 的飞行员在撞击电线之前明确知道电线位置[①]。撞线在低空飞行中经常导致通用航空飞行事故，引起了政府部门和行业的重视，相应的研究也得到了加强，特别是如何减少撞线事故成为关注的焦点。美国宇航局在研究美国国家运输安全委员会和美国联邦航空局相关事故报告的基础上，发布了一份美国民用直升机撞线事故分析评估报告，认为安装预警装置可以预防 76% 的撞线事故，配备撞线防护系统可以预防 49% 的撞线事故，改进培训可以预防 56% 的撞线事故[②]。

　　发动机失去部分或者全部功率也是通用航空出现安全事故的重要原因之一。发动机之所以出现功率损失甚至丧失的情况，主要原因包括燃油或者空气的导入不顺畅造成燃烧不正常甚至燃油耗尽缺乏燃料、发动机有关控制部件在工作过程中突然损坏等。通用航空器依靠发动机产生的动力在空中前进，一旦发动机失去部分或者全部动力将十分危险。由于发动机失去部分或者全部动力的情况并不少见且难以避免，很多通航运营公司在培训通航飞行员时都十分重视教授学员如何应对此类情况。在一些国家，考通用航空飞行驾照时必过的科目就包括在 1500 米真高空情况下关闭发动机，由学员操作固定翼飞机安全着陆，只有通过这一科目才能领取相应的驾驶执照。2000 年 1 月 1 日至 2010 年 12 月 31 日，澳大利亚运输安全委员会收到了 242 起在起飞后发动机失去部分功率的报告（其中 9 起是亡人事故）和 75 起起飞后失去全部功率事件的报告（其中没有亡人事故）[③]。从该报告中可见，发动机失去部分功率的情况占比为 76.3%，远多于失去全部功率的情况（占

①　王永根. 通用航空典型安全问题研究 [M]. 成都：西南交通大学出版社，2022：22.
②　王永根. 通用航空典型安全问题研究 [M]. 成都：西南交通大学出版社，2022：38.
③　王永根. 通用航空典型安全问题研究 [M]. 成都：西南交通大学出版社，2022：43.

比为23.7%），前者约是后者的3倍；失去部分功率导致亡人事故的比例为3.7%，失去全部功率则没有导致亡人事故；亡人事故占总事故的比例约为2.8%。这种情况说明，发动机失去部分或者全部功率的情况虽然难以避免，但可以通过驾驶员的操作对事故进行有效应对和处理，尽量减少损失特别是生命损失，因而亡人事故的概率并不高，也表明对通用航空器驾驶员的前期培训是十分必要的。此外，对于如何应对此类情况，在飞行手册中都有标准的流程，重要的是需要严格按照流程进行检查和操作，避免粗心大意和侥幸心理，特别是要杜绝在燃料不足的情况下起飞等行为。

通用航空器在空中的飞行，依靠空气动力。恶劣的气象条件会扰乱正常的空气流动，轻则导致通用航空器颠簸，重则出现坠落事故。但是，恶劣气象条件导致的事故往往是人为的，即未针对天气出现异常变化采取规范的针对性措施，而此类事故本可以避免。尽管飞行员在无视飞行规则下进入仪表气象条件的危险性已广为人知，但是仍有执行目视飞行规则的飞行员在恶劣天气和仪表气象条件下进行不规则飞行。在2009年7月1日至2019年6月30日的十年间，澳大利亚运输安全局收到了澳大利亚空域发生的101起在目视飞行规则下进入仪表气象条件的事故报告，其中，9起亡人事故共计造成21人死亡[①]。澳大利亚运输安全局的统计表明，亡人事故所占比例为此类事故的8.9%；平均每起事故导致0.21人死亡，平均每起亡人事故导致2.33人死亡。与发动机失去部分或者全部动力相比，在目视飞行规则下进入仪表气象条件导致的事故总量虽然较少，但出现亡人事故的概率大大增加，大约为前者的3倍。

在过去的50年里，全球有近4.5万人死于私人飞机和直升机事故，约为商业航空空难人数的9倍。2014～2018年，我国平均每年发生约20起通用航空事故，年均死亡15人。2018年，我国共发生17起

---

① 王永根. 通用航空典型安全问题研究［M］. 成都：西南交通大学出版社，2022：78.

通用航空事故，死亡 18 人①。

在通用航空器带来的安全问题中，无人机问题最为突出。特别是消费级无人机，体积小，价格便宜，操作简单，民间保有量很高，使用很频繁，娱乐过程中容易闯入敏感场所上空造成负面影响，甚至掉落导致损坏物件和砸伤人员等事件。

例如，2015 年 1 月，美国联邦政府一名工作人员在凌晨时分于美国总统办公所在地白宫附近试飞了一架小型无人机，由于操作不当，致使无人机失去控制飞越了白宫围栏，最后坠落在围栏内的草地上。作为一个发达国家政府的最核心办公地点之一，出现这样的情况难免令人尴尬。

无人机迅速成为个人消费品的前几年，由于管理经验的缺失和法治意识、公德意识的淡薄，国内和国外无人机扰航事件不断发生。

之所以发生多次无人机扰航事件，主要原因包括：管理制度相对滞后，对个人因遥控无人机飞行造成公共利益受到影响的行为，一时还没有法律法规的明确规定，对责任人追究责任存在一定困难；管理制度尚不完善，民间无人机飞行的行政主管和监管部门，当时还没有明确的界定，实际操作过程中在不同程度上存在监管力量不够、监管内容不明确、监管职责不清等问题，给执法带来一定困扰；电子围栏等技防手段还没有得到充分运用，对小型通航飞行器的边界管理还缺乏足够有效的措施。

通用航空飞行安全问题，绝大多数都可以凭借专业知识进行判断。如果天气状况不允许，可以取消飞行。飞行前对通航飞机进行严格检查，一旦发现存在机械隐患，可以先取消飞行计划，待维修好后再决定是否飞行。在不同的情况下正确地操作飞机安全飞行或者在面临不利因素干扰时摆脱危险，需要非常专业娴熟的飞行技能，这一切都有

---

① 于一，刘菲，管祥民. 我国通用航空市场与战略研究 ［M］. 北京：中国民航出版社，2021：128.

赖于一支高度专业化的队伍。综合来看，专业人员需要在这两个环节做好相关工作。首先，判断是否适合飞行，对天气情况、周边环境、机械状态等严格按照要求进行了解和检查，不符合条件的坚决不起飞。其次，万一遇到危险时如何应对。要具备这方面的能力，需要兼具理论素养和实际操作能力，还包括良好的心理素质，遇到紧急情况，要能够临危不乱、冷静处理，进而摆脱困境、化险为夷。

对通用航空的安全顾虑，主要来自心理层面。由于飞行器悬浮在空中飞行，很多人觉得不踏实，远不如在陆地上行驶的交通工具那样给人以安全感。此外，一些人乘坐民航客机时偶然遇到的气流颠簸，加剧了紧张心理，使其始终觉得乘坐飞机不够安全。通用航空飞行器乘坐人员数量较少，一般而言发生导致失去生命的事故概率也并不大。由于心理作用，不同国度对通用航空事故的反应有不少差异。在一些国家，通用航空飞行事故等同于交通事故，并不会产生额外的特别影响。在另一些国家，情况可能就有所不同，一旦出现通用航空事故，就会引起高度关注，造成损失的时候容易在社会上产生特别大的负面影响。

如何更好地解决安全问题，是发展通用航空产业的关键。我国通用航空产业虽然刚刚起步，人才队伍规模有限，经验不足，但在严格的管理下，安全问题并不突出，呈现出总体上稳中向好的态势。同时，通用航空安全形势也暴露出了不稳定的特点。如何进一步减少通用航空事故死亡率，提高通用航空可靠性和安全性，必须从提高从业人员的专业意识和能力入手。此外，虽然从绝对数量来看，通用航空导致的死亡人数并不多，但考虑到我国通用航空产业并不发达，需要对此予以高度重视。

为确保通用航空飞行安全，应充分借鉴发达国家经验，构建科学合理的培训体系，加强对通航从业人员特别是飞行员的安全培训。正如其他行业出现安全事故情况一样，通用航空业中90%以上的安全事故都源于安全意识的缺失，且大多由人为因素造成，真正的不可抗力因素很少。因此，对通用航空飞行安全进行科学系统的培训与教育十分必要。只有从业人员能够保持高度的敬业精神和过硬的专业水准，包括应对事故的能力，通用航空飞行安全才能得到更好保障。

从理论上来讲，在空中飞行的飞行器，可以从上、下、左、右四个维度避让有关障碍物，因此，其发生碰撞等事故的概率要低很多。固定翼飞机能悬浮在空中，靠的是在飞行中空气作用在飞机上下部位产生的不同压力，只要飞机保持一定速度，飞机所获得的浮力就不会消失，也就不容易发生事故。随着技术的进步和管理水平的提高，如新型动力系统（电动通用航空飞行器）的形成、新材料的采用等，通用航空安全性也必然会持续增强。

随着信息技术和材料技术的进步，以及人工智能的发展，通用航空飞机可以通过不断提高制造水平提升产品质量，尽可能减少伤亡事故。例如，采取韧性较好的制造材料和科学的机身结构，在飞机无法避免与泥土、石块、房屋与树木碰撞时，能够最大限度地保护乘员安全，尽量减少对乘客的伤害。在制造通航飞机过程中采取软件定义硬件的逻辑，在飞机因不可抗力等因素失去正常飞行姿态时，电子系统能够主动介入并及时调整姿态，帮助飞机对冲异常气流的影响进而恢复正常或者降低危险——类似的技术已经越来越多地运用到汽车特别是新能源汽车上，并取得了很好的效果。在人工智能时代，数字技术的发展将在两个方面帮助制造业取得更快进步。首先，运用人工智能技术，可以帮助材料产业更快地发展，而材料对产品的性能往往起着决定性作用。其次，可以通过软件调教硬件，帮助由不同部件组成的产品更好地适应不同的环境或者不同的要求，使其与环境和使用者之间建立更加个性化、更友好的关系。对于安全而言，基于人工智能的感知系统意识到危险将近时，可以采取有效的避让措施。拥有自动辅助驾驶系统的汽车在面对障碍物时已经可以很"熟练"地预警甚至避让障碍物，如果通航飞机使用类似的系统，也可以通过判断飞机是否面临某种危险而决定是否采取相应的应对措施，以避免发生事故。

为进一步做好通用航空飞行安全工作，尽量减少事故的发生，我国民航局于 2019 年 12 月开通中国民航通用航空信息服务平台，同时还发布了目视飞行航图，涉及全国范围，为通用航空飞行安全提供了更有针对性的、更专业的服务。

第五节　常见通用航空器

通用航空器主要包括活塞飞机（如塞斯纳 172 系列、钻石 DA40 系列和西锐 SR20 系列，以及国产运 5 系列、小鹰 500 系列、山河 SA60 系列等）、涡桨飞机（如塞斯纳 208 系列、大棕熊 Kodiak100 系列，以及国产运 12 系列等）、涡扇公务机（湾流 G-4、湾流 G-5、庞巴迪 CL-600、达索 Falcon7X 等）、水陆两栖飞机（国内 AG600、海鸥 300 等）、民用直升机（罗宾逊 R44 系列、小松鼠 AS350 系列、罗宾逊 R22 系列、贝尔 407 系列、莱昂纳多 AW119 系列等）、民用无人机（国内大疆、亿航等）、旋翼机、飞艇、系留气球、热气球、地效飞行器、正在兴起的飞行汽车、城市垂直起降交通工具，以及其他自制类航空器等。

一、固定翼飞机

固定翼飞机是指机翼与飞机机身采用固定的方法连接，飞机在飞行过程中机翼与机身不发生相对运动的通用航空器。固定翼飞机是最主要的、应用范围最广的航空器，其特点是装有提供拉力或推力的动力装置，飞行过程中能稳定产生升力，具有控制飞行姿态的操纵面。

二、旋翼机

常见的有直升机或机翼可旋转的飞机等。旋翼机的旋翼本身没有动力驱动，当它在动力装置提供的拉力作用下前进时，迎面气流吹动旋翼像风车般旋转，从而产生升力。在飞机飞行过程中飞机螺旋桨的全部或部分与机身发生相对运动，机翼在产生升力的同时还能够产生推力。

三、三栖飞机

三栖飞机并非是指能在天上飞、水上游、地上走的飞行器，而是指能在天上飞行、能在水上航行、能在水下航行的飞行器。20 世纪 30 年代，苏联军事学校的尤沙科夫提出了有关三栖飞机的产品概念，其设想研制的机器可以在目标上空飞行，然后选择适当的时机降落海面并下沉潜伏于海水中，在敌方舰船驶近时发射鱼雷对敌进行打击。尤沙科夫的这一设想，提供了具有启发意义的思路。随着技术的成熟和研发的深入，三栖飞机以其对多种工作场景的适应能力和快速转场能力，将会对未来社会产生巨大的影响——不仅在军事领域，还涉及非军事领域。

不妨在三栖飞机的基础上进一步畅想一种新的飞行器，它不仅可以在天空、水面和水下进行运动并快速在三种场景中进行切换，也可以像汽车一样灵活地在陆地上飞驰，成为一种横跨海陆空并可深入水下作业的新型装备。从技术上来讲，这是可以实现的。

四、地效飞机

地效飞机是利用地面效应贴近水面或地面实现高速航行的飞行器。与舰船相比，其在飞行过程中不与水面直接接触，大大减少了阻力；与其他飞行器相比，由于贴近地面（或水面）飞行，机翼下表面形成气流的"堵塞"，使机翼升力增加，诱导阻力减小，机翼的升阻比大大提高，有效载荷增加，更加节省燃料，使航程更远。1935 年，芬兰人 T. J. 卡里奥研制成第一架地效飞机。根据飞行高度范围，地效飞机可分为仅在地效区（机翼距地面高度为机翼长的15%时，地面效应最明显，机翼的升阻比可提高30%以上，这一区域被称为地效区）范围内飞行、可短暂在地效区范围外飞行、可长期在地效区范围外飞行这三类。苏联自20世纪50年代末期开始研制地效飞机并装备部队使用，包括140吨级的A·90·150"小鹰"（Eaglet）、400吨级的"鸡鹞"（Hen—harrier）、20吨级的"雌鸭"（Duck）以及众多中小型的民用地效飞机。在民用领域，地效飞机也有多样的用途和广阔的前景，如海上和内河快速运输、水上救生、海情侦察等，也可以用于超低空旅游、消防灭火等。

五、滑翔机

滑翔机是一种不依赖于动力装置就能在空中飞行的重于空气的固定翼航空器，主要用于体育运动。通常所说的滑翔机不带动力装置，无法实现自行起飞，需要牵引起飞或者弹射起飞，重量非常轻的滑翔机可由飞行员操作在山坡上徒步起飞或者下滑起飞。

随着技术的发展，以及消费者的需要，开始出现了配备动力装置的滑翔机，也叫动力滑翔机。动力滑翔机可以依靠自身动力实现起飞；由于其结构与不带动力装置的滑翔机相似，在空中失去动力或者主动关闭动力的情况下，也可以继续滑翔飞行；通过无动力的方式起飞后，以及无动力滑翔过程中，也可以开启动力装置提供额外动力。

六、滑翔伞

滑翔伞是一种柔性翼悬挂滑翔飞行器。滑翔伞的形状类似于生活中见到的伞，伞本身的结构可以助其更好地获得升力。这种通用航空器的特点是其伞翼是柔性的，可以在人的操作下改变受力面积与受力方向，从而获得不同大小和不同方向的力。滑翔伞自身没有动力，其飞行完全靠飞行员结合空气动力特性进行操作后产生的升力和推力支撑。降落伞在空中只能产生下降阻力,没有升力,而滑翔伞在飞行过程中会产生大于相应阻力的升力。

无动力装置的滑翔伞加装了动力装置后,就成为动力伞。

七、滑翔翼(三角翼)

滑翔翼是一种飞行运动装备,又称悬挂滑翔机或者三角翼,可分为有动力和无动力两种。动力滑翔翼对起降场地的要求不高,在长为 100 米左右的硬化路面、公路等场地上即可实现起降。滑翔翼被广泛应用于竞技比赛、运动休闲、广告宣传、航空摄影、农林作业等活动中。

八、扑翼机

扑翼机"是指机翼能像鸟或者昆虫翅膀那样上下扑动的重于空气的航空器,又称振翼机"[1]。扑动的机翼不仅产生升力,也产生向前的推动力。1250 年,英国修道士罗杰·培根在《工艺和自然的奥秘》一文中描述了扑翼机的情形,"供飞行用的机器,上坐一人,靠驱动器械使人造翅膀上下扑打空气,尽可能地模仿鸟的动作飞行"。1930 年,意大利生产的一架扑翼机模型进行了试飞,此后出现过多种扑翼机的设计方案。2013 年,科技公司 Festo 研制出了"聪明鸟"扑翼机,能模拟鸟类飞行,逼真地扑动翅膀。近年来,国内外研究小型扑翼机的较多,这类扑翼机体积小、重量轻、成本低、隐身性和可操作性好,在民用领域可在野外勘测、环境和污染监测、城市地下管道检查等方面发挥作用。2010 年,西北工业大学爱生集团展出了我国 ASN211 微型扑翼机,该机具备自主飞行能力,可按事先规划的导航点进行巡航,组装简单,不使用马达,噪声很低,携带方便,不易被发现。2011 年,美国国防部公布了"蜂鸟"超微型无人机计划。

在目前各类航空器中,扑翼机对仿生原理的运用是最彻底的。根

---

① 古彪. 世界特种飞行器及应用 [M]. 北京:航空工业出版社,2016:348.

据模仿对象的不同,扑翼机可以分为仿鸟扑翼机(类似鸟类飞行)和仿昆虫扑翼机(类似昆虫飞行),前者特点是翼面的面积相比较而言更大一些,飞行过程中翼面震动的频率相对低一些,后者特点是翼面的面积相对小一些,震动频率比较高,而且可以像直升机一样悬停于空中。从理论上来讲,扑翼机具有明显优势,其"升力比普通飞机要高4~8倍,使用经济性为普通飞机的15倍,为直升机的10倍。从飞机安全性来说,扑翼机要比普通飞机可靠得多"①。自从人们提出模仿鸟类或者昆虫制造出可以飞行的机器开始,人类经历了数百年的尝试与探索,从依赖人力的扑翼发展到依靠其他动力的扑翼。但受技术限制,扑翼机虽然很早就被提出来,但一直没有取得突破性进展。随着动力技术和机械技术的进步,人类扑翼机的梦想有望在将来得到更彻底的实现。

九、伞翼机

伞翼机是指以柔性伞翼提供升力且重于空气的"航空器"。伞翼为有足够强度不透气织物制成的柔性翼面,由铝或其他材料制成的骨架撑起,气流鼓起伞翼面,在龙骨两侧形成两个对称的翼面,骨架下方装置座舱或支架,可携带其他设备或加装发动机。伞翼机构造简单,操纵方便,可以折叠、拆装。由于采用柔性翼面,伞翼机飞行高度不能高于2000米,以防高空水汽冻结使伞翼变形。伞翼机多用于体育运动。

十、直升机

直升机是通用航空器中十分重要的一类产品,因其可以垂直起降,所以使用起来比需要跑道的固定翼飞机方便很多,可以在很多承重满足条件的城市楼宇的屋顶建立停机坪供直升机起降使用。直升机对起

---

① 古彪. 世界特种飞行器及应用[M]. 北京:航空工业出版社,2016:353.

降点的面积要求不高，易于选址，可在医院等公共建筑楼顶或者面积不大的小块平地上起降，因而直升机往往用于城市应急救援中，如医疗救助等。此外，直升机还可以悬停于空中，这是其相比于固定翼飞机的另一个显著优势，可以在某些特定场合更好地完成某种困难而危险的任务。

直升机因其所具有的突出优点，在通用航空器中扮演着重要角色，是打造通航产业体系不可或缺的一环。尤其是在不确定的环境中，如自然灾害、被战争破坏等情况下，依赖跑道的固定翼飞机无法发挥作用，直升机作为能够选择离作业现场最近的着陆点降落，也可悬停于空中开展作业的航空器，能够发挥重要作用。

十一、无人机

无人机是一种不载人飞行器，在通用航空领域也可理解为不载人通用航空器，其运作由无线电遥控和其自备程序控制完成。不能简单将无人机理解为无人驾驶的飞机，它有更广泛的含义。由于技术的进步，特别是电子技术和通信技术的发展，任何造型的通用航空器，都可以做成无人驾驶的，也都可以称为无人机。根据使用领域的不同，无人机可分为工业级无人机和消费级无人机。根据动力形式的不同，无人机可分为燃油无人机、电动无人机以及太阳能无人机等。

消费级无人机主要用于航拍等个人消遣娱乐活动。工业级无人机可分为生产服务型无人机和公共服务型无人机。生产型无人机在体育、综艺、广告、新闻、电影等领域可用于影视拍摄，在农业领域可用于农药喷洒等，在信息服务领域可用于通信中继、地质勘测、数据采集、电力巡检等，在物流行业可用于运输、配送等。公共服务型无人机可用于灾情巡查、医疗救援、反恐、灭火等。从理论上来讲，凡是有人驾驶的通用航空器能够开展的工作，无人机一般都能胜任；很多有人驾驶的通用航空器无法开展或者较为危险的工作，无人机也能胜任。

　　物流配送是无人机得以大显身手的场景。在这一领域，许多研发已经取得了实质性成效并成功启动了相关工作。早在 2014 年，谷歌公司就在澳大利亚首次实现了无人机配送；中国邮政于 2016 年完成首次无人机配送；2017 年 7 月，中通快递启动了无人机邮件试运行；京东公司于 2017 年启动了无人机项目，并于 2017 年底开始无人机常态化运行。尤其是在配送医药用品等小件物品方面，无人机在物流上具有明显优势：可以实现点到点的直线距离飞行，配送时间更快；受地面交通状况和气候等影响小；能耗低，不用承担配送人员乘坐交通工具时而消耗的能源；没有人员开支。上述优势都可以减少消耗，从而大大降低了物流成本。有分析表明，无人机物流可以有效降低成本 40%～50%。

　　近年来，全球民用无人机市场飞速发展，呈现出增长速度快、用途广、产值高、带动能力强等特点，得到越来越多国家和地区的重视，且呈现出与生产生活联系越来越深入、作用越来越重要的发展态势。随着下游应用领域的不断扩大，未来无人机产值将保持持续增长，预计 2025 年将达到 5000 亿元。随着更多高价值的工业级无人机应用到生产生活中，曾经主导市场的消费级无人机市场份额逐年降低，预计到 2025 年，工业级无人机市场规模占比将超过 80%①。

十二、浮空飞行器

　　浮空飞行器是一种轻于空气的、依靠大气浮力升空的飞行器。浮空飞行器按照有无动力推进可以分为气球和飞艇。气球一般由气体、缆绳、有效载荷、地面控制系统组成。气球根据填充气体的不同，可分为热气球、氢气球和氦气球；按升空后有无缆绳约束，可分为自由气球和系留气球。气球的工作原理是通过释放存放于气囊内的气体实现升空和降落。飞艇按结构材料不同可分为硬式飞艇、半硬式飞艇和

---

　　① 中国航空工业集团．通航产业发展白皮书（2022）［EB/OL］．http：//www.zgjtqx.org.cn/detail/17877.html，中国交通企业管理协会网站，2022-11-10.

软式飞艇；按升空高度不同，可分为对流层（低纬地区离地的平均高度为 17~18 千米，中纬地区离地的平均高度为 10~12 千米，极地地区离地的平均高度为 8~9 千米）飞艇和平流层（对流层顶到约 50 千米区域）飞艇①。

浮空飞行器的显著特点和优点是安全性很高。从结构上来讲，浮空飞行器特别是气球，主要为一个体积比较大的囊体，依靠其在空气中产生的浮力克服自身重力飘浮于空中，即使囊体出现局部破损，浮力的损失也较为缓慢，会慢慢地比较安全地降落到地面，基本不会出现亡人事故。

在发展通用航空产业初期，可以根据当地群众的接受程度，先选择合适的浮空飞行器项目进行开发。通过浮空飞行器项目增进大众对通用航空器的了解，破除通用航空产业的神秘感，以及人们对它的担忧，提升对通用航空器作为生产生活工具的信心，从而由浅入深宣传推广和发展壮大通用航空业。

① 古彪 . 世界特种飞行器及应用 ［M］. 北京：航空工业出版社，2016：10.

第二章 发展通用航空产业的理论分析

发展通用航空产业的理论支撑可以从多个角度进行分析，包括经济学、管理学，区域发展理论、技术创新理论以及产业集群理论等。

第一节 技术创新

技术创新理论深刻揭示了技术进步是如何作为经济增长的引擎和社会进步的催化剂的。这一理论体系不仅阐明了技术创新在推动产业变革中的关键作用，而且提供了一套分析和评估技术变革对经济和社会影响的框架。技术创新作为推动产业发展的核心动力，其重要性在当今快速变化的全球经济中越发凸显。

技术创新活动不仅限于新产品开发，还涵盖了对现有产品、生产过程、商业模式以及市场策略的显著改进。这些活动可能包括采用新技术以提高产品质量，改进生产效率，创造全新的市场机会。技术创新的过程往往涉及技术开发，即将科学知识和原理转化为实际应用；技术引进，即从其他来源获取新技术；技术改造，即对现有技术进行升级以适应新的需求；技术创新成果的商业化，即将创新成果转化为市场上的商业产品或服务。

技术创新的特点包括累积性、不确定性、风险性、长期性。累积性，意味着每一次创新都建立在以往技术成就的基础上；不确定性，是指创新过程充满未知，结果难以预测；风险性，即创新伴随着失败的可能，需要勇气和决心去面对；长期性，为真正的技术创新往往需要长期的投入和持续的努力才能实现。这些特征要求决策者、研究者和企业家在推动技术创新时必须具备远见卓识和耐心。

通过技术创新，产业能够不断突破现有局限，开拓新的增长点，增强竞争力。同时，技术创新还能够带动就业，促进社会福利的提高，并为解决环境、健康等社会问题提供新的思路和工具。因此，技术创新不仅是经济发展的关键，也是社会全面进步的重要推动力。

约瑟夫·熊彼特的技术创新理论深刻地阐述了创新在经济发展中的核心地位，这一理论同样适用于通用航空产业的发展。技术创新是该产业提升竞争力的关键因素，它通过不断的技术突破和应用，为产业带来革命性的变化。

技术进步在通用航空产业中的作用是多方面的。首先，它能够降低生产成本，通过采用新材料、改进生产工艺或引入自动化技术，企业能够以更少的资源投入生产更多的产品。其次，技术创新提高了航空器的安全性和飞行效率，通过引入先进的航空电子设备、飞行控制系统和导航技术，飞行变得更加安全和可靠。此外，技术创新还推动了新产品和服务的开发，如无人机的广泛应用、电动飞机的研制等，这些都为通用航空产业开辟了新的市场和应用领域。技术创新是通用航空产业发展的不竭动力。通过不断的技术革新，通用航空产业能够提供更安全、更高效、更环保的航空产品和服务，满足日益增长的市场需求，推动整个产业向更高层次发展。

根据技术推动模型（Technology Push Model），技术创新是由科技突破所驱动的，这些突破随后被转化为商业产品和工艺。

技术推动模型是理解技术创新如何从科学实验室走向市场并影

响产业发展的重要理论框架。在这个模型中，科技创新被视为产业发展的原动力，它通过不断的科技突破，推动产业向前发展和转型。科技创新在这一领域的应用，不仅加速了飞行器设计的革新，也促进了生产制造工艺的改进。新材料的应用，如复合材料的广泛使用，显著减轻了飞行器的重量，提高了燃油效率和飞行器的性能。这些材料不仅具有更高的强度和耐久性，还为飞机设计提供了更大的灵活性，从而使飞行器设计变得更加多样化和个性化。新动力技术的发展，如电动和混合动力系统的开发，为通用航空产业带来了革命性的变化。电动飞机和混合动力飞机的研发，不仅减少了对化石燃料的依赖，降低了运营成本，还大幅减少了温室气体排放，符合全球环保趋势。这些新能源技术的应用，正在推动通用航空产业向更加绿色和可持续的方向发展。航空电子技术的进步，特别是在飞行控制系统、航空通信和导航系统方面的创新，极大地提高了飞行器的安全性和可靠性。先进的航空电子设备使飞行更加自动化和智能化，减少了飞行员的工作负担，提高了飞行的精确度和效率。这些技术的发展和应用，不仅提高了通用航空产业的整体技术水平，也为产业带来了新的市场机遇和应用领域。例如，无人机技术的创新，为农业监测、环境评估、物流配送等提供了全新的解决方案。电动垂直起降（eVTOL）飞行器的研发，为城市空中交通和短途通勤提供了新的可能性。

需求拉动模型是一种以市场为中心的创新理论，它认为技术创新的过程和方向是由市场需求所引导的。在通用航空产业中，这一模型体现得尤为明显。随着经济的发展和消费者需求的多样化，市场对于通用航空服务的需求日益增长，这些需求包括但不限于短途运输、低空旅游、紧急医疗救援等。这些服务需求的增加，促使通用航空企业不断地探索和开发新技术，以提供更安全、更高效、更环保的航空解决方案。例如：为了满足短途运输的需求，企业可能会研发更小型、更经济的通用飞机；为了提供独特的低空旅游体验，企业可能会开发新的飞行路线和高性能的观光飞机；而在紧急医疗救援领域，企业则可能投资于更快速、更可靠的飞行器和相关技术。在需求拉动模型下，企业对市场信号的敏感度和响应速度成为其成功的关键。企业必须通过市场调研，准确把握消费者的需求变化，并将这些需求转化为产品开发和创新的动力。这种以需求为导向的创新不仅能够快速地将技术成果转化为市场上的商品，还能够促进整个产业的快速发展、提升产业化进程。此外，需求拉动模型还强调了创新过程中用户参与的重要性。用户反馈和市场测试可以帮助企业优化产品设计，提高产品的市场适应性和竞争力。通过与用户的紧密互动，企业能够更好地理解市场的具体需求，从而开发出更符合市场需求的产品和服务。在通用航空产业中，需求拉动模型的应用有助于推动产业向更加个性化、定制化的方向发展。

技术预见是一种前瞻性的分析方法，它涉及对科技发展趋势的深入研究，以预测和塑造产业的未来。这种方法在通用航空产业中尤为重要，因为它不仅关系到产业的技术进步，还会直接影响产业的长期竞争力和市场地位。通过技术预见，通用航空产业能够洞察未来可能出现的新技术、新工艺和新应用，从而提前做好准备。例如，随着全球对环保和可持续发展的日益重视，新能源飞行器的研发成为一个重要的技术发展方向。预见到这一点的产业决策者可以及时调整研发重点，投资于电动或混合动力飞机的创新，以减少碳排放并提高能效。此外，智能化飞行控制系统作为另一个关键的技术趋势，正在逐渐改变飞行器的设计和运营方式。通过技术预见，产业可以识别出智能化控制系统在提高飞行安全、降低运营成本以及提升用户体验方面的潜力，并据此制定战略规划。技术预见还涉及对市场需求、政策环境、国际竞争态势等因素的综合考量。这要求通用航空产业的决策者不仅要关注技术本身，还要关注这些技术如何与市场和用户需求相结合，以及如何在政策框架内实现商业化。为了有效地进行技术预见并制定战略规划，通用航空产业需要构建跨学科的研究团队，加强与科研机构、高等院校以及行业内外的合作伙伴的协作。通过这些合作，各市可以共享资源、交流信息，并共同开发新技术。技术预见为通用航空产业提供了一种应对快速变化的技术环境和市场需求的系统方法。通过这种方法，通用航空产业能够制定出既具有前瞻性又切实可行的战略规划，以确保在激烈的国际竞争中保持领先地位。

技术创新是推动产业升级的关键因素。通用航空产业通过技术创新，可以实现从传统制造向智能制造的转变，提高产业的附加值，促进产业结构的优化和升级。

技术创新是产业升级的核心驱动力，对于通用航空产业而言，这一点尤为显著。通过不断的技术创新，这一产业能够实现从传统制造模式向智能制造的跃迁，从而显著提升整个产业的附加值和竞争力。在通用航空产业中，技术创新的应用贯穿于设计、制造、运营和维护的每一个环节。例如：在设计阶段，利用先进的计算流体动力学和计算机辅助设计技术，可以优化飞机的空气动力学性能，减少研发周期，降低设计成本；在制造环节，采用新材料如碳纤维复合材料和3D打印技术，不仅能够减轻飞机的重量、提高燃油效率，还能够降低生产成本。此外，技术创新还体现在智能化飞行控制系统的开发上，这些系统通过集成先进的传感器、人工智能算法和自主导航技术，提高了飞行的安全性和可靠性。同时，通过引入物联网（IoT）技术，通航产业可以实现对飞行器的实时监控和预测性维护，从而进一步提升运营效率。

技术创新是通用航空产业发展的核心动力。通过不断的技术创新，产业能够提供更安全、更高效、更环保的产品和服务，满足市场的不断变化和需求，推动产业的持续健康发展。

第二节 区域发展

区域发展理论，作为一套综合性的分析工具，为通用航空产业的区域发展提供了多维度的评估框架。这套框架不仅关注产业本身的技术特性和市场需求，还涉及政策环境、基础设施建设、区域经济结构、社会文化因素等多个层面。通过对这些因素的深入分析，可以全面评估通用航空产业在特定区域的发展潜力和可行性，有助于从宏观和微观两个层面评估产业在特定区域的发展条件和潜力，为产业规划和决策提供科学依据。通过这种综合评估，可以更有效地推动通用航空产业的健康发展，实现区域经济的全面振兴。

区域发展理论是一种深入探讨经济活动如何在不同地理空间分布和演变的学术范式。它不仅分析了经济活动的地理分布特征，还强调了区域内部的相互作用以及不同区域之间的相互依赖和影响。这一理论体系的核心观点包括区域增长极理论、区域网络理论和新经济地理学等，它们共同构成了对区域经济发展复杂现象的多角度解读。

区域增长极理论为通用航空产业的发展提供了有力的理论支撑和实践指导，其核心在于通过集中资源和政策支持，培育和发展具有潜力的特定产业，从而形成经济增长的引擎。在通用航空产业的应用中，区域增长极理论的作用主要体现在以下几个方面：

在基础设施建设上，区域增长极理论强调通过建设必要的基础设施来吸引和集聚相关产业。对于通用航空产业而言，这包括建设机场、飞行服务站、维修基地等。这些基础设施不仅为通用航空活动提供了必要的物理条件，也成为吸引航空相关企业和人才的磁极，促进了产业的集聚和区域经济的增长。在技术溢出效应方面，区域增长极内的技术创新和知识传播能够带动周边地区的技术进步和产业升级。在通用航空产业中，新技术、新工艺和新理念的产生和应用，可以迅速在增长极内部扩散，进而影响整个区域乃至更广泛范围内的航空产业发展。在区域品牌和形象提升方面，随着通用航空产业在特定区域的快速发展，该区域可以逐渐建立起自己的品牌和形象，成为国内外知名的航空产业基地。这不仅能够提升区域的知名度和吸引力，还能够吸引更多的合作伙伴和客户，进一步推动产业的扩张和升级。在经济多元化方面，区域增长极的形成有助于实现区域经济的多元化发展，降低对单一产业的依赖。通用航空产业的发展可以带动相关服务业、制造业和旅游业的发展，形成更加均衡和可持续的区域经济结构。

区域网络理论强调区域之间的联系和互动。按照这一理论，区域连接性、网络效应等方面将对通用航空产业的发展发挥支撑性作用。从增强区域连接性来看，区域网络理论认为，区域间的紧密联系是经济发展的关键。通用航空产业的发展可以通过建设更多的机场和航线，提高区域间的交通便利性，缩短旅行时间，加强区域间的经济联系和人员流动。这种增强的连接性有助于促进区域间的贸易、投资和文化交流，能够为通用航空产业创造更多的市场需求。从促进经济交流来看，随着区域间交通便利性的提高，通用航空产业能够更有效地支持商务旅行和紧急运输需求，加强企业间的合作和信息交流。这不仅提高了企业的运营效率，也为区域经济的互动和协同发展提供了平台。从产业联动效应来看，区域网络理论强调不同产业之间的相互依赖和协同发展。通用航空产业的发展可以与旅游、制造、教育等多个产业形成联动，如通过提供空中游览服务促进旅游业的发展，或通过飞行培训服务支持人才的培养。这种产业联动有助于形成更加多元化和综合化的区域经济结构。从形成经济网络来看，区域网络理论提倡通过构建经济网络来提升区域的整体竞争力。通用航空产业的发展有助于形成覆盖广泛、功能互补的经济网络。在这个网络中，不同区域可以根据自身的优势和需求，发展相应的通用航空服务，实现资源共享和优势互补。从促进区域均衡发展来看，区域网络理论还关注区域内部和区域之间的均衡发展。通过发展通用航空产业，可以促进资源在不同区域之间的合理流动，缩小发展差距，实现区域经济的均衡增长。

　　新经济地理学作为一门研究经济活动空间分布和集聚现象的学科，为通用航空产业的发展提供了深刻的理论支持。在市场接近性方面，新经济地理学强调市场接近性对产业发展的重要性。通用航空产业往往靠近大城市和经济发达地区，可以更便捷地获取市场资源，如客户、资金、技术和信息等。这种地理优势有助于通用航空企业更好地满足市场需求，提高服务效率，降低运营成本。在集聚效应方面，新经济地理学认为，经济活动的集聚可以带来规模经济和范围经济，降低交易成本，促进专业化和创新。发展通用航空产业，可以吸引相关企业和服务机构集聚，形成航空产业集群，提高整个产业链的竞争力和创新能力。在成本效益分析方面，新经济地理学提供了一种评估产业布局合理性的方法。在通用航空产业中，通过考虑运输成本、时间成本等因素，可以更科学地规划产业布局，实现资源的最优配置。例如，将维修基地、飞行训练中心等场所布局在交通便利、成本较低的地区，可以降低运营成本、提高服务效率。在运输成本和时间成本方面，新经济地理学关注运输成本和时间成本对经济活动的影响。通用航空产业的发展可以减少对地面交通的依赖，缩短运输时间，提高运输效率。这对于紧急救援、医疗救护等需要快速反应的服务来说尤为重要。在区域专业化方面，新经济地理学提倡区域专业化，即每个区域根据自身的资源和优势发展特定的产业。可以在具有航空制造、技术研发等优势的区域发展通用航空产业，形成专业化的航空产业基地，提高产业竞争力。

　　与区域发展理论紧密关联的，是政策与法规环境。政策和法规是影响通用航空产业发展的关键因素。在产业发展初期，政策供给对通用航空产业的发展极其重要。政策和法规构成了产业发展的基石，它们不仅决定行业的发展方向，还影响了产业的竞争力和市场活力。在通用航空产业的早期发展阶段，政策供给的作用尤为显著。首先，法律法规的建设是确保飞行安全和行业健康发展的前提。一个完善的规章制度体系需要涵盖飞行标准、飞行器认证、飞行员培训和空中交通管理等多个方面。这些规章制度应当既能保障飞行活动的安全性，又能简化审批流程、降低企业的运营成本、提高行业的效率。其次，政策支持是推动通用航空产业发展的重要动力。税收优惠可以减轻企业的财务负担，资金补贴则可以降低企业在研发、基础设施建设和市场推广等方面的初期投资风险。这些激励措施有助于吸引更多的投资者和企业进入通用航空产业，加速产业的扩张和技术的创新。此外，政策与法规环境还应包括对通用航空产业的长期规划和战略布局。这包括对产业发展趋势的预测、市场需求的分析以及国际合作机会的阐释。通过这些规划，可以为通用航空产业的发展提供清晰的方向和目标，确保产业的可持续发展。

区域内的市场需求是产业发展的原动力。发展通用航空产业，需主要评估商务需求、旅游需求和公共服务需求这三个方面的需求。商务需求是通用航空产业的重要市场之一。随着全球化进程的加速和商业活动的日益频繁，商务飞行和空中会议等需求不断增长。商务人士需要快速、灵活的交通方式来缩短旅行时间，提高工作效率。通用航空提供的定制化和高效的飞行服务，能够满足商务人士的上述需求，促进商务活动的顺利进行。旅游需求是通用航空产业的另一个重要市场。随着人们生活水平的提高和旅游方式的多样化，空中游览、飞行体验等旅游需求日益增加。通用航空可以为游客提供独特的视角和体验，如空中观光、直升机滑雪等，这些新颖的旅游方式能够吸引更多的游客，推动旅游业的发展。公共服务需求是通用航空产业的重要社会职能。在应急救援、医疗救护等方面，通用航空具有不可替代的优势。通用航空的快速反应能力和灵活机动性，使其可以在紧急情况下迅速到达现场，提供及时的救援服务。此外，通用航空还可以用于环境监测、交通巡逻等公共服务领域，提高公共服务的效率和质量。

用区域发展理论分析通用航空产业的发展，还需要充分考虑环境与社会影响。首先要加强环境影响评估，评估飞行活动对环境的影响；其次要加强社会责任评估，提高公众对通用航空的认知和接受度。

综合区域发展理论，发展通用航空产业在具备一定基础设施、市场需求、政策支持和技术基础的区域具有较高的可行性。然而，也需要考虑到高资本投入、高风险性以及对环境和社会的影响。通过合理规划和科学管理，通用航空产业有望成为推动区域经济发展的新动力。

第三节　产业融合

产业融合理论是现代经济发展中的一个重要概念，它强调不同产业之间通过技术、市场、组织结构等方面的相互作用和整合，形成新的产业形态和增长动力。产业融合理论认为，随着不同产业之间界限的逐渐模糊，产业间的融合可以创造新的增长点。通用航空产业与旅游、医疗、农业等产业的融合，可以开拓新的服务模式和市场空间。在通用航空产业的发展中，产业融合理论提供了一种全新的视角和方法。

产业融合的内涵，是指不同产业之间通过技术、产品、服务、市场等方面的交叉和整合，形成新的产业形态。这种融合主要具有以下四个特征：技术交叉，不同产业的技术相互借鉴和融合，产生新的技术解决方案；产品创新，融合不同产业的产品和服务，创造出新的产品形态；市场扩展，通过融合，企业能够进入新的市场领域，拓宽业务范围；组织重构，企业通过战略联盟、合资合作等方式，实现组织结构的优化和重组。

通用航空产业具有两个显著特点。其一，技术密集，这一特点贯穿于航空器设计的创新、精密工艺的制造以及专业技术的维护等方面。

它要求企业不断投入研发，以保持技术领先和服务质量。通用航空服务的多样化是其另一个显著特点，通用航空服务涵盖了商务飞行、空中游览、飞行培训等多种服务类型，能够满足不同客户群体的个性化需求。随着全球经济的持续增长和消费模式的升级，通用航空产业的市场潜力不断扩大。商务人士对于高效、灵活的出行方式的需求不断上升，空中游览和飞行体验等新兴服务吸引了越来越多的消费者。此外，随着技术的进步和成本的降低，通用航空服务变得更加普及，为行业带来了新的增长点。

根据产业融合的内涵与特征，通用航空产业可与旅游产业、医疗产业、农业产业等深度融合，发挥放大效应。

通用航空产业与旅游产业的融合，是现代旅游业发展的一大趋势。这种融合不仅能够丰富旅游产品的种类，还能为游客带来前所未有的体验。空中游览和飞行体验作为新兴的旅游项目，以其独特的视角和刺激的感受，吸引了众多寻求新鲜体验的游客。

融合可以创新旅游产品，开发如直升机滑雪、空中婚礼等新型旅游项目。直升机滑雪结合了极限运动的激情与飞行的自由，为滑雪爱好者提供了全新的挑战和享受；空中婚礼则以其浪漫和独特的仪式感，成为许多情侣梦寐以求的婚礼形式。这些新型旅游项目不仅满足了游客对于个性化和差异化体验的追求，也推动了旅游产品的多样化发展。

融合能够显著提升旅游服务质量。通过私人飞机、定制飞行等高端服务，旅游企业可以为游客提供更加舒适、私密和个性化的旅行体验。无论是商务出行还是家庭旅游，定制化的飞行服务都能够满足不同游客的特定需求，增加旅游服务的附加价值。

融合有助于拓展旅游市场，吸引更多高端游客。随着人们生活水平的提高和消费观念的变化，越来越多的游客愿意为高品质的旅游体验支付额外的费用。通用航空产业提供的高端旅游服务，正好迎合了这一市场需求，有助于吸引和留住高端游客群体，提高旅游产业的整体收益和市场竞争力。

融合还能够带动相关产业链的发展。从航空器制造、维修到旅游服务提供，再到地面交通和住宿安排，这些融合将促进多个行业的协同发展，形成更加完善的旅游产业链，为地区经济带来新的增长点。

通用航空产业与医疗产业的融合，正在成为提升紧急医疗服务效率和扩大服务范围的重要途径。这种跨产业的合作模式，通过利用通用航空的快速反应能力和机动性，极大地增强了医疗救援的能力。快速救援是这种融合最直观的优势。在偏远地区或交通不便的地方，地面救护车可能难以及时到达现场，而直升机救援却可以迅速穿透障碍，将患者从事故现场或偏远地区快速运送到医疗设施完善的医院，这对于心脏骤停、严重创伤等需要紧急救治的情况来说至关重要。空中医疗不仅是一种运输手段，还能够在飞行途中提供初步的医疗救治。配备有先进医疗设备的空中救护车可以在转移过程中进行必要的生命支持和急救措施，如心肺复苏、伤口处理等，这在很大程度上提高了患者的生存率和康复可能性。优化医疗资源配置是通用航空与医疗产业融合的另一个重要方面。通过空中运输，医疗专家和关键医疗设备可以被迅速调配到资源紧张或发生突发公共卫生事件的地区。这种灵活的资源调配能力，有助于缓解地区间医疗资源的不均衡，提高医疗服务的整体效率和公平性。融合还促进了医疗培训和知识共享。通用航空企业与医疗机构的合作，不仅可以提升航空医疗救援的专业水平，还可以加强医疗人员对航空医疗救援的认识和技能，从而提高整个医疗救援系统的专业性和协调性。

通用航空产业与农业产业的融合，开辟了农业生产和作物管理的新途径，极大地提升了农业工作的效率和效果。这种跨领域的协作模式通过多种方式促进了农业产业的现代化。

融合可以开展农业喷洒业务，通用航空产业提供的飞机喷洒服务，能够高效地对大面积农田进行农药和肥料的播撒。这种方式不仅提高了作业速度，也确保了喷洒的均匀性，从而提升了作物保护的质量和农业生产的整体效率。

融合可以强化作物监测，利用航空器搭载的先进遥感技术，农业生产者可以实时监控作物的生长状况，包括土壤湿度、植被覆盖度和病虫害情况，这些数据对于做出精准的农业管理决策至关重要，有助于管理者及时采取应对措施，减少损失。

融合可以优化农业物流，通过航空运输，易腐农产品能够在最短的时间内从产地直达市场，显著减少了运输过程中的损耗，保证了农产品的新鲜度和质量，提升了农产品的市场竞争力。

融合可以提高农业信息管理水平，空中巡查，可以快速收集农田的地理信息和生长数据，为农业科研和生产管理提供支持。

融合可以强化农业应急响应，在面对自然灾害或其他紧急情况时，通用航空能够迅速响应，进行作物受损评估和救灾物资的快速投放，减轻灾害对农业生产的影响。

上述通用航空产业与农业产业的融合，促进了农业生产方式的创新和变革。

产业融合需要以下促进因素：首先，需要政策支持，政府应当出台相关政策，鼓励产业间的融合与合作。其次，需要技术创新，要不断研发新技术，为产业融合提供技术支持。再次，需要市场支撑，市场需求的变化推动产业间的融合与创新。最后，需要资本投入，资本的投入为产业融合提供资金保障。

产业融合面临的风险与挑战主要体现在三个方面：第一，技术融合风险，不同产业的技术融合可能存在兼容性问题；第二，市场适应性风险，新产品和服务被市场接受需要时间；第三，组织协调风险，不同产业的企业在组织结构和文化上可能存在差异，需要协调和管理。

为促进产业融合，可以采取以下策略与路径：加强技术研发，投入研发资源，推动技术创新；深化市场研究，深入了解市场需求，开发符合市场的产品与服务；优化组织结构，调整组织结构，提高跨产业合作的效率；建立合作机制，促进资源共享和优势互补。

产业融合理论为通用航空产业的发展提供了新的思路和方法。通过与旅游、医疗、农业等产业的融合，通用航空产业可以开拓新的服务模式和市场空间，实现产业升级和经济增长。同时，产业融合也面临着风险与挑战，需要政府、企业和社会各界共同努力，采取有效策略，推动产业融合的健康发展、创造新的增长点、推动经济的可持续发展。

第四节　其他

产业集群理论、可持续发展理论、供给侧改革理论等经济学理论也可为发展通用航空产业提供支撑。产业集群理论认为，相似或相关的企业在地理上的集中可以带来协同效应，促进知识的交流和技术的传播。发展通用航空产业，可以通过构建产业集群，形成完整的产业链，从而提高产业的整体竞争力。可持续发展理论强调经济发展应与环境保护和社会进步相协调。通用航空产业的发展在提供便捷交通的同时，也需要考虑环境保护和社会责任，推动绿色航空技术的研发和应用，实现产业的可持续发展。供给侧改革理论指出，要通过优化供给结构来提高经济的潜在增长率。发展通用航空产业，可以通过提供更多的航空服务和产品，满足市场多样化需求，促进经济结构的优化和升级。

从管理学的角度来看，通用航空产业的发展需要有效的组织管理和运营策略。首先，SWOT 分析作为一种经典的战略规划工具，能够帮助企业识别自身的优势（Strengths）、劣势（Weaknesses）、机会（Opportunities）和威胁（Threats）。通过这种分析，通用航空企业可以更好地理解自身的竞争地位，发现潜在的增长机会，并制定相应的应对策略。其次，PEST 分析作为一种宏观环境分析工具，可以帮助企业识别政治（Political）、经济（Economic）、社会（Social）和技术（Technological）四个维度的外部因素。这有助于通用航空企业在制定战略时，考虑到外部环境的变化，如政策调整、经济波动、社会需求变化和技术发展趋势等。此外，项目管理理论为通用航空产业的复杂项目提供了结构化和系统化的管理方法。通过项目规划、执行、监控和收尾等过程，企业能够确保项目目标的实现，同时提高资源使用效率，降低风险。供应链管理理论则关注优化企业内外部的供应链流程，以确保原材料、信息和资金的高效流动。对于通用航空产业来说，这意味着要进行从飞行器制造、维修服务到客户服务等各个环节的紧密协调和优化，以实现成本控制和服务质量的提升。最后，现代管理理论还强调创新管理和变革管理的重要性。通用航空产业在快速发展的同时，也面临着技术革新和市场变化的挑战。有效的创新管理和变革管理能够帮助企业适应变化，抓住新的商业机会。

总之，通用航空产业的发展是一项复杂的系统工程，需要多学科理论的综合支撑。经济学、管理学、区域发展理论等多角度的分析，可以为通用航空产业的战略规划和政策制定提供理论依据。同时，也需要在产业发展过程中不断探索和创新，以适应不断变化的市场需求和技术进步。

第三章 发展通用航空产业的
重要意义

经过多年的努力，我国已经成为世界大国制造业，生产的产品种类最多，拥有的产业链条最完整，制造业增加值稳居世界第一。然而，由于种种原因，我国通用航空产业，包括通用航空制造业还不是很发达，同我国的经济实力、制造业水平以及消费能力和消费意愿不相适应。这并非由于通用航空产业不重要。事实上，通用航空产业具有多种业态，对我国从航空大国成长为航空强国、培育和发展新质生产力、推动制造业高质量发展等方面，都具有极其重要的意义。

第一节 做大经济总量，提高经济质量

"十四五"时期，民航发展迎来阶段转换期、质量提升期和格局拓展期，三期叠加，通用航空产业在综合交通运输领域和国家经济社会发展中的战略作用日益凸显，面临着新机遇与新挑战。具体表现如下。

提升国家治理体系和治理能力，增强突发公共事件应急能力，提升自然灾害防御水平和应对能力，这些都要求迅速提升航空应急救援服务能力，拓展服务领域，固化服务范式，充分发挥通用航空服务多

元化公益场景效能。国家低空空域改革不断深入并取得实质性进展，通用航空产业将迎来新的发展机遇，以通航飞行活动和无人机运行为主体的娱乐新生态将加快壮大航空人口规模。要以降本增效为导向，充分发挥行业和地方两个积极性，优化市场供给，催生航空新兴消费品质升级需求。构建以国内大循环为主体，国内国际双循环相互促进的新发展格局，要求打造统一开放的综合交通运输服务市场体系，建设"干支通、全网联"的航空运输服务保障体系。国家创新驱动发展战略引领各地加快产业转型升级，带动形成通航制造、运营、消费全产业链条，地方促进通航发展的产业主体责任也将随之拓展到规划布局、项目审批、政策拉动、安全监管各领域，通航发展实现"两个转变"的条件将进一步成熟。

很早以前，人类就梦想像鸟儿一样在空中自由自在地飞翔。随着科学技术的进步，这种梦想逐渐变成了现实。

一方面，近代以来科学技术的发展，使电子技术、动力技术、航空航天技术等日新月异，很多过去的梦想变成了现实，并在新的技术基础上产生了新的梦想。另一方面，随着劳动生产力水平的提高和收入分配的优化，人们的收入水平和生活水平不断提高。以交通工具为例，人们从使用马车，到使用自行车、摩托车、汽车，甚至使用飞机，这一过程，就是科学技术的进步与人们生活水平的提高相结合的成果。通用航空器作为一种生产工具和生活工具，体现出了明显的消费品特征，它能否走入大众生活与生产力发展水平有关，也与人们基于收入的消费能力有关。当生产力水平较低且消费能力较低时，很难消费得起；只有当生产力发展到一定水平，且人们的收入达到一定程度时，通用航空产业才能发展起来。改革开放以后，老三大件逐渐被新三大件取代，此后汽车开始进入千家万户。之所以如此，就在于我国过去几十年中生产力水平越来越高，经济实力越来越强，人们的收入和消费能力也越来越强。2010 年，我国人均 GDP 已超过 4000 美元，达到了 4361 美元，按照国际经验，已具备了发展通用航空的经济条件。然而，我国的通用航空不仅远落后于美国，与同为发展中国家的巴西相比也存在较大差距。按照国际标准测算，未来 10 年我国通用飞机的保有量应不少于 5 万架，而实际上，截至 2019 年还不到 4000 架，发展空间巨大①。

通用航空产业的一个突出特点，是对经济发展的带动能力比较强。在各种制造业中，汽车产业因为汽车本身的零部件数量多，维修保养频繁，带动能力较强，但与通用航空产业相比，还有差距。两者相似的地方在于，都需要一定的基础设施支撑，都需要维修保养人员。不同之处在于，通用航空产业还需要经过培训的专业驾驶人员（汽车的驾驶执照要求简单许多）、机场管理人员、气象服务人员等飞行服务人员，并涉及飞机托管租赁等，这些都是汽车产业没有的。与汽车产业相比，通用航空产业链条更长，所涉范围更广，参与的人更多。从功能上来讲，通用航空器不仅是一种交通工具，也可以作为一种生产工具，能够对其他产业进行赋能，对经济发展的辐射牵引作用明显。由于上述原因，美国、欧洲、巴西等国家和地区都非常重视通用航空产业，很早以前就在政策、环境等方面下功夫，为通用航空产业发展创造条件。改革开放以来，特别是进入 21 世纪后，我国也十分重视通用航空产业的发展，不断出台相关政策，深化改革，加大人才培养力度，提升通用航空制造业水平，取得了一定成效。

在工业领域，一般而言，规模越大就越经济，在通用航空领域也一样。无论是零部件生产、整机组装、航材储备，还是运营业务，规模越大，单位运营成本就越低，当规模效应达到某种程度时，运营成本就会显著降低。但是，通用航空制造领域，也有其自身独特的特点，就是不像汽车等大宗消费品那样表现出对规模经济的高度依赖性。这

---

① 金伟，高远洋. 中国战略性新兴产业研究与发展·通用航空 [M]. 北京：机械工业出版社，2021.

主要源于通用航空产品的市场空间规模到目前为止相对有限。在汽车生产领域，年产 10 万辆并不是很大的规模，但在通用航空领域，还没有年产 10 万架的工厂。此外，这也受到通用航空产品种类的影响。全球对通用航空产品的需求数量总量相比汽车小得多，但产品种类却更加丰富。换言之，通用航空产品作为一种适用于不同生产领域与生活领域的工具，细分市场众多。在每一个领域，数量相对并不是很大。但是，由于作业效率高，或者作业能力难以替代，价值独特，因此产品价格和相关服务的附加值都比较高。从行业来看，通用航空产业涉及工业、农业、林业、渔业、建筑业、旅游业以及公共服务等领域，外延十分广泛。从作业种类来看，它包含了医疗卫生、抢险救灾、气象探测、海洋监测、科学实验、教育培训、文化体育等。通用航空企业可以针对不同的行业和不同的作业需求，开发出满足需要的、个性化特征明显的通用航空产品，并提供相应的服务。通用航空产业的这一特点，为企业的差异化发展提供了条件，使不同企业之间有更广阔的空间和回旋余地去选择不同的领域和不同的产品进行发展，有利于避免产业同质化，避免企业的无序发展和市场的恶性竞争。这有利于中小企业在某个点上进行深入耕耘，耐心打磨产品，切实提高产品质量，从而获得更好的市场发展机遇。对于社会而言，也有利于避免资源的不必要浪费。

通用航空在国民经济中占有重要的地位，其中一个重要原因是，通用航空的产业链长，对经济的影响大，可以在很大程度上加快经济发展，支撑经济平稳健康地发展。即使是世界上经济最发达、GDP 最高的美国，通用航空产业也为其经济做出了重要贡献。美国资源丰富、制造业附加值高、消费需求旺盛，这些对 GDP 的贡献很大，但通用航空产业的影响也不容忽视。2018 年，美国通用航空作业总计飞行了 2550 万小时，对美国经济的贡献超过 GDP 的 1%。

我国的通用航空产业是改革开放 40 余年来尚未较好开发的产业，

我国的通用航空市场是全球最具潜力的新兴市场。截至 2019 年，我国通用航空产业的规模还不到美国的 1/20，说明发展空间巨大。通用航空是我国经济高质量发展的新引擎，将成为拉动我国经济发展的新增长点。有三个方面的因素将决定未来通用航空产业在推动我国经济持续高质量发展中的角色和作用。首先是国家政策的支持，体现在税收减免、人才培养等方面，更重要的是低空空域管理改革是否到位，能不能提供便捷高效的通航飞行环境。其次是居民的消费能力尤其是消费意愿。我国经过多年的市场经济发展，一部分人已经先富起来了，有相当部分人群具备消费通用航空的能力。在意愿方面，从飞行驾照的培训市场来看，不少人热衷于此；从局部地方对低空旅游等的消费来看，潜在市场也比较活跃。最后是安全。这一问题如果解决不好，将大大抑制通用航空消费市场的培育与成长。

近年来，国家出台了一系列促进通用航空产业发展的政策，通用航空产业持续升温，市场信心进一步增强，各种有利因素快速集聚。《国务院关于加快培育和发展战略性新兴产业的决定》（国发〔2010〕32 号）将"节能环保、信息、生物、高端装备制造、新能源、新材料、新能源汽车等作为现阶段重点发展的战略性新兴产业"，通用航空制造业属于高端装备制造业，发展前景可期。2012 年 7 月，国务院印发了《"十二五"国家战略性新兴产业发展规划》，提出新型通用飞机、民用直升机发展和应用实现全面突破，通用航空实现产业化发展，构建通用航空产业体系，列出了包括多谱系、成系列通用飞机和直升机在内的重大工程项目和政策措施。2016 年，国务院办公厅公布了《关于促进通用航空业发展的指导意见》（国办发〔2016〕38 号），明确提出通用航空业是以通用航空飞行活动为核心，涵盖通用航空器研发制造、市场运营、综合保障以及延伸服务等全产业链的战略性新兴产业体系。

随着低空空域管理改革的进一步到位，通航飞行审批效率的提高，大众通用航空意识的进一步增强，以及对通用航空业务需求的增长，未来通用航空"服务经济"的特征将越来越突出，通用航空在经济建设中的作用将越来越生动地展现。

第二节　促进现代交通体系建设

通用航空是综合交通运输体系的重要组成部分，在现代综合交通运输体系建设与发展中扮演着重要角色。综合交通运输体系由基础设施、技术装备和运输服务三大部分构成，是各种运输方式分工协作、优势互补和一体化衔接而成的有机整体，蕴含了"全面发展""系统发展""综合利用"等核心理念，既强调各种运输方式在经济社会需求下自成体系的发展，又强调各种运输方式之间、不同区域之间以及交通运输系统与经济社会环境之间的协调发展。

交通运输是通用航空的本源属性，以往谈及通用航空服务，主要侧重于农林作业，其产品属性属于交通运输活动的衍生属性。实际上，通用航空的交通服务是其基本属性，它能有效延伸运输服务链条，扩大公共服务供给，满足居民出行、日常生产生活的需要。通用航空具有小机型、小航线、小航程的特点，积极发展短途运输，能有效弥补偏远地区、山区、地面交通不便地区公共运输服务覆盖不足的短板；通过提供多样化的机型服务，实现常态化运输，提升运输服务的能力和水平，能有效地保障偏远地区、山区、地面交通不便地区人民群众出行的基本需要。内蒙古根河、新疆阿勒泰等地区正在开展通用航空短途运输试点工作。

公务航空具有机动性强、私密性强、"空中办公室"的特点，能够有效满足公务人员的个性化、高效率出行需要。未来随着我国居民收入水平的提升和中高收入群体规模的壮大，公务航空作为高端运输方式将日益普及，以有效满足人们日趋个性化、多样化和高品质的运输需求。

国家对通用航空发展进行了顶层设计和发展安排，以宏观全局视角系统部署了通用航空业的发展目标和任务，提出了"加强通用机场整体布局规划，做好与各类交通运输方式的相互衔接""统筹通用航空与公共航空运输协调发展"等具体政策措施。着力加快促进通用航空业发展，对扩大有效供给，释放市场潜力，加快构建安全高效、便捷畅通、绿色智能的现代综合交通运输体系具有重要意义。

通用航空业可以缓解城市交通压力。城市是人类社会生产力发展的结果，其典型特征是数量巨大的人集中居住在有限的地理空间中，优点是资金、信息、人才、资源等高度集中，便于各生产要素之间的高效率流动，但由此也产生了不少问题，交通拥堵就是其中之一。现代生产力的发展，加快人与物流通的需求促使汽车业迅速发展，由于城市道路的有限性，交通拥堵成为大城市的常态。为解决这一问题，许多地方大力发展地铁等公共交通，但仍然未能达到较好的效果。随着技术的发展，通用航空业作为一种缓解交通压力的有效手段被投入使用。例如，"美国直升机公司开通了纽约3个大型枢纽机场和曼哈顿之间的直升机客运服务，单程票价139美元，每小时准点定时起飞，实现曼哈顿和3个纽约机场之间的8分钟通达；在纽约肯尼迪机场往返市区的交通提示中，有一个特殊选项——直升机摆渡"①。纽约市的做法，为现代都市的建设和完善提供了参考。人口众多的都市或者都市圈，可以在公路和铁路交通线之外，增加空中交通线，以提高交通效率，缓解交通压力。

美国纽约泰伯乐机场，距离曼哈顿中心区约19千米，有两条跑道：一条长2134米，另一条长1833米。机场主要为公务机场，驻场航空器超过120架（在美国，公务机的使用相比较而言更为普及，不

---

① 于一，刘菲，管祥明. 我国通用航空市场与战略研究 ［M］. 北京：中国民航出版社，2021：34.

少企业包括中小企业都拥有公务机，调查表明在美国公务机市场中超过一半为人数不足 500 人的企业所拥有；超过 40% 的公司使用公务机，是为了达到那些定期航班较少或没有直接航班的城市，而超过 30% 的飞行是为了达到那些没有定期航班覆盖的城市；超过半数的公务飞行都是为了提升旅行效率，减少换乘或者等待时间；超过 40% 的公务飞行都涉及多个目的地；公务机的功能更多是一种促进更高效工作的生产工具①）。

英国伦敦是欧洲最大的城市，面积 1577 平方千米，人口 883 万，有 6 个机场，其中两个机场涉及通用航空业务。伦敦城市机场位于伦敦东部的港口区，紧邻泰晤士河，属于支线民用机场，是距离伦敦市区最近的机场，有一条长 1508 米的跑道和一个面积 3200 平方米的航站楼，主要服务对象是伦敦新兴金融区金丝雀码头的商务客流，除了有大量航班往返于欧洲主要商业城市，也是不少公务机的主要基地。范堡罗机场距离伦敦市区约 80 千米，有一条长 2440 米的跑道，是伦敦市主要的公务机机场。

未来城市空中交通（Urban Air Mobility，UAM）具有广阔的前景。这种交通模式包括空中摆渡、空中游览、出行服务等数十种应用。随着技术的进步，空中交通的用途得到延伸，甚至超出传统通行的意义，包括利用航空器悬浮在空中承担居住、办公、仓库等功能，使人们的生产与生活由地面走向空中，缓解地面的空间压力。研究表明，到 2030 年，未来城市空中交通市场潜在规模将不少于 5000 亿美元，所需的航空器更是数以万计……2019 年末，全球超过 50 个团队，正在试验和研制超过 200 型用于 UAM 的航空器，其中包括大名鼎鼎的 Google、Uber、亚马逊、空客、贝尔、丰田、大众等行业巨头，也有 Limium 等专业从事未来航空器的初创企业，我国亿航、吉利汽车等企

① 于一，刘菲，管祥明．我国通用航空市场与战略研究［M］．北京：中国民航出版社，2021：42.

业也是这一领域的先锋①。

通用航空在广大农村地区也可发挥关键作用，特别是在那些地广人稀的地方。在人口密度低、居住不集中的地方，如果要通过修路将人们的居住地连起来，成本将非常高，且使用效率低下。改用通用航空，可在减少投资浪费的情况下，大大提升交通的覆盖率和通达性。

第三节　促进应急救援能力建设

通用航空业可以提高城市应急保障能力。通用航空器由于体积较小、速度较快，可以不受道路情况的影响比较灵活机动地在空中穿行，以实现点到点的作业。对于交通拥堵的城市而言，这一优点可以在应急救援时发挥其作用。通用航空业比较发达的国家的实践表明，通用航空在医疗、消防、救援、应急等城市服务保障方面发挥着重要作用。虽然从单次服务的收费来看，使用通用航空器费用比较高，但对于应急救援而言，关键是抢时间，救援越及时，损失就越小。一般而言，因使用通用航空作业而增加的费用，远低于因救援不及时而造成的损失。以医疗救援为例，一方面，生命是无价的，为了挽救生命，付出多大代价都是值得的；另一方面，使用通用航空器尽管增加了前期的费用，却因抢救及时患者康复较快而大大减少了整个医疗过程的费用。"美国1万架直升机中专业用于执行医疗救援任务的直升机多达1509架，加拿大、日本等国家救援飞机均超过1000架。从反应速度来看，直升机运转伤员的速度平均比救护车快3倍。一些发达国家航空紧急救援体系非常完善，救援直升机可在15分钟内到达国土内的任何一点。美国航空救援年运送患者超过50万人。德国航空救援年平均运送患者6万人，平均每架直升机一年飞1110次。在保障效果上，在纽约

---

① 于一，刘菲，管祥明. 我国通用航空市场与战略研究［M］. 北京：中国民航出版社，2021：395.

市 300 余架救援直升机的保障下，该市 1900 多万人口中每年仅有 1 人死于心脏病突发……（德国）直升机飞一架次的费用相当于一个患者 3~4 天的住院费，但用直升机空运，伤病员康复更快。空中救援网使患者住院时间每年减少 55000 天。从总体效果来看，在救援服务中每投入 1 马克，就能节约 4.3 马克。"① 不仅在医疗救援领域，在消防、地质灾害救援，天气灾害救援等方面也类似，时间就是金钱，时间就是生命，通用航空业在城市应急保障服务方面将发挥越来越重要的作用。日本东京湾位于日本本州岛中东部沿太平洋入海口，广义的东京湾面积约 13562 平方千米，人口超过 3500 万人，分别占日本国土面积的 3.6% 和日本总人口的 28%。考虑到人口密度、地质结构等不稳定因素，日本东京湾建设，充分发挥了通用航空业的作用。特别是在通用航空救护救援体系建设方面，东京湾仅用 5 年时间就完成了欧美国家 20 年才取得的成效。

---

　　① 于一，刘菲，管祥明. 我国通用航空市场与战略研究 ［M］. 北京：中国民航出版社，2021：34.

第四章 世界通用航空产业发展状况

就世界范围而言，通用航空已有 100 多年的历史，可以说它伴随飞机的发明而出现，当时的"私人飞行"实际上就是后来的通用航空。但是，直到第二次世界大战之后，"通用航空"一词才被提出，主要原因是航空产业的大发展需要对行业予以细分。

1903 年，莱特兄弟发明了飞机，航空产业走上了历史舞台，通用航空产业也不断发展壮大。

从 1994 年开始，全球通用航空市场走向繁荣，到 2007 年达到顶峰，之后受全球金融危机影响，通用航空市场急剧下滑，2010 年后开始复苏。

世界各国、各地区的通用航空产业发展并不平衡。总体上看，包括美国在内的欧美主要国家通用飞机保有量居前位。从中可以得出一个规律，通用航空产业的发展程度与一个国家的经济发展水平呈正相关。

从通用航空制造业来看，发达国家水平比较高，占据了市场主导地位。从通用航空服务方面来看，欧美仍然是通用航空服务市场最发达的地区。

在运营方面，发达国家结合各自的国情形成了特色应用。例如，美国孕育了以私人飞行为主的产业形态体系，空域管理、运营保障、机场建设都围绕私人飞行服务，是世界最大的通用航空消费国；德国建立了全球最完善的航空医疗救护网络，与地面救护体系共同形成一个覆盖全国的有机整体；巴西的通用航空活动以公务飞行和短途运输为主，形成了覆盖全国特别是热带雨林地区的空中交通网络，促进了巴西综合交通运输的发展。

在新兴市场方面，随着关键技术的不断突破，无人机等新应用将引领航空业向数字化、信息化与智能化方向发展。中国的无人机产业规模每年都以30%的速度增长，无人机正在逐渐突破军事领域的应用，实现向工业和消费市场的飞跃，逐渐替代部分通用航空作业。

针对当前的主流交通方式存在的效率低下、环境污染、人为风险等短板，目前全球有超过20家世界顶级汽车、互联网企业正在紧密开展用于城市通勤场景的电动垂直起降智能驾驶飞行汽车研发工作。

航空会展、航空文化等通用航空延伸产业也是通用航空产业的重要组成部分。通用航空具有群众性、大众化特征，通用航空产业发达的国家都有庞大的航空爱好者群体，如美国通用航空的飞行员数量就达50余万人，除飞行员外的航空爱好者更是不计其数。每年7月底在美国Oshkosh举办的著名美国实验飞机协会（Experimental Aircraft Association，EAA），吸引着60多万人、上万架飞机云集于此。除EAA大会外，还有在美国佛罗里达州举办的Sun'n Fun国际飞行大会、在德国腓特烈港举办的AERO航展等全球著名的通用航空展会。除了世界级通用航空展会，在欧美国家还有众多的地区级/社区级航空会展或航空节活动。航空会展活动是展现航空文化的重要方式，航空博物馆则是常态化的航空文化园地。通用航空产业发达的国家有众多的航空博物馆，包括国家航空博物馆及州省级、社区级和私人航空博物馆。航空文化是通用航空产业发展的基石，航空文化本身也是一个巨大产业。

航空小镇也是通用航空的一种产业形态。航空小镇是具有浓郁航空文化特色的集航空别墅及通用飞机停靠、通用飞机维护、航空文化交流和航空生活体验于一体的航空社区。在美国有几百个大大小小的航空小镇，位于佛罗里达州的最大航空小镇 Spruce Creek 围绕机场建造，有超过 1300 个航空别墅。

欧美发达国家通用航空的发展经历了政策扶持、技术创新、人才培训、通航文化培养等阶段，目前各国通用航空市场都已经在国民经济中占据了较大比重。美国通用航空制造商协会（General Aviation Manufactures Association，GAMA）的数据显示，2022 年，全球通用飞机交付量为 3694 架，较 2021 年增长了 5.4%。其中，固定翼通用飞机交付量为 2818 架，较 2021 年增长了 6.5%；直升机交付量为 876 架，较 2021 年增长了 1.9%。活塞飞机交付量 1718 架，较 2021 年增长了 8.1%；涡轮螺旋桨飞机交付量 1264 架，较 2021 年增长了 9.5%；喷气式飞机交付量 712 架，较 2021 年增长了 0.3%。飞机交付总价值为 268.3 亿美元（约合 1868.63 亿元），较 2021 年增长约 4%。

第一节　美国

通用航空产业的发展，不仅受制于生产制造水平，也受政策法规等条件的影响，不同国家差异较大。即使在发达国家，通用航空业的发展也十分不平衡。综合来看，美国是世界上通用航空业最发达的国家，其通用航空起步较早，在机队规模、机场数量、飞行活动量和从业人数等方面均处于世界领先地位。是世界上公认的通用航空最发达、最领先的国家。

美国是公认的能发明飞机的国度。一个多世纪前的 1903 年，美国莱特兄弟经过多年努力发明了飞机，为美国和世界航空业的发展揭开了序幕，使人类第一次摆脱地面的束缚，走向了天空。1905 年 10 月，在对飞机进行不断改进后,莱特兄弟驾驶飞机成功飞行了 38 分 3 秒,飞行距离达 39.4 千米,飞机真正具备了帮助人们提高生产生活能力的实用价值。

除莱特兄弟外,格伦·柯蒂斯也是美国航空工业史上具有重要影响的人物。柯蒂斯曾是一家自行车商店老板,该店同时还生产摩托车,作为美国第一位驾驶自制水上飞机实现水面起飞并安全降落的驾驶员,他研制出了第一架可以在船上起落的飞艇和飞机,被称为"海上飞行之父"。1909 年 3 月,柯蒂斯先于莱特兄弟建立了第一家美国飞机公司,同年 8 月,他的飞机在法国首届飞行大赛上获得了飞行速度冠军的称号。柯蒂斯对水上飞机的研发贡献巨大,他不断地进行水上飞机的研究和改进,于 1913 年研制出具有革命性意义的船身式水上飞机。1911 年,柯蒂斯的水上飞机成功营救了一名迫降在湖上的飞行员,开创了飞机用于水上救援的先河。

解决了飞机制造问题,如何让公众了解并认可这一新问题提上了日程。在发明飞机短短几年后,莱特兄弟为了推广自己生产的飞机,不断在美国、欧洲进行飞行表演。此外,由于涉及诸多航空知识,驾驶飞机是一件专业的事,需要经过大量培训并掌握必要的技能才能胜任。为此,莱特兄弟于 1910 年 3 月开办了一所飞行培训学校以培养飞行员,后来还在此基础上组建了飞行表演队。飞行表演队的主要任务是在航展上做专业表演,吸引观众前来观看,以增进社会对飞机的了解,培养航空意识和传播航空文化,培育潜在消费市场。作为一种全新的产品,飞机的出现本就令人惊艳,加之有目的、有组织的推广介绍,以及观赏性很强的飞行表演等赛事助力,很快在各国掀起了一股热潮。随着航空知识的普及,飞机在公众心中的神秘感不断被消解,疑虑不断被破除,发展航空产业的社会氛围越来越好。

然而,事情的发展并非一帆风顺。人们对飞行安全的担忧始终难以消除,更麻烦的是飞行事故时有发生。莱特兄弟组织的飞行表演以及培训在掀起航空热的同时，也不时出现安全事故，有人开始质疑航空技术是否足够成熟，以及产业发展道路是否能够走通。后来，莱特兄弟的事业遭遇了重大挫折，飞行学校不得不关闭，飞行表演队也不得不解散。影响当时飞行事业发展的，不仅有社会的担心与疑虑，也有莱特兄弟自己的问题。为了保持竞争优势，莱特兄弟对其美国和欧洲同行发起了专利攻势，到法院向不少飞机制造商提起诉讼，这一做法客观上抑制了竞争、阻碍了发展。

然而，战争的发生使飞机工业的发展得以加速。美国人发明飞机十年多后，世界上先后发生了第一次世界大战和第二次世界大战，美国都参与其中。飞机由于可以载重，故能够携带炸弹快速飞到敌人上空进行投掷，从而对敌人造成大规模的伤害。如果敌人没有飞机应战，还可以避免自身伤亡。无论如何，飞机都是一种适合战争的武器。由于战争的需求，美国政府投入了很大的人力、物力和财力发展军用飞机。军用飞机的快速发展，使航空技术经验在战争中得到大量积累，并促进了相关生产水平、技术、安全性等方面的进步。战争期间为战争服务而修建的众多军用机场、培养的大量战斗机飞行员，以及制造的各种类型的战斗机，在战争结束后都可以转为民用，既能够壮大通用航空实力，也为今后的发展创造更加有利的条件。

第一次世界大战后形成的大众航空商业市场面临着飞行事故高发、行业状态无序等挑战，发展严重受阻。美国政府认识到了飞机的巨大威力和重要作用，极为重视航空业的发展。为了整顿行业、规范市场和安定民心，让航空业健康长远地发展，在一些业内领军人物的号召和催促下，1926 年 5 月，美国联邦政府出台了首个航空业管理规范文件《空中商务条例》，明确了要通过考试获得资格证书规定了安全条例、航线定制和管理、空中交通导航协助和航空事故调查等事项，为行业的有序健康发展提供了法律依据。

第二次世界大战后，美国的国力与国家地位都得到空前提升，其通用航空产业也得到了快速发展。其中，《退伍军人权利法案》等政策文件起到了重要作用。

作为具有强制性的管理规范机制，政策文件的实质性内容对行业的发展往往起着决定性作用，无论是正面的还是负面的。美国通用航空业的发展很多时候受益于政策支持，但也有过因政策而陷入衰退的时候。1979年，美国商务部出台的《统一产品责任示范法》要求通航飞机厂家对其生产的飞机及部件终身负责。这给生产企业带来了不断的诉讼和巨额的赔偿，尽管许多事故的发生并非产品质量的原因，漫长的诉讼过程却消耗了大量的人力和精力。在这一文件的冲击下，通航飞机制造巨头深受其害，不得不缩减规模甚至停止生产。派珀公司停产了其明星产品2座超级小熊和6座PA—32飞机；塞斯纳在1986年停产了单发活塞式飞机；比奇被收购后全面减产活塞式螺旋桨飞机。《统一产品责任示范法》颁布后的10多年里，美国通用航空业经历了一个漫长的萎缩与衰退过程：通用飞机年产量从1979年的上万架骤减至1993年的不足千架，通用飞机制造商由1980年的29家减少到1992年的9家；因政策原因导致的减产使通用飞机价格上涨进而影响了销量；从1980年起飞行员人数逐年下降，至1994年飞行员总数减少了将近18万人。文件出台后通航飞行安全问题确实得到了一定缓解，FAA的统计数据表明，1980～1993年，飞行事故率降低了30%，但其中绝大部分事故是由于飞行员失误、天气不佳或飞机维修不利所致①。

为促进通用航空业的健康发展，在经历了10多年的调整和总结反思后，1994年8月，美国出台了《通用航空振兴法案》，主要内容之一是将制造商对其生产的飞机和部件承担责任的年限由40年下调至18年。同时，美国政府还主导先进通用航空运输机试验和通用航空动

---

① 金伟，高远洋. 中国战略性新兴产业研究与发展·通用航空［M］. 北京：机械工业出版社，2021：27-28.

力两大工程的启动，目的是研发更安全、更经济的飞机。新的文件大大减小了通航飞机制造商的责任，生产领域的积极性得到恢复。文件出台当年，塞斯纳就恢复了其旗下螺旋桨机型172、182、206的生产；派珀于1995年恢复了单发活塞式飞机PA32的生产，美国通用航空业再现繁荣。2013年，美国颁发《小型飞机振兴法案》，明确要求美国联邦航空管理局（Federal Aviation Administration，FAA）对轻型飞机的认证标准和认证程序进行简化调整，以降低飞机及相关设备的升级改造成本和新飞机价格，并鼓励创新。

这一时期，美国通用航空业的发展进入平稳增长阶段。截至2017年，美国共有21万架通用飞行器，约占世界总量的52%，其中活塞式飞机最多，约为13.9万架，占比为66.2%。2017年，美国通用航空的飞行量接近2500万小时，其中活塞式飞机的飞行量最大，达1260万小时，占比为50.92%。

截至2018年底，美国通用航空器占全球通用航空器的48%。在美国联邦航空局注册的飞行员有633318名，年作业飞行量超过2500万小时。美国有私人机场14112个、公共机场5136个，其中供定期航班起降的机场不到500个，多数机场为通用机场。分布在美国各地的大量通用机场带动了社区的发展，缩短了城市和乡村间的差距。美国85%的空域为民用空域，其中绝大部分又被通用航空使用，且空域等级划分图和航空图表都对外开放。这些基础条件成就了美国的通用航空产业。2019年，涉及飞机及零配件制造商、飞行培训学校、航空俱乐部、固定基地运营商（Fixed Base Operator，FBO）及航油供应商等在内的通用航空产业给美国带来了2470亿美元的经济贡献，提供了120万个就业岗位。

美国的通用航空制造业依托其自身巨大的消费市场，再加上有强大的航空基础工业作为支撑，长期以来领先于其他国家。2018年全球交付的2443架固定翼通用飞机中来自美国本土的有1746架，占

71.5%。美国通用航空制造商协会（GAMA）数据显示，2022年美国共生产通用飞机3694架，2023年预计美国通用飞机数量达到21.3万架，涉及公务飞行、出租飞行、空中旅游、医疗救援等应用场景。目前在册的通用航空飞机大约23万架，占全球的比重为65.8%。

除了通用飞机整机制造独霸全球市场，美国还有众多实力很强的试验类套材飞机公司，如范氏（Vans）、珍尼斯（Zenith）、兰塞尔（Lancair）、兰氏（Rans）和格拉斯飞机（Glasair）等公司。

美国城市空中交通产业的发展也进展较快。对先进空中交通（Advanced Air Mobility，AAM）和城市空中交通（Urban Air Mobility，UAM）行业的许多预测表明，2024年将是基础设施发展年。AAM和UAM行业将于2025/2026年正式开始全面商业化。

在基础研究方面，美国国家航空航天局（National Aeronautics and Space Administration，NASA）下设的航空科研任务理事会（Aeronautics Research Mission Directorate，ARMD）承担了NASA在AAM体系建设方面的主要探索研究任务。当前ARMD设立4大任务包，正开展约17个项目，其中约6个项目与AAM体系建设直接相关，围绕AAM体系建设与运行中可能遇到的问题开展全面研究。

除NASA外，美国各主要相关企业也基本都已开展AAM体系研究，如波音和维斯克公司于2022年9月联合发布《无人UAM运行概念》，维斯克公司于2022年7月单独发布《智慧AAM——通过数据驱动的建模仿真部署负责人的AAM》白皮书。相较于欧洲，美国在AAM体系运营方面开展了更多仿真研究，在飞机自主飞行、机群管理、航迹控制与优化等方面发布了更多成果。

在政策引导方面，2022年10月，美国总统拜登签署的《先进空中交通（AAM）协调与领导法案》通过了众议院审议。该法案强调美国要在AAM行业占据世界领导地位，同时要求美国交通部建立和协调跨机构运行的AAM工作组、规划和部署AAM体系建设的各种相关工作。2022 年 5 月，美国政府问责局（Government Accountability Office，GAO）还发布了面向美国国会的报告《变革性航空业——AAM 重大问题》，系统性梳理了美国当前 AAM 行业各主要企业的发展情况、角色和面临的问题，同时还指出了当前 FAA 适航管理系统存在的不足。2023 年 7 月，FAA 发布了《着眼于未来的 AAM 近期实施计划（Innovate28）》报告，该报告提出到 2028 年城市和先进空中交通服务如何在美国部署的高层观点。根据该文件，2025~2028 年的初始 AAM 运营预计将主要使用现有机场和直升机机场（根据需要进行修整，以满足 FAA 对垂直起降机场设计的临时指南），而专门建造的垂直起降机场也可能在这段时间内投入使用。

在商用应用方面，根据 2024 年 1 月更新的"全球 AAM/UAM 市场地图"，美国目前有 46 个城市/地区正在开发 AAM/UAM 计划。该地图展示了全球 170 个城市和地区的 AAM/UAM 市场发展状况，其中有 15 个地区计划在未来三年内投入运营。

迈阿密市计划成为美国最大的 UAM/AAM 中心，至少有六个行业联盟计划在此开展业务。迈阿密市正在实施多项计划，以至少管理这些联盟计划的一部分，包括迈阿密大学领导的迈阿密工程自主出行计划（MEAMI），该计划还包括 Eve 以及迈阿密市与 Supernal 之间 2022 年 AAM 规划的谅解备忘录。Joby、Lilium、Eve Air Mobility、Electra、Supernal 和 Archer 都已宣布，有兴趣将迈阿密作为美国早期的 UAM 枢纽。

时至今日，经过百年发展，通用航空产业不仅对美国交通运输业的贡献巨大，而且也是美国经济发展的核心产业之一。美国联邦航空局（FAA）预测，美国通用航空机队数量及飞行小时呈增长态势，预计到 2038 年，美国通用航空机队数量将增至 214090 架、飞行小时将增至 3020 万小时。可以说，美国通用航空业之所以发达，主要包括以下原因：

　　首先，美国幅员辽阔，且地势较为开阔平坦，而人口相对稀少。美国国土主体部分的最高峰为惠特尼峰，海拔 4418 米。总体而言，美国国土不仅平原面积占比大，起伏也比较小，利于开发。从人口密度来看，当前人口密度仅为每平方千米 35.5 人，远低于世界上其他人口大国（中国人口密度为每平方千米 147 人，印度人口密度每平方千米超过了 500 人）。较小的人口密度，使人地矛盾并不突出，人与自然的关系不至于太紧张。

　　其次，美国政府的大力推动。早在第一次世界大战期间，美国政府就培训了超过 1 万名飞行员。在第二次世界大战中，美国政府更是培训了超过 50 万名飞行员以及 275 万机务技术员。而且，为提高交通能力和军事训练能力，以为打赢战争提供物流体系和后备力量支撑，美国政府大力投资建设机场。1918～1925 年，在《航空邮政法（凯利法）》的支持下，美国建造了 145 个机场；在第二次世界大战期间，美国政府拨款数亿美元资助建设了 986 个机场。战争结束后，很多当时的军用机场转为通航机场继续发挥作用，客观上促进了通用航空业的发展。后来，部分机场通过加长跑道等方式进行适当改造，用于民航飞行。除了机场，出于打赢战争和备战目的而训练出来的大量飞行员和航空机械师，在战后乐于从事相关行业，大量融入通用航空业，从事教练工作或者直接担任飞行员和航空机械师，为产业的发展提供了宝贵的人才资源。此外，在通航产业发展的早期，美国甚至一度几乎没有空中管制，也不向通航机场收取管理费用，这种比较宽松的氛围促进了通用航空业的发展。20 世纪 90 年代后，面对 80 年代以来通用航空业的低迷，美国政府颁布了《通用航空振兴法案》，明确非商业通用航空飞行器服役 18 年后的免责条款，即当航空器、部件、组建交给采购人 18 年后，任何飞行事故导致的死亡或者损伤都不能成为对制造商发起民事诉讼的理由。

　　最后，技术进步和经济发展的促进作用。自莱特兄弟发明飞机以来，美国一直在航空业领域不断耕耘。通用航空业自然也受益不小，涡轮发动机的出现、航空电子的发展等，都提升了通用航空器的质量和安全性。第二次世界大战的胜利，使美国经济在经历 20 世纪 30 年代的大萧条后，一直增长比较稳健。战争的胜利更加增强了美国人的信心，不少从事通用航空业的人士甚至相信每个美国人都有机会拥有一架飞机。在美好的憧憬下，美国的通航飞机制造商一度开足了生产马力，制造出大量的通航飞机。由于供给充足，通航飞机的价格也相对便宜。尽管后来的发展远不如这些人当初想象的那么乐观，但当时的认知与选择却实实在在促进了该产业的快速发展。

第二节　巴西

巴西空域由空军统一管理。巴西根据国际民用航空组织（International Civil Aviation Organization，ICAO）标准建立空域管理体系，设立了主要服务于通用航空自主飞行的 G 类空域。目前，巴西空管服务已覆盖全境，实现了空域管理软件的完全国产化。巴西通用航空产业的发展有以下几个特点：第一，启动时间早。早在 20 世纪 30 年代，巴西就开始了生产通用航空器的努力。第二，自主性强。第二次世界大战后，巴西政府启动了一个长期战略支持本国航空工业，设立了本土工程设计和研究机构，以从事航空器的设计和研发，减少对进口机械的依赖。1969 年，巴西还成立了巴西航空工业公司，专门从事航空器设计、机身制造以及组装运营等业务，在提供民航产品的同时也服务于军事领域。第三，体系化推进。除生产制造外，巴西还通过培训学院以及研究机构培养技术人员来支持航空产业，同时修建机场、引进国外专家。通过长时期多方面的努力，巴西作为一个发展中国家，建立了独立自主的航空制造体系，并推出了具有世界竞争力的支线科技和通用航空器。

作为一个发展中国家，巴西政府在推动通用航空产业发展过程中还采取了如下做法：投资建设机场；主导建立培训和认证体系；在高层建筑上建设停机坪等；巴西政府要求其国内自然人、法人以及军方必须优先采购国产飞机，并给予价格保护；以补贴方式推广航空农业作业。巴西政府对本国通航产业的支持是全方位的，也取得了很好的效果。纵观世界，巴西是人均国民生产总值 1 万美元以下国家中通用航空业发展得最好的。

除了基础设施和培训服务体系，巴西在通航飞机制造方面也比较有实力。尤其是巴西航空工业公司，推出了一系列通航飞机机型，取得了不俗的成绩，在 40 多年时间里，推出了 10 多款产品，取得了商业上的成功。截至 2023 年，巴西航空工业公司飞机总产量已超过 7000架，成为世界知名的通用航空制造企业。除了巴西航空工业公司，巴西还有大约 10 家小型通用飞机生产企业。

第三节　欧洲

在通航政策支持方面，欧盟于 2007 年启动了"清洁天空计划"，促使欧盟通航制造业关注技术标准输出和节能环保，促进了通航制造业的发展。"欧洲单一天空计划"改善了欧洲空域管理因各自独立所导致的空域分割和大量航班延误的问题，优化了欧盟空域管理体系。《欧盟运输自由化规章》解决了欧盟机场拥堵问题，完善了通航保障体系。欧盟制定的"机场一揽子建议"在机场准入方面完善了通航承运人与机场建设的权利与义务。欧盟的休闲飞行员执照和航路仪器评级（EIR）执照统一了执照标准，使其满足了特殊性通航飞行员的培养要求。

在通航应用方面，就欧洲的休闲体育而言，从事飞艇和滑翔机等休闲体育活动的飞行员有 9 万多人，飞行器有 2 万多架。就欧洲的航空作业而言，航空探测、气象研究、环境监督、空中吊车、交通监视、农业播种、新闻报道等作业种类丰富，而且专业化程度高。就欧洲的私人运输而言，大城市不断拥堵，欧盟内部市场不断渗透，卫星导航和轻型飞机等新技术不断涌现，促进了私人航空运输的发展，欧洲的公务机公司有7000多家。欧洲的通用航空训练也为运输航空公司输送了大量的合格飞行员。

在无人机产业方面，欧洲无人机市场高度分散，多家厂商占据了市场的重要份额，其产值在近年来经历了显著增长，特别是在商用无人机领域。据印度调查公司 Mordor Intelligence 统计，2023 年，欧洲无人机产业的营业额达到约 67.4 亿美元，2024 年的市场规模预计达到 73.2 亿美元，到 2029 年预计将达到 110.7 亿美元。

欧洲无人机市场的一些知名公司包括 Azure Drones SAS、Parrot Drones、Terra Drone、Onyx Scan Advanced LiDAR Systems 和 AltiGator Unmanned Solutions。这些公司纷纷斥巨资改进技术并在无人机中引入新功能，以支持各种商业应用。例如，2021 年 6 月，欧洲无人机制造商法国 Parrot 公司推出了 ANAFI Ai，这是第一款使用 4G 作为无人机和操作员之间主要数据链路的无人机，它利用 ANAFI Ai 的 4G 连接来实现任何距离的精确控制。对于超视距（Beyond Visual Line of Sight，BVLOS）飞行，无人机即使在障碍物后面也能保持连接。

具体到应用领域，建筑领域在 2021 年占据了最高的市场份额，无人机在这一行业的多种用途中展现了巨大的潜力，如土地测量、地形测绘、远程监控和结构检查等。

在政策支持方面，欧洲航空安全局（European Union Aviation Safety Agency，EASA）发布了统一的无人机规则，旨在为整个欧洲大陆的无人机操作提供一套协调统一的法规框架。这些规则覆盖了无人机系统（Unmanned Aerial Systems，UAS）的运营，涉及无人机运营商和认证无人机的注册。欧洲无人机法规采用了以运营为中心、基于风险的方法，将无人机系统分为"开放""特定""认证"三个主要类别，针对不同风险等级的无人机操作制定相应的规定。政策支持下，欧洲正在建立所谓的"优空域"（U-Space），这是一个支持无人机安全高效运行的数字生态系统。它包括了注册登记、远程识别和地理感知等基础服务的建立，目的在于确保无人机能在复杂的空域环境中安全运行。

在城市空中交通方面，相比于美国在仿真、政策方面的优势，欧洲表现得更注重实践、民意和适航规范。

近年来，欧洲在多个重要城市落地实施了大量 AAM 试点运营活动。2021 年 9 月，沃珑在德国汉堡市世界 ITS 展览上进行了运行场景演示，在大量市民的围观下，直接演示了飞机装卸货物、载货飞行等过程。2022 年 4 月至 5 月，英国考文垂市政府联合 UAP 公司、斯帕诺公司，在考文垂市举办了世界首个 eVTOL 飞机空港试运营体验活动"Air One"，活动直接在城市内搭建了 UAP 公司的垂直起降机场、并停放一架斯帕诺 S-A1 型 eVTOL 飞机。法国政府机构 CPR 携手机场运营商 ADP 和城市交通运营商 RATP，在巴黎政府的支持下开展巴黎城市空运项目，计划在 2024 年巴黎奥运会开幕之际实现城市空运商业试运营，并于 2021 年面向世界征询运营方案意见。2022 年 11 月，CPR运营的蓬图瓦兹机场（POX）启用欧洲首个 AAM 垂直起降航站楼，开始在机场内进行以沃珑 Volocity 为主要机型的飞机运行测试。这次测试选用真实机场，可对飞机—地面的车辆整合管理调度、飞机在机场的地面移动和充电、乘客登机前的安检和人流管理等一系列问题进行最直接、准确的研究和演示验证，尽可能为 2024 年巴黎奥运会期间法国 AAM 试点线路的运行做充分准备。

此外，欧洲格外重视民众对 AAM 的认知和接纳程度，以欧洲航空安全局（EASA）为代表、包括欧洲各国政府在内的组织机构，持续不断地发布高质量、通俗易懂的 AAM 文字和音视频资料，同时多次大规模发放调查问卷，以了解民众对 AAM 发展的担忧及理由，针对性地制定战略文件和发展路线图，引导欧洲各 AAM 企业打造民众满意、信任和期待的 AAM 体系。

在适航政策方面，欧洲航空安全局于 2019 年 7 月发布了《垂直起降飞行器特殊条款适航条例》（SC-VTOL），这是世界首份垂直起降飞行器适航条例，至今仍是世界各国民航局（包括美国 FAA 在内）的重要参考对象；2022 年 3 月，EASA 发布《垂直起降飞行器机场技术设计规范》，这一世界首份垂直起降飞行器机场设计指南，规范了垂直起降机场上方漏斗形"无障碍空间"的概念及尺寸、形状等，为欧美各 eVTOL 飞机研制和运营企业丰富了参考标准和适航依据。

一、法国

法国国土面积约为 67.3 万平方千米，2022 年人口约为 6797 万。通航产业是法国经济的一个重要组成部分，涵盖了航空制造、航空服务、空间技术、航空运输等领域。通航产业在法国创造了大量的就业机会，包括工程师、技术人员、飞行员、销售人员、维护人员等多个岗位。航空制造商和相关企业的出口业务，特别是飞机和航空零部件的销售，为法国创造了外汇收入。可以说，通航产业的发展促进了法国的经济增长。此外，通航产业也直接或间接地促进了法国旅游业的发展，因为航空运输是游客前往法国的主要方式之一，而游客的增加带动了旅游业的发展。

法国民航总局（Directorate General of Civil Aviation，DGAC）数据显示，法国目前有通航驾校约 4000 家，通航俱乐部超过 6000 家。2018 年法国通航领域飞行器的销售数量为 7755 件（包括飞机、气球、滑翔伞、直升机）。2018 年，在轻型飞机类别中，法国有 5520 架活塞飞机、117 架涡轮飞机和 44 架喷气式飞机，分别属于个人、公司或飞行俱乐部。除此之外，还有 14593 架微型轻型飞机、1675 架滑翔机和

793 个气球。2021 年，法国航空联合会已拥有 583 个飞行俱乐部的 41183 名会员，他们使用 4068 架飞机完成了总计 536296 小时的飞行。

根据法国航空航天工业集团（GIFAS）提供的数据，通航产业在 2020 年为法国创造了大约 2100 亿欧元的收入，这一数字囊括了航空器制造、空间技术、航空服务以及与通航产业相关的其他活动的收入。法国国家统计与经济研究所（INSEE）的数据与法国航空航天工业集团提供的数据相同，2020 年法国 GDP 总量约为 2.58 万亿欧元，其中通航产业所占份额为 2100 亿欧元，对 GDP 的贡献大约为 8.1%。此外，法国政府高度重视通航产业，也意识到其对本国经济的重要性，故开展了许多通用航空职业培训项目，来满足通航产业不同层次的人才需求，以确保行业的人才供应。

法国拥有完整的航空工业体系，通用航空制造业非常发达，比较著名的企业有达索（世界著名喷气式公务机生产商）、索科达（主要生产高端私人飞机、公务机）、兰斯（主要生产 10 座双发涡桨多用途飞机）、SMA 发动机公司（生产世界领先的航空柴油发动机）、赛峰（世界著名航电和机载设备生产商）、梅西埃—道蒂（世界起落架生产商）等。截至 2018 年，法国通航飞机保有量达 23383 架，多于英国。

二、英国

英国国土面积约为 24.4 万平方千米，包括英格兰、苏格兰、威尔士和北爱尔兰四部分，其中英格兰地区面积约 13.0 万平方千米，苏格兰面积约 7.9 万平方千米，威尔士面积约 2.1 万平方千米，北爱尔兰面积约 1.4 万平方千米；截至 2021 年英国人口约为 6700 万。英国在世界航空工业中具有重要地位，著名的航空企业有罗尔斯—罗伊斯（世界著名民用和军用发动机生产商之一）、道蒂（世界著名大功率螺旋桨生产商之一）、穆格（飞机控制系统和部件生产商）、史密斯（世界著名航电和飞机系统设备生产商）、伊派科（飞机内饰和座椅生产

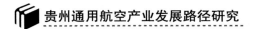

商）等。英国通用航空制造业一度十分发达，但近年来其地位大幅度下滑，2023 年仅有通用航空制造企业 10 家左右。尽管如此，英国通航飞机保有量却不小，截至 2018 年英国拥有 19810 架通航飞机，其中直升机 1256 架。

三、德国

德国国土面积约为 35.8 万平方千米，2022 年人口约为 8387 万。第二次世界大战结束前，德国拥有很强的航空工业实力。第二次世界大战期间，德国的航空工业遭受了较大破坏。不过，自 20 世纪 50 年代起，其航空工业得到了较快的恢复，尤其是通用航空产业得到了较快发展。近十余年来，德国的通用航空飞机数量保持在 2 万架以上。截至 2017 年，德国的通用飞机保有量为 20965 架，其中直升机有 729 架，多于英国，少于法国。

四、意大利

意大利国土面积约为 30.1 万平方千米，人口截至 2022 年约为 5900 万。意大利的航空工业整体实力较强，2023 年有阿古斯塔·维斯特兰、比亚乔宇航、泰克南、Vulcanair 和 SG Aviation 等约 30 家通用飞机/直升机企业。意大利比较知名的飞机产品有比亚乔 P180、泰克南 P2006 等。在直升机领域，阿古斯塔·维斯特兰近年来在民用直升机新产品开发、技术创新等方面的成绩卓著，AW139/189 等极具竞争力的新产品成功赢得市场。截至 2018 年，意大利通用飞机保有量为 24220 架，其中直升机有 512 架。

五、瑞士

瑞士国土面积约为 4.2 万平方千米，人口截至 2021 年约为 874 万。瑞士的通用飞机/直升机企业数量不多，大概有五六家，其中最著名的是皮拉图斯飞机公司,该公司在通用飞机领域颇有建树,其生产的 PC-12 十座单发涡桨高性能多用途飞机和 PC-6 十座单发涡桨通用飞机是非常优秀的产品,大量销往世界各地。目前,皮拉图斯公司正在研制全新的 PC-24 喷气式公务机。在新能源通用飞机技术创新方面,瑞士的洛桑联邦理工学院成绩卓著,其研发的"阳光动力"长航时载人太阳能电动飞机实现了该领域的诸多重大突破。截至 2018 年,瑞士通用飞机保有量为 3144 架,其中直升机有 310 架。

六、捷克

捷克国土面积为 7.9 万平方千米,2022 年人口约 1053 万。捷克的通用飞机技术很先进,尤其是其超轻型/轻型运动飞机,性能优异,大量出口到世界各地。捷克目前拥有爱维特飞机公司、捷克运动飞机公司和捷克飞机工厂等约 40 家通用飞机制造企业。爱维特飞机公司是发展较好的公司,从 EV-97 单发活塞式双座超轻型飞机开始,它实现了系列化改型发展。该公司与布尔诺大学联合研制了 VUT100 系列单发活塞式四座飞机,目前正在研制 EV-55 十座双发涡桨多用途飞机。值得一提的是,捷克轻型飞机协会十分活跃,对推动捷克通用航空发展起到了举足轻重的作用。截至 2018 年,捷克通用飞机保有量为 3570 架,其中直升机有 174 架。

七、奥地利

奥地利国土面积约为 8.4 万平方千米,2022 年人口约为 900 万。奥地利的通用航空制造业代表企业是钻石飞机工业公司和小功率活塞式发动机制造商 Rotax(世界第一大小功率活塞式发动机制造商,其产品在国际市场上占有很高的份额)。钻石飞机工业公司从 1980 年开始生产全复合材料动力滑翔机,到现在已发展出系列通用飞机产品,在市场销售方面取得了较大成功。钻石飞机工业公司的主要技术特点是采用全复合材料（玻璃钢为主），柴油发动机动力强劲，飞机平台可选配柴油发动机和常规汽油发动机。钻石飞机工业公司在加拿大建有子公司，在中国滨州有合资公司滨奥飞机公司。目前，钻石飞机工业公司已被我国浙江的万丰航空工业有限公司整体收购。截至2018年，奥地利通用飞机保有量为2200架，其中直升机有216架。

八、俄罗斯

俄罗斯国土面积为1710万平方千米，是世界上面积最大的国家；2022年人口约1.46亿。俄罗斯大约有30家通用飞机/直升机制造企业，有近100个飞机项目。比较知名的飞机项目有雅克-18T四座单发活塞式飞机、雅克54/55单发活塞式特技飞机、苏霍伊苏-26/29/31单发活塞式特技飞机、别里耶夫别-103双发水上飞机等。在直升机领域，卡莫夫设计局、米里设计局以及喀山直升机工厂的研制生产实力雄厚，拥有众多性能优异的直升机产品，如米-17、米-26、米-34、卡-226、卡-32、卡-62和"安莎特"等。

第四节　其他

一、加拿大

加拿大国土面积约为998万平方千米，居世界第二位，仅次于俄罗斯；人口于2023年6月突破4000万。加拿大航空工业的规模在世界上名列前茅，航空产品销售额世界排名第4，仅次于美国、英国与法国。截至2017年底，加拿大共有通用航空器36588架（其中标准航空器约占88.22%、休闲飞行航空器约占11.78%）、飞行员61595人（其中私人飞行员27743人、商业飞行员8070人、定期航线运输飞行员11315人、直升机飞行许可4288人、休闲飞行许可10179人）、机场 1700 个，年度作业时间约为 450 万小时。

二、澳大利亚

澳大利亚国土面积为 769 万平方千米，澳大利亚四面环海，是世界上唯一国土覆盖整个大陆的国家。截至 2022 年 10 月，澳大利亚人口数量已超过 2617 万。至 2018 年，澳大利亚通用飞机保有量为 2220 架，其中直升机有 216 架。

作为连接东西方世界的桥梁，澳大利亚长久以来依赖航空进行旅客和货物运输。其通用航空被广泛应用于医疗和农业领域。澳大利亚公务航空业发展历史悠久，因而澳大利亚已经成为亚太地区最发达、最成熟的公务航空市场之一。澳大利亚拥有 186 架喷气式公务机，机队规模在亚太地区国家中名列第二。其喷气式公务机平均机龄为 20 年，明显高于亚太地区其他国家机队 5~10 年的平均机龄。澳大利亚喷气式公务机机队中有 1/4 用于提供包机服务，主要包机运营商包括 Air AffairsAustralia、Global Jet International 和 ExecuJetAviation 等。

区域喷气式公务机市场的成熟进一步反映在二手喷气式公务机的变动上。2017 年，澳大利亚公务机机队净增 5 架喷气式公务机（相比 2016 年增长了 2.8%），其中新增二手喷气式公务机 12 架。

多年来，澳大利亚航空器拥有者及驾驶员协会（Aircraft Owners and Pilots Association，AOPA）、澳大利亚飞行员联合会（Australian Federation of Air Pilots，AFAP）等团体一直为受到高度管制的飞行训练学校和飞行员发声。这些学校和飞行员面临着过高的费用和过于严苛的执照要求等问题。航空业存在的过度监管问题使业内不得不从海外引进飞行员，一些飞行培训学校也被售予外国投资者。

澳大利亚民航面临着人才短缺的困境，澳大利亚通用航空和公务航空运营商与大型航空公司相比往往无法提供有竞争力的薪酬，因而人才短缺现象更为严重。人力资源的不足不仅体现在飞行员方面，还体现在机务、维修工程师等地面人员方面。

澳大利亚直升机机队常被用于多用途作业和海上作业。近年来，进行海上油气作业的直升机数量有所下降。在此期间，海上直升机作业运营商试图让自身机队的功能更加多样化，因而用于多用途作业的直升机数量增多。随着全球石油价格的波动，石油开采活动将变得更加不确定，直升机海上作业市场也会受到不同程度的影响。

此外，南非（国土面积约为 121.9 万平方千米，是非洲大陆最南端的国家；2022 年人口约 6060 万）、新西兰（国土面积约 27 万平方千米，2021 年人口约 512 万）也是通用航空制造业较发达的国家。截至 2018 年，南非和新西兰通用飞机保有量分别为 13381 架和 5291 架。

第五章 中国通用航空产业
发展现状

在我国，通用航空原称专用航空。为与国际民航组织的分类保持一致，1986年国务院在颁发的《关于通用航空管理的暂行规定》中，将专用航空正式更名为通用航空。

按照《国务院办公厅关于通用航空业发展的指导意见》（国办发〔2016〕38号）的规定，通用航空业是以通用航空飞行活动为核心，涵盖通用航空器研发制造、市场运营、综合保障以及延伸服务等全产业链的战略性新兴产业体系，具有产业链条长、服务领域广、带动作用强等特点。从国办文件可见，通用航空不仅指飞行活动，还包括通用航空器的研发制造，以及延伸服务等，具有丰富的内涵和外延。

正如对通用航空的定义存在差异一样，不同地方对通用航空业的规定也有差异。本书对通用航空及通用航空业的讨论，严格按照国家有关规定展开。

第一节 发展历程

新中国成立以来，我国通用航空产业的发展取得了很大进步。1951年5月22日，应广州市政府的要求，民航广州管理处派出一架

C-46 型飞机，连续两天在广州市上空执行了 41 架次的喷洒药物杀灭蚊蝇飞行任务。从此，我国通用航空业开始逐渐发展，领域越来越宽，范围越来越广，在生产生活领域起着越来越重要的作用，为国家建设和人民生活水平的提高做出了越来越大的贡献。

1952 年，我国组建了第一支通用航空队伍——军委民航局航空农林队。航空农林队基地设在天津，拥有 10 架捷克制爱罗-45 型飞机，职工 60 余人，专供通用航空生产作业的机场或起降点约 40 个。航空农林队开展了多种通用航空作业项目的试验与生产，例如，1952 年 4 月爱罗-45 型飞机首次在东北大兴安岭林区上空执行护林任务。1952 年航空农林队的飞行总量为 959 小时。1953 年，林业部与军委民航局合作，使用一架里-2 型飞机和新中国成立前遗留下来的美国 K-17B 航空摄影仪，在黑龙江省牡丹江大海林林区进行了 1∶25 万比例尺的航空摄影试验。

1954 年 7 月 3 日，新中国第一架自制飞机在南昌成功首飞。飞机起初被命名为"红专-501"，后来改名为"初教5"。"初教5"的成功首飞是我国自主研制通用飞机的起点，结束了我国不能自主制造飞机的局面，开创了我国航空工业的新历史。该机的制造得到了苏联的帮助，其原型机为苏联雅克-18 教练机。

1963 年，民航总局下辖的 14 个飞行大队和 2 个独立中队中，除 3 个运输大队和 3 个运输通用混合大队外，其余都是通用航空飞行队伍，其中 1 个是航测飞行大队，7 个大队和 2 个独立中队是农林飞行队伍。当时中国民航运输机队的民航客机数为 79 架，而通用航空飞机达到 283 架，通用航空飞机数量是运输飞机的 3 倍以上……这一状态一直延续到 1973 年①。

我国通用航空队伍在开展国内作业的同时，还积极进行对外援助

① 金伟，高远洋. 中国战略性新兴产业研究与发展·通用航空［M］. 北京：机械工业出版社，2021：30.

任务。1960年，越南共产党中央主席胡志明接见了中国到越南进行人工降雨飞行的机组人员。

1966~1976年我国通用航空事业受到很大冲击。通用航空的主要用户——农业、林业、地质和测绘部门仍按照国家计划按期提出通用航空任务。受政治经济形势影响，这一时期通用航空的投入严重不足，虽然广大通用航空技术人员在极为困难的条件下仍然坚持生产作业，但通用航空仅累计完成作业飞行280882小时，是新中国通用航空发展史上的一段低潮时期。

在改革开放前，我国通用航空作业使用的通用飞机包括爱罗-45、雅克-12、安-12、运-5、里-2、波-2、伊尔-12、伊尔-14和直-5这9种机型的飞机和直升机。这些机型的飞机都是以活塞式发动机为动力，功率小、空机重量大、载重量小、油耗较大、机载设备少且简陋、飞行员劳动强度大。受机型限制，当时我国仅能在平原、丘陵和海拔2500m以下、地形高差较小的地区开展通用航空作业[①]。

总体而言，在改革开放前，我国的通用航空作为一种事业存在，涉及业务虽然已经比较多元，但总体体量还较小，通用航空器的种类比较有限。虽然很早就能制造通用飞机，但其发展相对缓慢，更新换代的频率不高。通用航空器主要为通用飞机，由政府部门持有，并根据情况统一调度以用于生产、减灾救灾等应急救援领域。由于多方原因，通用航空器基本上未进入空中游览、私人飞行等领域。

在改革开放后，我国通用航空产业发展进入了一个新时期。1980年3月15日，民航总局脱离空军建制，划归国务院直接领导，这为通用航空产业的发展理顺了机制。1995年12月，民航总局召开全国民航通用航空工作会议，在会议上发布了《中共民航总局党委关于发展通用航空若干问题的决定》（以下简称《决定》）。《决定》下发后在

① 金伟，高远洋. 中国战略性新兴产业研究与发展·通用航空［M］. 北京：机械工业出版社，2021：31.

全国引起了强烈反响，经过多年的贯彻、落实，现已见成效。此后，我国通用航空进入了持续发展时期。

2008 年 5 月的汶川地震抗震救灾，凸显了通用航空的重要性，对于我国通用航空发展来说是一个重要的历史转折点。但由于我国通用航空整体基础较为薄弱，仍处于起步期。

重大灾害的发生，一方面凸显了航空装备在应急救灾中的重要作用，另一方面也暴露了我国航空应急救援能力严重不足的困窘。近 10 年来，我国平均每年因自然灾害、事故灾难、公共卫生和社会安全事件造成的非正常死亡人数超过 20 万人、伤残超过 200 万人。在实施紧急救援的过程当中，通用航空在运送救援人员、物资及伤员等环节中发挥着不可替代的作用。美国、加拿大、日本和德国等世界主要发达国家都形成了符合各自国情且较为完善的航空应急救援体系。我国也在汶川地震发生后，形成了加快发展通用航空的广泛共识。2009 年 3 月，中国航空学会组织 27 位院士联合签署并向中央呈送了《关于建立国家应急救援体系的建议》；2009 年全国人大和全国政协共提出涉及通用航空发展的提案建议 17 件，创历史新高，通用航空的公共服务属性开始得到重视。

2010 年，中华人民共和国国务院（以下简称国务院）组织 25 个有关机构，调研编制了《国家航空应急救援体系规划研究报告》，确立了通用航空应用于国家应急救援的重要地位。2010 年 11 月，国务院、中国共产党中央军事委员会（以下简称中央军委）联合颁布《关于深化我国低空空域管理改革的意见》，对我国低空空域管理改革工作做出部署，提出要逐步开放 1000 米以下的空域。这是我国通用航空发展的一个重要历史转折点，由此开辟了我国通用航空事业的新篇章。

2016 年 5 月 17 日，国务院办公厅印发了《关于促进通用航空业发展的指导意见》（国办发〔2016〕38 号）（以下简称《意见》），对进一步促进通用航空业发展作出部署。

《意见》指出，截至 2015 年底，通用机场已超过 300 个，通用航空企业有 281 家，在册通用航空器有 1874 架，2015 年飞行量达 73.2 万小时。但总体上看，我国通用航空业规模仍然较小，基础设施建设相对滞后，低空空域管理改革进展缓慢，航空器自主研发制造能力不足，通用航空运营服务薄弱，与经济社会发展和新兴航空消费需求仍有较大差距。

《意见》提出，到 2020 年，要建成 500 个以上通用机场，基本实现地级以上城市拥有通用机场或兼顾通用航空服务的运输机场，覆盖农产品主产区、主要林区、50% 以上的 5A 级旅游景区。要达到通用航空器 5000 架以上，年飞行量 200 万小时以上，培育一批具有市场竞争力的通用航空企业。要使通用航空器研发制造水平和自主化率有较大提升，国产通用航空器在通用航空机队中的比例明显提高。通用航空业经济规模要超过 1 万亿元，初步形成安全、有序、协调的发展格局。

国家民航局《"十四五"通用航空发展专项规划（民航发〔2022〕8 号）》从发展基础、形势要求、发展思路、公益服务提能增效、新兴消费扩容提质、同行运输连线成网、无人机广泛使用、传统作业巩固提升、资源保障能力不断夯实、治理能力持续提升、保障措施等方面，为通用航空业的发展进行了更为全面、具体的指引（见表 5-1）。

表 5-1 "十四五"时期通用航空发展目标

维度	指标		2019 年	2020 年	2022 年	2025 年	属性
安全	通用航空死亡事故万时率五年滚动值	0.058			0.08		约束性
规模	企业数量（个）	通用航空（有人机）企业	478	523	630	750	预期性
		通用航空（无人机）企业	7192	10725	14000	18000	预期性
		飞行量（含无人机）	106.5	281.1	350	450	预期性
		其中：无人驾驶航空器综合管理平台飞行量	125	183	210	250	预期性

续表

维度	指标		2019 年	2020 年	2022 年	2025 年	属性
规模	通用航空器期末在册数（架）		2707	2892	3000	3500	预期性
	经营性无人驾驶航空器数（万架）		8	13	17	25	预期性
	私用、运动驾驶员执照持有数（人）		4736	4950	5700	8200	预期性
	民用无人机驾驶员执照持有数（万人）		6.7	8.9	12	22	预期性
	在册通用机场数（个,A 类、B 类合计）		246	339	390	500	预期性
服务	应急救援		19	19	22 以上	25 以上	预期性
	航空消费		28.5	39.4	48	68	预期性
	通运运输	通运运输开通省份（个）	17	19	22 以上	25 以上	预期性
		旅客运输量（万人）	6.4	5.6	6	9	预期性
	传统作业	农业作业面积（含无人机，亿亩）	8.3	13.1	18.8	25.1	预期性
		电力巡线里程（含无人机，万千米）			85	100	预期性

2022 年 1 月，国务院发布《"十四五"现代综合交通运输体系发展规划》，提出要深化低空空域管理改革，有序推进通用机场规划建设，构建区域短途运输网络，探索通用航空与低空旅游、应急救援、医疗救护、警务航空等融合发展；国务院印发《"十四五"旅游业发展规划》，提出要完善低空旅游发展政策，推动通用航空旅游示范工程和航空飞行营地建设，推进通用航空与旅游融合发展；民航局、中华人民共和国国家发展和改革委员会（以下简称国家发展改革委）、交通运输部发布《"十四五"民用航空发展规划》，提出

要加快构建"干支通、全网联"的国家航线网络体系，充分发挥民航特别是通航通达性强、效率高和品质优的比较优势，提供多样化、特色化低空旅游服务产品，壮大航空活动参与群体，促进私人飞行发展。

2022年2月，民航局发布的《"十四五"通用航空发展专项规划》对"十四五"时期通用航空的发展进行了全面部署，提出到"十四五"末通用航空器在册数达到3500架、通用航空飞行量（不含无人机飞行量）达到200万小时的发展目标；国务院印发《"十四五"国家应急体系规划》，提出要加快建设航空应急救援力量，采取直接投资、购买服务等多种方式，完善航空应急场站布局，加强常态化航空力量部署，航空应急力量基本实现2小时内到达灾害事故易发多发地域；民航局发布《"十四五"航空物流发展专项规划》，提出要探索构建通用航空物流网络，扩大交通不便地区无人机干—支—通配送网络，推进通用航空物流网络省际互通、市县互达、城乡兼顾。

2022年4月，国务院安全生产委员会办公室（以下简称国务院安委会）印发的《"十四五"国家消防工作规划》提出，将在北京、天津、上海、广州、深圳、重庆这6个城市和其他省份建设航空应急救援专业力量，同时鼓励有条件的城市建设航空应急救援力量，建设一批应急救援航空器起降场地和保障设施。

2022年11月，中华人民共和国工业和信息化部（工业和信息化部）、国家发展和改革委、国务院国有资产监督管理委员会（以下简称国务院国资委）联合印发的《关于巩固回升向好趋势加力振作工业经济的通知》指出，要促进通用航空及新能源飞行器等产业的创新发展；国家8个部门共同印发的《户外运动产业发展规划（2022—2025年）》，提出要因地制宜开发航空运动等项目，推动航空运动等重点户外运动项目差异化发展，布局"200千米航空体育飞行圈"。

2022年12月，中共中央、国务院印发了《扩大内需战略规划纲要（2022—2035 年）》，要求释放通用航空消费潜力，加快培育低空等旅游业态，积极推进支线机场和通用机场建设，完善航空应急救援体系。随着通航政策工具箱的政策储备越来越丰富，下一步的重点是要理解好政策，统筹好、用好政策资源，把好钢用在刀刃上。当前，这些新规还需要通过实践去检验，且需要与时俱进，不断进行迭代和完善。除此之外，笔者也将 2017~2021 年出台的通用航空相关政策作了梳理，如表 5-2 所示。

表 5-2　2017~2021 年出台的通用航空相关政策

发布时间	政策名称	政策内容分析
2017 年 2 月 17 日	《通用航空"十三五"发展规划》	到 2020 年，通用航空飞行总量达到 200 万小时，通用机场数量达到 500 个，飞行员数量达到 7000 人
2017 年 3 月 9 日	《民航局取消通用航空器引进审批程序》	决定取消通用航空器引进审批（备案）程序，对企业或个人引进一般通用航空器和喷气公务机不再实施审批和备案
2018 年 1 月 19 日	《民航局适航司关于改进通用航空适航器审定政策的通知》	在适航证规定的基础上，增加实验类适航证，即主要用于航空爱好者自己制造、自行组装，以个人娱乐和飞行体验活动等为目的的轻型、超轻型类别的航空器
2018 年 7 月 18 日	《民航局关于通用航空分类管理的指导意见》	对公共运输航空与通用航空、经营性与自用性通用航空、载客类与非载客类飞行活动实施分类管理。放宽事前审定，强化事中事后监管。 突出行业监管重点，建立基于公众利益和运行风险的分类监管机制，重点管控载客类运行，放宽其他类运行的监管标准
2018 年 9 月 4 日	《关于促进通用机场有序发展的意见》	加强与全国民用运输机场布局规划的衔接，分类分级规划布局通用机场。 保障公共航空运输和军航运行安全，协调解决通用机场项目场址、空域审核遇到的重点难点问题。 鼓励和吸引社会资本投资建设通用机场。 鼓励政策性、开发性金融机构对通用机场建设提供多样化的金融服务和融资支持，拓宽融资渠道，降低企业融资成本

续表

发布时间	政策名称	政策内容分析
2018 年 9 月 28 日	《低空飞行服务保障体系建设总体方案》	2022 年，初步建成由全国低空飞行服务国家信息管理系统、区域低空飞行服务区域信息处理系统和飞行服务站组成的低空飞行服务保障体系，为低空飞行活动提供有效的飞行计划、航空情报、航空气象、飞行情报、告警和协助救援等服务
2019 年 1 月 21 日	《关于推进通用航空法规体系重构工作的通知》	民航局研究制定了通用航空法规体系重构路线图，形成了通航业务框架和通航法规框架
2019 年 7 月 24 日	《关于加强运输机场保障通用航空飞行活动有关工作的通知》	加快建设功能齐备的通用航空体系，实现通用航空与运输航空"两翼齐飞"，鼓励通用航空企业优先使用非繁忙运输机场开展通用航空活动，鼓励有条件的和新建运输机场分设通用航空专用通道
2019 年 11 月 5 日	《轻小型民用无人机飞行动态数据管理规定》	民航局负责统一管理民用无人机飞行动态数据，从事轻、小型民用无人机及植保无人机飞行活动的单位、个人应当按照本规定的要求，及时、准确、完整地向民航局实时报送真实飞行动态数据
2020 年 8 月 19 日	《通用航空短途运输管理暂行办法》	一是明确通用航空短途运输的定义和经营范围。明确短途运输企业可以"干支通"联运和跨境运输，但不得从事危险品运输。 二是明确通用航空企业从事短途运输业务的条件和运营要求。 三是突出对消费者权益的保护。通过要求短途运输企业制定并公布运输服务标准来保护消费者的合法权益。 四是明确了短途运输企业锂电池运输安全管理要求
2021 年 2 月 24 日	《国家综合立体交通网规划纲要》	研究布局综合性通用机场，疏解繁忙机场的通用航空活动，发展城市直升机运输服务，构建城市群内部快速空中交通网络
2021 年 3 月 12 日	《十四五规划和 2035 年远景目标纲要》	稳步建设支线机场、通用机场和货运机场，积极发展通用航空

资料来源：有关政府部门官方网站。

　　2022 年 12 月发布的《扩大内需战略规划纲要（2022—2035年）》也提出，要"加快培育海岛、邮轮、低空、沙漠等旅游业态，释放通用航空消费潜力"。2023 年 12 月中央经济工作会议提出，要以科技创新推动产业创新，特别是以颠覆性技术和前沿技术催生新产业、新模式、新动能，发展新质生产力。要大力推进新型工业化，发展数字经济，加快推动人工智能发展，打造生物制造、商业航天、低空经济等若干战略性新兴产业。民航局、国家发展改革委等联合发布的《"十四五"民用航空发展规划》，民航局印发的《"十四五"通用航空发展专项规划》《低空飞行服务保障体系建设总体方案》，以及由国务院、中央军委发布，自 2024 年 1 月 1 日起施行的《无人驾驶航空器飞行管理暂行条例》等政策，为行业的发展提供了明确、广阔的市场前景，也为相关企业提供了良好的生产经营环境。

从种种政策的出台不难看出下一阶段通用航空将是民航发展的重点，那么国家为什么要大力发展通用航空？一方面，我国需要继续提高服务消费占比，通用航空可以创造新消费需求，提升消费质量，释放消费潜力。2022 年第三季度，我国服务消费占比为 52%，对标美国和日本，比例还需要继续提升。通用航空能够创造出以通勤出行、低空旅游、娱乐活动等为代表的新兴业态，可以满足多样化的消费需求，释放中高收入群体消费潜力。另一方面，高速公路、高铁建设剩余空间有限，基建投资需要寻找新的着力点。

国家提供了具有世界竞争力的政策支持。与法国和美国相比，中国为通用航空业的发展提供了较为宽松的条件，在起飞重量、驾照标准、驾照考试、俱乐部运营及飞行、通航机场及起降点建设等方面都降低了门槛（见表5-3），这为通航产业的发展提供了具有国际竞争力的条件，有利于推动产业加快发展，缩短与发达国家通航产业的差距。从起飞重量来看，我国为 700 千克，分别比美国（525 千克）和法国（600 千克）高了 175 千克和 100 千克；从驾照标准来看，我国为 1200 千克 4 座飞行器，分别比法国（525 千克 2 座）和美国（600 千克 2 座）高 675 千克 2 座和 600 千克 2 座；从俱乐部运营及飞行来看，我国提供一定政府补贴，而法国和美国都无政府补贴；从通航机场和起降点建设来看，我国提供一定政府补贴，而法国和美国都无政府补贴。

表 5-3　中国、法国、美国超轻型飞机技术指标对比

超轻型飞机技术指标	中国	法国	美国
起飞重量（千克）	700	525	600
驾照指标	可驾驶最高 1200 千克四座飞行器	可驾驶最高 525 千克两座飞行器	可驾驶最高 600 千克两座飞行器
驾照考试	暂时无理论考试	有理论考试	有理论考试
俱乐部运营及飞行	享受政府补贴	无政府补贴	无政府补贴
通航机场及起降点建设	享受政府补贴	无政府补贴	无政府补贴

　　自 2016 年国务院办公厅印发《关于促进通用航空业发展的指导意见》以来，各部委、各地方政府积极出台产业促进政策，土地、资金、人才、技术等要素资源加快聚集，简政放权、试点示范、鼓励社会投资等领域改革取得显著进展，发展通用航空业的认识逐渐统一，相关资源更为充足，条件日益成熟。2017—2022 年，国家累计出台 130 多份政策文件、推进多项试点，这些文件及试点涵盖市场管理、飞行计划任务审批、适航管理、通用机场、飞行人员、运行管理、航空器（无人机）制造标准、民航项目审批等方面，创造了良好的发展环境，激发了市场活力和社会创造力。基于通用航空产业链条长、服务领域广的基本属性，我们将其主要分为通用航空制造、通用航空运营、通用航空服务以及基础设施建设和后勤保障几大部分。在国家战略引导、地方积极推动及龙头企业的带动下，我国通用航空产业在珠海、石家庄、荆门、景德镇和哈尔滨等国家级原有产业基地基础上，迅速发展起一批通用航空产业园区，通用航空小镇、航空城、航空产业基地和通用航空示范区等产业集群不断出现，所涵盖的产业涉及通用航空制造、运营及服务等全产业链，在机场配套、维修培训及金融服务等后勤保障服务方面也具有了一定规模。通用航空产业体系不断健全，全产业链的发展模式逐步形成。在发展形态上，飞行带市场、

运营带制造的发展模式已被各地所采纳，制造运营的融合创新成为发展的主流。

第二节　产业规模

截至 2021 年底，全国有 30 多家通航制造企业取得民航局生产许可证（PC）或国外民航局的生产机构批准（POA）。除了 3 家取得发动机、螺旋桨 PC 的企业，其余均为通航器制造企业。在这些通航整机制造企业中，自主研制和引进国外机型生产的比例大体相当。AC系列民用直升机，AG50、SA60L、RX4E 等数十款国产自主研制通用飞机和直升机取得民航型号合格证。通过引进生产线、合资合作、海外并购等方式，我国引进了 SR20、DA40/42/62、H135 等多款机型。航空工业集团形成了比较完善的系列化通用航空产品谱系，包括水陆两栖飞机（AG600、海鸥 300）、涡桨多用途飞机（运 12 系列、新舟MA 特种飞机）、活塞多用途飞机（AG50、AG60、AG100、小鹰 500、运 5 系列、初教 6、西锐 SR 系列）、喷气公务机（西锐 SF50）、民用直升机（AC311 系列、AC312 系列、AC313 系列、AC352、AC332）、民用无人机（翼龙系列、AR500、Y5U、金城系列）、浮空器（AS700飞艇、系留气球）、地效飞行器等。2021 年，航空工业集团共向全球用户交付各类通用航空器 567 架[①]。

截至 2021 年底，我国获得通航经营许可的通航运营企业数量达到599 家，较 2015 年的 281 家实现翻一番。截至 2021 年底，航空工业集团拥有通航运营企业 14 家，主运营基地分布在全国 10 个省份，运营机队规模达到 278 架（国内 237 架），年飞行量约 10 万小时，在森林防火、人工增雨、短途运输、科研试飞等细分领域处于行业领先地位，

---

① 中国航空工业集团 . 通航产业发展白皮书（2022）［EB/OL］. 2022-11-10/2024-01-20，中国交通企业管理协会网站，http：//www.zgjtqx.org.cn/detail/17877.html.

多次出色地完成了国家和地方应急救援和抗震救灾任务，体现了国有企业的社会责任和担当。航空工业集团还与广西、山西、西藏、青海、湖南、江西、安徽等省份深入合作，共同构建通航产业发展平台①。

　　截至 2021 年底，我国共计注册无人机 83.2 万架，其中工业级无人机约 8 万架。据民航局无人机云交换系统统计，无人机飞行小时已达到 143.6 万，远超传统通航飞行小时。无人机在物流领域发展迅速，顺丰、京东、美团等企业已经逐步构建无人机运输网络，开展了使用无人机进行货物运输的实践，物流领域逐渐成为一个新兴的重要通航应用领域。我国无人机产业发展快速，应用场景不断丰富，已成为驱动我国通用航空发展的新动能②。

　　特别值得一提的还有通航市场中正高速发展的工业级无人机。2023 年，随着疫情的全面放开，中国经济复苏进入发展快车道，国内通航业也在积极迎接新景象。中国航空工业集团有限公司发布的《通用航空产业发展白皮书（2022）》显示，全球民用无人机市场规模正不断扩大，预计到 2025 年，产值将达到 5000 亿元，届时工业级无人机市场规模占比将超过 80%。2023 年，伴随着电子、通信、智能、协同等技术的迅速发展，以无人机为代表的新通航时代正式拉开大幕，无人机产业正进阶到更加智能化、平台化的阶段。一方面，无人机在应急救援、通信中继、高空气象探测等领域，正不断拓展其应用能力。另一方面，无人机在民用领域也不断衍生出新应用场景。目前，无人机已经在农业植保、航空遥感、灾情监报、矿藏勘探、数字中国建设等场景中进行大规模应用，并向着网联化、智能化和集群化的方向发展。伴随两会带来的关注度的提升，无人机应用产业需求将再度释放。随着新基建进程的提速，以及新型智慧城市、通用航空产业等低空经济战略的部署，无人机将成为新引擎，或将在蓄势待发中进入新一轮

---

　　①②　中国航空工业集团.通航产业发展白皮书（2022）［EB/OL］.2022－11－10/2024－01－20，中国交通企业管理协会网站，http://www.zgjtqx.org.cn/detail/17877.html.

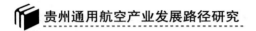

快速发展期。

我国通用航空历经数十年发展，飞行总量从 1952 年的 959 小时增长至 2020 年的 98.4 万个小时，实现了质的飞跃。

从业务量来看，1979~2000 年，我国通用航空发展速度比较慢，作业量一直在 4 万小时左右。2001 年开始，我国通用航空发展加速；2007 年我国通用航空业务量突破 10 万小时大关；2008 年，按国际民航组织统计的口径，我国通用航空作业飞行量达到 110706 小时，同比增长 10%。2010 年全行业完成通用航空生产作业飞行 13.98 万小时，比上年增长 12.9%。其中工业航空作业完成 6.39 万小时，比上年增长 20.7%；农林业航空作业完成 2.82 万小时，比上年增长 7.2%；其他通用航空作业完成 4.77 万小时，比上年增长 6.9%。

根据民航局统计，"2019 年通用航空全行业完成通用航空生产飞行 106.5 万小时，比上年增长 13.6%。其中，载客类作业完成 9.95 万小时，比上年增长 17.5%；作业类作业完成 16.05 万小时，比上年增长 4.3%；培训类作业完成 38.66 万小时，比上年增长 26.1%；其他类作业完成 5.32 万小时，比上年增长 6.6%；非经营性作业完成 36.52 万小时，比上年增长 6.7%"①。2020 年，全行业完成通用航空生产飞行 98.40 万小时，比上年下降 7.6%。其中，载客类作业完成 8.96 万小时，比上年下降 10.0%；作业类作业完成 15.06 万小时，比上年下降 6.2%；培训类作业完成 36.94 万小时，比上年下降 4.4%；其他类作业完成 4.22 万小时，比上年下降 20.7%；非经营性作业完成 33.21 万小时，比上年下降 9.1%。2021 年，传统通用航空累计运行 117.8 万小时，比上年增长 19.7%，创历史新高。2022 年 1~8 月，通用航空累计飞行 82.56 万小时，同比增长 12.3%，如图 5-1 所示。

---

① 资料来源于中国民用航空局官方网站。

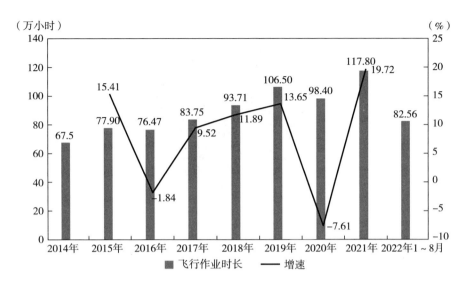

图 5-1　2014~2022 年 1~8 月我国通用航空飞行作业时间总量及增速

资料来源：中国民用航空局 2014~2022 年各年度民航行业发展统计公报公开数据整理。

　　截至 2020 年底，中国民航驾驶员有效执照总计 69442 本，比上年底增加 1489 本。其中，运动驾驶员执照（SPL）1113 本，私用驾驶员执照（PPL）4015 本，商用驾驶员执照（CPL）37881 本，多人制机组驾驶员执照（MPL）192 本，航线运输驾驶员执照（ATPL）26241 本[①]。2022 年 9 月，全国通航企业各作业项目中，商用驾驶员执照培训项目作业量最大，占总作业量的 46.1%，私用驾驶员执照培训项目占总作业量的 13.7%，空中巡查项目占总作业量的 6.5%，石油服务项目占总作业量的 5.6%，运动驾驶员执照培训项目占总作业量的 5.0%，航空护林项目占总作业量的 5.0%，航空喷洒项目占总作业量的 3.2%，熟练飞行项目占总作业量的 2.2%，自用飞行项目占总作业量的 2.1%，其他合计占总作业量的 10.8%，如图 5-2 所示。

---

　　① 邵文武，荆浩，黄涛. 辽宁省通用航空产业发展的探索与实践［M］. 沈阳：东北大学出版社，2022：21.

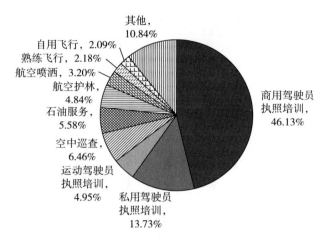

图 5-2 2022 年 9 月全国通航企业各作业项目作业量占比

资料来源：通用航空发展仍待提速 ［EB/OL］. 2023 - 09 - 27/2024 - 04 - 14. https：//
zhuanlan. zhihu. com/p/6586551851.

从通用航空机场数量来看，2017～2021 年，我国颁证通用航空机
场数量呈现增长态势。2022 年全国在册通用机场数量达 399 个，相比
2021 年新增 29 个，增幅较大。其中，颁证机场较上年度新增 6 个，增
幅为 6.9%，总数达 93 个；备案机场较上年度新增 23 个，增幅 8.1%，
总数达 306 个，如图 5-3 所示。

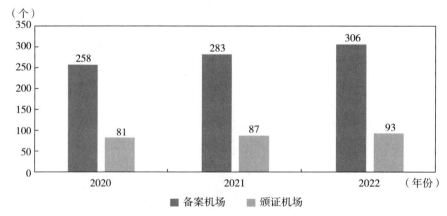

图 5-3 2020～2022 年通用机场数量

资料来源：CAAIP 通用机场信息平台公开数据整理。

　　截至 2019 年底，全国通用航空器注册数量为 3640 架，其中国产通用航空器数量为 800 余架。2014 年以来，中国通用航空器数量增长近 30%，年均增速约为 14%。2021 年，通用航空器的数量首次超过运输航空飞机数量（2903 架）。随着我国通用航空器数量的不断增加，国产通用航空器的研发和制造能力也在不断提高，特别是用于抢险救灾的大型通用航空器的研发取得了积极进展。2021 年底，中国通用航空器注册飞机总数为 4573 架，比上年增长 9.8%。

　　2012—2022 年，我国获得通用航空经营许可证的通航企业数量呈逐年增长态势。截至 2022 年底，我国获得通用航空经营许可证的通航企业共 661 家（不包含无人机通航企业），主要集中于华东、中南、华北地区，通航企业总数同比增长 10.52%（见图 5-4）。2022 年底，我国通用航空在册航空器总数达到 3186 架，平均每家运营飞行器仅 4.82 架，而我国 80% 以上的通航企业运营飞行器数量在 5 架以下。未来，中国通用飞机机队规模将稳步扩大，民航局《"十四五"通用航空发展专项规划》预测，到"十四五"末，在册通用航空器将达到 3500 架[①]。

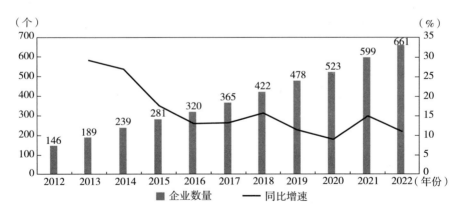

图 5-4　2012~2022 年我国获得通用航空经营许可证的企业数量及同比增速

资料来源：中国民用航空局 2012~2022 年各年度民航行业发展统计公报公开数据整理。

---

① 中国航空工业集团．通航产业发展白皮书（2022）［EB/OL］．http：//www.zgjtqx.org.cn/detail/17877.html，中国交通企业管理协会网站，2022-11-10.

截至 2020 年 8 月，我国实际运营中的通用航空企业有 443 家，相比 2019 年底仅增加 17 家。2018 年为历年中增速最快的一年，比上年增加了 100 多家，增幅达 37%。截至 2022 年 12 月 31 日，我国通用航空工商注册企业共 84136 家（带有"通用航空全行业各类型产业"标识）。2011~2020 年，企业数量呈稳定增长趋势，2020 年新增注册企业增长量为这十年最高，达到 13768 家。2022 年新增注册企业 7464 家。受疫情等因素的影响，2022 年、2021 年较 2020 年增长量和增长率均有所下降。

2022 年，全国共有 89 个机场开通了通用航空短途运输航线，包括 33 座通用机场、46 座支线机场和 10 座干线机场。支线机场占比 52%，同比降低 9 个百分点，但依旧是保障通用航空短途运输航线的主力。短途运输跨省航线均在邻省城市间开通，共计 22 条，从地区分布来看，跨省航线重点集中于东部沿海城市。根据中国民用航空局数据，2019 年，全国运营的通用航空短途运输航线共 47 条，覆盖中国 17 个省份；2020 年，全国运营的通用航空短途运输航线共 75 条，覆盖中国 28 个省份；2021 年，全国运营的通用航空短途运输航线共 108 条；2022 年，我国全国运营的通用航空短途运输航线共 121 条。通用航空短途运输已逐渐成为偏远地区旅客的日常出行交通方式，由此成为中国民航运输业的重要组成部分。

随着通用机场、通用航空器等基础设施逐渐完善，通用航空的消费需求将同步释放。

第三节　通用航空制造

通用航空制造作为通用航空服务与通用航空运营发展的基础，是通用航空发展的核心。通用航空制造直接影响整个产业链的运转，也影响着通用航空产业的布局。

　　我国通用航空制造业起步于 20 世纪 50 年代。1954 年，新中国第一架自制飞机初教-5 首飞成功。截至 2022 年，先后有数十款通用航空器、通用航空发动机等取得民航适航认证，通用航空产品的研制能力不断增强，企业竞争力不断提升，产业集群不断发展，产业体系不断健全。随着通用航空制造投资审批权的下放，在国家对通用航空产业的推进和市场带动下，民营企业逐渐成为通用航空市场的主力军。一些新兴民营企业通过自行研制生产或引进国外总装生产线，迅速提升了自己在行业中的地位，如湖南山河科技股份有限公司（以下简称山河科技）、冠一通用飞机有限公司（以下简称冠一通飞）等。以航空工业通飞公司为主的国家队也在加快发展通用航空制造，不断提升产品研制能力。通飞公司并购美国西锐公司后，2019 年交付的飞机数量已达到 485 架，成为全球领先的通用飞机制造企业。

　　运-5 系列飞机中的通航飞机是我国通用航空器中的一款重要产品。Y-5 飞机总产量超过 1500 架，主要有货运型、客运型、农业型、跳伞和空中支援型、救护型等机型。Y-5B 型飞机是 Y-5 系列飞机中的一款改型，由中航通飞华北飞机工业公司研制生产，1987 年取得民航局颁发的补充型号合格证。Y-5B 还有多种小改型，包括 Y-5B（D）多用途型、Y-5B（K）旅游客运型等。

　　运-12（Y-12）是航空工业哈飞在 Y-11 基础上改进研制的轻型双发多用途运输机，于 1980 年初开始设计，1985 年取得民航局颁发的首个民用飞机型号合格证，1986 年取得首个生产许可证。从 1990 年开始，运-12（Y-12）先后获得英国民用航空总局（CAA）颁发的型号合格证、美国联邦航空局（FAA）颁发的适航证等证书，是目前我国唯一获得英、美适航认可的机型，至今已有上百架 Y-12 飞机销往 18 个国家。Y-12 系列飞机采用双发、上单翼、单垂尾、固定式前三点起落架设计，动力装置主要为普拉特·惠特尼加拿大公司生产的 2 台 PT6A 涡轮螺旋桨发动机，主要用于农林作业和地质勘探，还可改装成电子情报、海洋监测、空中游览和行政专机等。在 Y-12 系列飞机基础上，航空工业哈飞研发了适应高温高原环境的 Y-12E 以及新一代多用途涡桨运输机 Y-12F。Y-12E 是在 Y-12Ⅳ型飞机基础上改进的，于 2001 年 12 月 31 日取得了民航总局颁发的型号合格证；Y-12F 在 Y-12 基础上改进而来，可搭载 19 名乘客，于 2015 年 12 月取得民航局颁发的型号合格证。

小鹰-500 是由航空工业第一飞机设计研究院设计、中航通飞华北飞机工业公司生产，是我国唯一按 CCAR-23-R2 规范进行设计、生产、试验试飞和适航取证并已经开始交付用户的 4 座、5 座轻型多用途飞机，具有完全自主知识产权。该机可用作初级教练机、私人飞机、旅游飞机和农林环保监测用机等。小鹰-500 采用常规布局，即下单翼、全动平尾、前三点可收放式起落架式总体布局，动力装置选用美国莱康明的 IO-540-V4A5 型活塞式发动机，起降滑行间隔短，能够在小型机场甚至公路上轻松起降，飞机寿命达 10000 飞行小时（20000个飞行起落），目前已交付国内外客户 80 余架。截至 2018 年底，在民航局注册的小鹰-500 飞机数量为 52 架。

1980 年，我国航空工业哈飞公司在引进法国 SA-365N 型"海豚"专利的基础上，研制了直-9（Z-9）双发轻型多用途直升机，该直升机的三种型号包括 Z-9、Z-9A 和 Z-9A-100。后来，Z-9 民用型直升机升级为 H410 型多用途机。再之后，多用途双发民用直升机 H425（后改名为 AC312）被开发，该机最大起飞重量为 4250kg，最大客座量为 9 人，可用于应急救援、公务执法和海上石油等领域，于 2004 年 12 月获得 CAAC 颁发的型号合格证。

AC311 是航空工业直升机设计所设计、昌河飞机工业（集团）有限责任公司（以下简称昌飞公司）生产的 2t 级轻型民用直升机。AC311 直升机是以 Z11MB1 直升机为基础的最新改进型直升机，最大起飞重量为 2200kg，可乘坐 6 人。该机采用全数字化设计和制造技术，

机身和旋翼系统选用国产复合材料，装配 1 台 Honeywell 公司的
LTS101-700D-2 发动机或国产 WZ-8D 发动机，具有寿命长、可靠性
高和使用维护成本低等特点，可应用于边防巡逻、公安执法、抢险救
灾、医疗救护、新闻采访、护林防火和观光旅游等领域，于 2012 年
6 月取得 CAAC 颁发的型号合格证。

　　AC352 是由航空工业哈飞与空客直升机公司联合研制的先进中型
（7t 级）多用途直升机，采用宽机身、单旋翼带尾桨、前三点可收放
轮式起落架设计，常规气动布局，最大起飞重量为 7.5t，可搭载 14 ~
16 名乘客。该机装配了 2 台由中法联合研制的涡轴 16（WZ16）发动
机，于 2016 年 12 月 20 日首飞成功。

　　我国通用航空整机制造能力还比较弱，还无法满足国内需求。近年
来，我国每年新增通用航空器 300 ~ 400 架，国内产量只有不到 100 架，
需要大量进口以满足需求。2018 年，我国增长最多的通用航空器是罗宾
逊 R44 直升机，全年净增 38 架；其次为塞斯纳 172S，全年净增 35 架；
净增前几位的除几款热气球和山河 SA60L 外，其余均为国外产品[①]。

　　为加快推动通航制造业的发展，国家民航局设立了专门的通用航
空器适航审定机构，即江西航空器适航审定中心。

　　在自研方面，近年来，在国家政策的支持和鼓励下，一些民营企
业进入通用航空制造业领域，并逐渐崭露头角，表现出良好的发展态
势。湖南山河科技股份有限公司成立于 2008 年，主导产品为超轻型载
人飞机、动力三角翼、固定翼无人机、航空发动机、航空专用设备等。
该公司生产的产品之一阿若拉两座轻型运动飞机，翼展长约为 8.6 米，
采用碳纤维、玻璃纤维、环氧树脂、夹芯材料等复合材料制造，空机
重约为 350 千克，起飞重量约为 600 千克，可容纳两个成年人和一定
数量的行李，使用 97 号汽油，油箱容量为 120 升，每 100 千米油耗

---

　　① 金伟，高远洋. 中国战略性新兴产业研究与发展·通用航空 ［M］. 北京：机械工业出版
社，2021.

7.5 升，最高时速达 275 千米，最大航程为 1200 千米。该机售价为 100 万元左右，很有竞争力。重庆宗申航空发动机有限公司、安徽应流集团等企业所研制的通用航空发动机已开始应用于通用航空器。深圳大疆创新科技有限公司连续多年成为世界消费级无人机第一大生产企业，市场份额保持在 70% 以上。

在中外合作方面，一些具有一定实力的企业，通过收购国外先进机型甚至知名通航飞机制造商进入通航制造领域。重庆通用航空有限公司收购了美国恩斯特龙直升机公司，万丰航空工业有限公司收购了奥地利钻石飞机公司。航空工业通飞公司在并购了美国西锐通航公司后，2019 年交付飞机 485 架，成为世界级通用飞机制造企业。

在引进外资方面，由外商控股的通航飞机制造企业丽夏飞机制造（德清）有限公司已在浙江成立，法国 G1 航空正积极寻求进入中国市场的机会。

在过去几十年里，我国通用航空制造业通过自主研发生产及与国外公司合作，成功推出了多种型号的通航飞机，包括直升机、轻型飞机、水上飞机和特种飞机等。小鹰－500、A2C 超轻型水上飞机、HG2 热气球、直-9 民用系列及 AC 系列直升机等均实现了批量生产；AG600 水上飞机、AC352 先进多用途直升机、锐翔 RX4E 电动飞机、小鹰-700 飞机、冠一 GA20 飞机、CG231 飞机、彩虹 4 测绘无人机、F-500 重载共轴无人直升机、"魅影-12" 太阳能无人机，以及运-5B、小鹰-500、P750 等改型无人机纷纷首飞成功；运-12、山河 SA60L 轻型运动飞机等成功开拓国际市场；涡轴-16 发动机、AC312E 直升机等获得民航局颁发的型号合格证；万丰钻石 DA40 飞机、联航神燕泰克南 P2010 飞机、大连小熊 CC18-180 型飞机、大同轻飞 C42E 轻型运动飞机、威翔航空 CTLS 轻型运动飞机、湘晨 XY-100 自转旋翼机、芜湖钻石 AE300 系列通用航空活塞式发动机等获得民航局颁发的生产许可证；西锐国内生产线首架 SR20 飞机已正式交付。中国电科发布了全球首个用于智能无人集群系统的多功能处理单元。2018 年，我国通用航空器共交付 31 架，累计交付通用航空器超过 1000 架。截至 2020 年 3 月，已取得民航局颁发的型号合格证的 50 种航空器产品中，属于通用航空器型号的有 24 种、属于通用航空发动机的有 8 种；已取得生产许可证的 110 种产品中，通用航空及发动机有 70 余种（引自金伟电子书，需要修改）。2020 年，民用无人机年产量超过 300 万架，产值规模为 230 亿元[①]。

航空发动机是生产通航飞机的核心部件，核心技术长期由外国掌握。近年来，随着国内科研的发展，通航发动机生产技术已经取得突破。中国航空发动机生产厂家"宗申航发"将获得法国民航局捆绑认证（已完成国产发动机〔宗申航发〕适配工作，完成跨地中海稳定性飞行测试，并获得欧洲适配准证），这意味着宗申航发的发动机可与法国 G1 飞机在欧洲捆绑销售，预计也可以得到国内许可并在国内销售。

近年来，随着技术的进步、生产生活的需要，以及社会发展的需求，无人机产业发展十分迅速。2014～2017 年，我国无人机产业的产值复合增长率达 80%；民用无人机制造企业数量从 2013 年的 130 余家增加至 2019 年的 1200 余家；2017 年无人机出口额约 110 亿元，年产量超过 300 万架，同比增长 67%，国内保有量近 100 万架，全年产值达到 230 亿元，远高于之前预测的 120 亿元；2017 年深圳无人机整机生产企业超过 300 家，全年出口无人机 258.1 万架，产值超过 200 亿元；2017 年北京有 38 家无人机企业，产值规模约 10 亿元[②]。

在我国消费级无人机大发展中，涌现出一批实力强劲的企业，包括大疆、零度、一电、亿航、极飞等。

[①]　金伟，高远洋．中国战略性新兴产业研究与发展·通用航空〔M〕．北京：机械工业出版社，2021：115.

[②]　金伟，高远洋．中国战略性新兴产业研究与发展·通用航空〔M〕．北京：机械工业出版社，2021：102-103.

与载人通用航空器相比，无人机最突出的优势是，避免了在作业过程中对人生命安全的威胁，特别适合在特种环境下开展作业。随着信息技术的发展，无人机在功能和安全性两方面也越来越强大和可控。在飞行控制系统方面，我国有超过 200 家相关研发生产企业，包括大疆、纵横、极飞、托攻等，强大的研发实力使绝大多数产品支持自主起降。依靠智能芯片的作用，无人机还可轻松实现身份识别目的并主动避开障碍物。自身所具备的优点使无人机可以广泛应用于森林巡查、野外灭火、电线巡检、农业植保、自然灾害救治、石油天然气管道巡检、遥感测绘等领域，具有很大的经济和社会价值，市场潜力巨大。《工业和信息化部关于促进和规范民用无人机制造业发展的指导意见》预估，国内民用无人机市场规模到 2025 年将达到 1800 亿元，年均增长率超过 25%，其中航拍市场规模约 300 亿元，农林植保、电力巡线等约 500 亿元，零部件、配套产业和延伸服务产业等将达到 1000 亿元。

将来，随着信息技术特别是人工智能的发展，无人机有望在更多领域发挥更重要的作用。例如，可以在外卖等快递领域，代替人工配送，实现更高效率的物流投送，特别适合配送时间要求高的物件和保鲜要求高的饭菜。又如，可以作为空中数据交换站，成为物联网的重要组成部分，减少数据在地面和近地面传输中的干扰，提高传输效率；可以在幽暗、潮湿而且十分狭小的地下管道中检查水、电、气传输线路，更快地发现问题并帮助解决问题。

特别值得一提的是，通航飞机的电动化已经提上日程，在美国等一些国家已经投入使用，在我国也已取得初步成功。这意味着通航制造业的游戏规则有可能被改变。在电池、控制电路以及电动机方面，我国与国外基本上处于同一水平线上。如果通航飞机不再使用发动机驱动，而采用电动机作为动力系统，则其制造的门槛将大大降低。同样，其使用的门槛也将降低。这种情况已经在新能源汽车上发生。如果电动飞机成本能够得到适当控制，则其普及速度将会加快，市场的繁荣也会反过来促进产业的良性健康发展。一句话，新的动力技术的出现和进步，使通航飞机可能迎来新一轮变革，这将为我国通航制造业带来机会，我们有能力在新的赛道上取得成功，并推动通航制造业高质量发展。

在城市空中交通方面，首批完成适航认证的 EH216-S 无人驾驶载人航空器分别在广州、合肥两座城市完成了商业首飞演示。2024 年 2 月 27 日，全球首条 eVTOL 跨海跨城空中航线完成首次飞行演示，此次飞行由峰飞航空科技自主研制的 eVTOL 航空器——"盛世龙"执飞。该趟飞行连接了粤港澳大湾区的两座核心城市，往返飞行距离超过 100 千米，将单程 2.5~3 小时的地面车程缩短至 20 分钟。小鹏分体式飞行汽车"陆地航母"将于 2024 年第四季度开启预订，并于 2025 年第四季度开始交付。国内沃飞长空、峰飞、沃兰特、时的科技、御风未来等主机厂的 eVTOL 项目均已进入适航审定阶段。

当前，制造业领域正在发生两个深刻且已经具有实质性影响的变化：信息技术进入人工智能时代、动力技术全面电动化。这两样技术由来已久。从一般意义上讲，电动技术的发展远早于信息技术。电力是第二次工业革命的标志，其发现和应用的历史已经超过了一个世纪，早在 19 世纪 70 年代就进入了生产生活领域。但是，作为交通工具的动力源泉，电力真正普及却是当下的事。近年来，纯电动汽车在理论上满足了人们的使用需求，并且得到相当部分人群的高度认可。而信息技术革命是 20 世纪 60 年代后的事，主要标志是电子计算机的普及与现代通信技术的高度融合。信息技术革命的成果，正在催生汽车产业领域的革命性变化，智能电动汽车时代正在加速到来。作为人类工业领域中产值高、带动能力强的汽车工业，正在加速融合信息技术人工智能化和动力技术电动化这两大成果，奔向全新的未来。这样的情况是否会出现在代表人类工业最高水准的航空工业上？对这一问题进行肯定回答或许为时尚早，但探索已经开始，需求也甚是迫切。

首先，从动力技术来看，使用航空发动机作为动力的通用航空器的噪声往往比较大，这会极大地影响乘员的体验，事实上也影响着乘员的健康，长期在高噪声环境中的危害是不容忽视的问题。其次，使用燃油的航空发动机将排放二氧化碳等危害环境的尾气，对环境保护不利。如果改为电动，则不仅少了发动机的轰鸣，噪声也会小很多。最后，电动飞机由于采取电力驱动，减少了能源转化过程中的损耗，能源使用效率将得到提高。我国政府高度重视新能源通用飞机技术的发展。2017 年 5 月，中华人民共和国科学技术部（以下简称科技部）和交通运输部联合发布的《"十三五"交通领域科技创新专项规划》指出，"十三五"时期交通领域科技创新的两大发展重点之一就是新构型新能源通用飞机技术，强调要研究新能源电动飞机电推进系统技术。2019 年 10 月，在石家庄举行的电动航空论坛上，多家单位联合发起了"电动航空适航标准专业委员会"。2019 年 11 月，电动航空适航标准专业委员会第一次会议在北京召开，审议通过了《电动航空适航标准专业委员会章程》。自 2019 年以来，我国还出台了有关文件支持电动通用航空器的发展，包括《基于运行风险的无人机适航审定的指导意见》《特定类无人机试运行管理规程（暂行）》等。

通用航空器电动化的关键是电池小型化与轻量化。通用航空器一般体积较小，如果电池电容量密度不高，那么其所带电量将十分有限，能够支持飞机续航的里程数也将大受限制，不具有实用价值。近年来，锂电池技术不断取得突破，电池能量密度不断提高，已经接近每千克300 瓦。半固态电池乃至固态电池也有望于近年得到成熟应用，其能量密度将进一步提高。在我国，锐翔通用飞机制造有限公司制造的使用电动力的 RX-1E 飞机已经取得民航局的适航证，其采用纯锂电池作为动力，电动机功率为 30 千瓦，机长 6.61 米，翼展 14.5 米，为双座型通用飞机，可乘坐 2 人，最大起飞重量达 500 千克，最大载荷为

162 千克，最快飞行速度可达 150 千米/小时，最大飞行高度为 3000 米，续航时间为 45 分钟至 1 小时。后来，锐翔推出了该机型的增程型，仍然为电动力，续航时间提高到 90 分钟。

除了锐翔通用飞机制造有限公司的 RX-1E，香港特别行政区昊翔电能运动科技有限公司研发的双座电动通用飞机也已取得成功，并获得了德国超轻型飞行员协会的批准。该通航飞机电动机功率为 48 千瓦，最快飞行速度 198 千米/小时，续航时间可达 2 小时，每小时能源消耗成本为 6.6 美元，仅为双座燃油螺旋桨飞机的 1/10。

广州亿航智能技术有限公司自主研发的纯电动低空中短途载人自动驾驶飞行器，采用 8 组电池驱动 4 组 8 个螺旋桨提供动力的方式飞行，垂直起降，点对点自动驾驶飞行。

电动飞机的研发生产对我国具有重要意义。从资源禀赋来看，我国石油储量有限，大量依赖进口。传统基于燃油航空发动机提供动力的通用航空器需要消耗大量的石油，这对于国家和消费者而言，都是不小的负担，而且面临着供应风险。飞机电动化后，可以与储能技术和储能产业结合起来，将大规模的风力发电、光伏发电等电能转移为能为飞机提供动力的电能，不仅减少了支出，也降低了风险。从技术优势来看，我国在通航飞机制造领域起步时间较晚，与世界发达国家的差距较大，主要的差距之一就在于燃油航空发动机生产技术差距。改由电动机为通航飞机提供动力后，燃油航空发动机将不再成为制造高质量通航飞机的壁垒，这有利于我国在该领域换道竞赛，能为提高通用航空器的质量和普及程度带来好处。从环境保护来看，通用航空器的电动路线将大大降低对燃油航空发动机的使用，切实减少二氧化碳及其他有害气体的排放。

人工智能技术的利用，是实现通航飞机高质量发展的又一有利因素。这项技术的使用，将在主动安全和被动安全两个方面大大提升通用航空器的安全水平。由于人工智能的使用，搭载了高算力芯片的电动通用航空器将可以更快地感知自身飞行姿态是否安全并对此做出响应，同时也将更快捷更准确地分析和判断所处的环境并做出反应。人工智能的成功使用，将使在成都双流机场短期内多次发生无人机扰航事件的概率大大降低甚至使其不再发生。一方面，各类通用航空器可以安装有关辨识程序，一旦靠近禁止区域则主动返航，或者通过某种信号告知关联方自己已经到了禁飞边缘，不能再往前飞行。另一方面，机场等关键区域可以通过安装电子围栏等方式，对可能造成安全事故的各类通用航空器进行强力的电磁干扰，使其无法入侵。

第四节　通用航空运营

通用航空产业可为其他产业赋能。在欧美发达国家，随着社会生产力的发展和生产向综合集团化方向的迈进，现在许多飞行都依附于相关行业。例如，农牧业航空使用的飞机，已成为农牧场机械的组成部分；航空探矿飞机已成为地质勘探部门的作业工具之一。通用航空的依附性是社会发展的必然结果，有利于组织生产、争取时效和提高设备利用率。

近年来，我国通用航空运营市场不断扩大，飞行总量保持了较快的发展态势，年均增长速度超过 10%，种类已经从传统的工农业作业、飞行培训，以及由国外成熟模式简单复制而来的短途运输、空中游览等类型，向多元化、消费类、应用型转变。行业投资持续旺盛。

2016 年 11 月，国家发展改革委印发《做好通用航空示范推广有关工作的通知》（以下简称《通知》）。《通知》明确，要构建通用航空短途运输网络，在一定区域内围绕运输机场形成若干通用机场与运输机场相衔接的短途运输网络。要适应偏远地区、地面交通不便地区人民群众出行需求，提供多样化服务，实现常态化运输，并于 2018 年底前初步形成网络。要建立通用航空旅游示范工程，与重点旅游区深度融合，发展多类型、多功能的低空旅游产品和线路，因地制宜，形成低空旅游环线或网络，并于2018年底前建成投入使用。要推广航空飞行营地，满足航空体育消费需求。还要与地方旅游资源深度融合，发展趣味性、体验性、丰富多样的航空运动消费产品，并于2018年底前建成投入使用。

在21世纪的第二个十年里，我国通用航空产业总体上保持了快速的发展态势，年均增速超过10%，在各相关领域都发挥了作用。2019年，通用航空飞行总量为107.9万小时，同比增长15.1%。其中，通用航空消费类飞行增长最快，同比增长35.7%；飞行培训类飞行同比增长27.1%；包机、短途运输和工业作业类飞行同比分别增长14.1%和10.3%。与此同时，市场主体和从业人员的数量也在不断增长。民航局发布的《2019年通用和小型运输运行概况》表明，截至2019年底，我国有424家实际运行的通用及小型运输航空公司，飞行从业人员3599人（含中国籍飞行员3411人，外籍飞行员58人），注册航空器2368架。2009~2018年，农林航空作业飞行量年均增长11.4%，呈现快速发展态势。但2019年农林作业量出现下降趋势，飞行总量为5.01万小时，同比下降27.7%。其中，人工降水飞行量为0.54万小时，航空护林飞行量为1.61万小时，农业植保飞行量为2.86万小时。通用航空农林业作业量下降的一个主要原因是无人机作业逐渐代替有人驾驶航空器作业。2011~2019年，农林航空运输和包机飞行共计完成2.52万小时，同比增长15.6%；飞行1.98万架次，同比增长35.6%；搭载乘客10.74万人次，同比增长51%；载货量为100.6万吨；全国共有62家企业参与运营，平均飞行时间为405.7小时①。

① 金伟，高远洋．中国战略性新兴产业研究与发展·通用航空［M］．北京：机械工业出版社，2021：128．

一、通航消费

通航消费是通航运营的重要内容之一。随着人们生活水平的提高和航空意识的增强，通航消费得到越来越多的接受，空中游览、空中摄影、举办婚礼等都很受欢迎，发展潜力巨大。

将个人用于交通和娱乐的工具归类为通航消费。作为一种全新的、脱离地面的载具，通用航空器受到了广泛欢迎。通航消费活动包括交通出行、个人娱乐飞行、空中游览、跳伞飞行服务等。2019 年，全国共有 186 家企业开展了通航消费服务，共计完成 5.32 万小时飞行，飞行架次共 15.24 万架次，消费者共 32.68 万人次。其中，通用航空包机飞行和空中游览分别占 42.9% 和 40.6%。目前，空中游览是我国通航消费的主要项目。2019 年，全国共有 148 家企业参与空中游览项目运营，全年共计完成 2.16 万小时飞行，飞行 10.33 万架次，搭载乘客 22.86 万人次，平均每家企业飞行时间为 145.86 小时，平均每个起降架次的载客量为 2.21 人次。全国累计开通 100 多条低空旅游线路，开展近 200 个山水观光、城市游览的通用航空旅游项目，16 项示范工程已取得实质性进展。山东青岛、广东东部华侨城、浙江千岛湖、湖北清江画廊、四川都江堰等地已形成以空中山水观光为特色的低空旅游模式，新疆阿勒泰、陕西壶口瀑布推出了"短途运输+观光旅游"服务，黑龙江五大连池、湖南张家界开展了山地直升机观光项目，宁夏盐池开创了通用航空旅游嘉年华。

政策层面也对通航消费进行了有力支持。国家发展改革委、民航局、国家体育总局和国家旅游局共同印发的《关于做好通用航空示范推广有关工作的通知》（发改基础〔2016〕2363 号），推出了通用航空第一批示范工程，包括 16 项通用航空旅游示范工程和 15 项航空飞行营地示范工程。全国已建成并命名的航空飞行营地超过 100 家，航空运动俱乐部超过 200 家，航空运动开展地域和消费人群覆盖面不断扩大。国家发展改革委、国家体育总局、民航局等 9 部门联合印发的《航空运动产业发展规划》（2016 年），明确到 2020 年，航空运动产业经济规模要达到 2000 亿元，要建立航空飞行营地 2000 个、各类航空运动俱乐部 1000 家，参与航空运动消费人群要达到 2000 万人。

二、应急救援

国务院办公厅印发的《国家航空应急救援体系建设"十二五"规划》（2012 年）对航空应急救援制定了宏观规划。中华人民共和国国家卫生和计划生育委员会（以下简称国家卫计委）发布的《突发事件紧急医学救援"十三五"规划（2016—2020 年）》（2016 年）提出，到 2020 年末，建立健全紧急医学救援管理机制，全面提升现场紧急医学救援处置能力，有效推进陆海空立体化协同救援，初步构建全国紧急医学救援网络，有效满足国内突发事件应对需求，同时发挥我国在全球紧急医学救援中的作用。国务院办公厅印发《国家突发事件应急体系建设"十三五"规划》（2017 年），提出到 2020 年，要建成与有效应对公共安全风险挑战相匹配、与全面建成小康社会要求相适应、覆盖应急管理全过程、全社会共同参与的突发事件应急体系。并提出通过委托代建、能力共建、购买服务、保险覆盖等方式，支持鼓励通用航空企业增加具有应急救援能力的直升机、固定翼飞机、无人机及相关专业设备，发挥其在抢险救灾、医疗救护等领域的作用。

通航应急救援体系建立且不断完善，在应急救援方面发挥着越来越重要的作用。

民航局发布的官方信息显示，2020 年新冠疫情暴发后的短短 20 天内，有 123 家通用航空公司参与抗疫，605 架通用飞机参战，累计飞行 1308 小时。截至 3 月 18 日，不到两个月内，我国有 140 家通用航空企业使用 963 架航空器执行了 345 次疫情防控任务，累计飞行 2307 小时、6992 架次，运送相关人员 63 人次，运送各类药品和物资

89 吨，开展航空喷洒作业 3208 次，执行空中巡查任务 914 次，巡查面积为 4881 平方千米，执行空中拍照作业 453 次、空中广告作业 640 次。其中，湖北地区共有 43 家通用航空企业使用 128 架航空器执行了 71 次疫情防控任务，累计飞行 508 小时、510 架次，运送各类药品和物资 78 吨①。在面对传染性极强的病毒时，通用航空这种点对点、运输速度快、对周边环境影响小的作业方式，既能提高救援效率，又能将传染可能性降至最低，是最佳处理方式之一。

森林防护地是通用航空发挥其优势的领域。我国森林大都处于山高坡陡路远之处，一旦发生火险火灾或者病虫害，如果依靠传统的方式进行应急处置，效率将大受影响，损失往往比较大。而使用通用航空器进行作业，可以更快到达现场，并且高效开展作业，能够大大减少损失。

我国很早就针对森林防护建立了有关机构，1952 年成立的北方航空护林总站，与北方森林防火协调中心、北方森林航空消防训练基地、东北森林防火物资储备中心、东北卫星林火监测分中心一同构成五块牌子一套班子管理机制下运行的机构，主要负责指导、指挥、协调和服务华北、东北、西北地区 13 个省份（北京、天津、河北、山西、内蒙古、辽宁、吉林、黑龙江、陕西、甘肃、青海、宁夏和新疆）的森林防火和应急救援相关工作。目前，北方航空护林总站中有 8 个省份已经开展航空护林工作，天津、山西、甘肃、青海和宁夏尚未开展。北方航空护林系统现有 26 个航空护林站（分别位于北京、承德、根河、满归、海拉尔、扎兰屯、五岔沟、凉城、阿拉善、大连金普、敦化、哈尔滨、嫩江、黑河、幸福、伊春、佳木斯、牡丹江、加格达奇、塔河、宝鸡、延安、商洛、伊宁、阿勒泰和阿克苏）和 12 个起降点（红花尔基、二道白河、卧都河）交通运输部救助飞行队。

---

① 金伟，高远洋. 中国战略性新兴产业研究与发展·通用航空［M］. 北京：机械工业出版社，2021：132.

1961 年成立的南方航空护林总站，在 2018 年 7 月由原国家林业局划至应急管理部。总站机关设在昆明，加挂"南方森林防火协调中心""西南卫星林火监测分中心""西南森林防火物资储备中心""南方森林航空消防训练基地"四块牌子，直属单位有成都、西昌、普洱、保山、丽江和百色 6 个航空护林站。目前，总站业务管理范围涉及云南、四川、重庆、贵州、西藏、广西、广东、江西、河南、湖北、湖南、上海、江苏、浙江、安徽、福建、山东和海南 18 个省（自治区、直辖市），在 12 个省（自治区、直辖市）已经开展常态化航空森林消防业务，成立了 21 个航空护林站、50 个季节性航空护林飞行基地，开辟了 333 条航空护林航线，航线总长度为 116798 千米，航空护林面积约为 247 万平方千米，约占我国国土总面积的 25.7%。

南方航空护林总站的主要航空应急救援方式有巡逻报警、吊桶洒水灭火、机腹洒水灭火、机降灭火、索降灭火、滑降灭火、火情侦察、空投空运、空中指挥、航空宣传和地空实训等。南方航空护林总站不仅要完成森林火灾扑救任务，还积极参与地震、洪灾、雪灾和医疗急救等应急救援工作。

交通运输部救助飞行队是交通运输部的下属飞行队，成立于 2003 年。飞行队以直升机为主，负责海洋和山区急难救助，能在接到报警后半小时之内起飞前往救助地。

香港地区飞行服务队是香港地区特别行政区政府的一个部门，服务队负责的范围远达 1300 千米。机队共有 11 架飞机，除为香港地区提供服务外，服务队也应民航处和香港地区海事救援协调中心的要求执行协助任务。

三、飞行培训

飞行培训在我国通用航空生产经营活动飞行总量中比重最高，2018 年作业时间为 49 万小时，占 2018 年总作业量的 52.4%，直接作业产值约 24.5 亿元，主要集中在西北、华北、华东地区，飞行作业时间分别占市场的 57.8%、30.4%、9.1%。中国民用航空局（Civil Aviation Administration of China，CAAC）认证的飞行员培训机构共计 236 个，其中包括国内 141 院校 27 家，境外 141 培训学校 32 家，其余均为 61 部培训机构，每年整体课程培训学员约 4300 人。

航校是培养人才的基地，对发展通用航空业具有不可或缺的作用。除了培训各类飞行员，航校还可根据当地情况、市场需求等，综合平衡各方面因素，设置维修、机场运行管理、空中乘务、金融会计等相关专业，培养通用航空产业所需要的各类人才。

湖北蔚蓝国际航空学校位于武汉，是经中国民用航空中南地区管理局批准，主要从事私用或商用飞行驾驶执照训练和航空职业技术培训的专业学校，具备 CCAR-91 部、CCAR-141 部资质，经营范围还包括航空器代管业务、空中游览（凭许可证在核定期限内经营），航空科技类软、硬件产品的研发、销售及技术服务，飞机的销售、租赁、维修及技术咨询，飞行技术咨询，航材销售及租赁等。学校拥有湖北襄阳刘集机场、湖南常德桃花源机场、湖北钟祥冷水机场等训练基地，有单发塞斯纳 172R 型、双发钻石 DA-42 型等训练飞机共 20 架，单发塞斯纳 172R 型模拟练习器 3 台、双发钻石 DA-42 型模拟练习器 1 台，有经验丰富的飞行教员、航空理论教员、机务人员、航务人员近百人。该校学员结业后进入中国南方航空公司、四川航空公司、中国联合航空公司、首都航空公司、成都航空公司等 20 余家航空公司从事职业飞行工作。

青岛九天飞行学院是经中国民航局批准成立的国内首批通过 CCAR-141 部审定的飞行学院。学院总部位于青岛市，以山东临沂机场为主运行基地，采用中英文结合教学的飞行培训模式，教员绝大多数来自西班牙、美国、加拿大、新西兰、澳大利亚等国的飞行训练机构，具有丰富的飞行经历和教育经验。在设施设备方面，学院采用国际最通用的飞行训练机型 CESSNA172 和 DA42 开展飞行训练，拥有教学飞机 60 架以上、教学模拟机 10 架以上。临沂机场为 4C 级航空机场，航班密度小、晴空条件良好、全年可飞天数多，是优良的飞行训练场所。学院在临沂机场内按照国际教学标准，配备了一流的停机坪、飞机机库、飞行准备室、飞行讲评室、多媒体理论教室、语音教室、计算机室等教学场地，同时配备了学员公寓、餐厅、娱乐中心等配套设施，可同时满足 100 名飞行学员的培训需要。此外，学院还有山东省滨州市大高机场和内蒙古自治区通辽机场两处辅助运行基地。

海南航空学校有限责任公司于 2010 年 4 月通过民航中南局运行合格审定，其注册地为海南三亚，总部设在湖北宜昌，现有综合管理部、财务部、安全质量监察部、飞行训练部、维修工程部、运行控制部 6 个职能部门，下设湖北宜昌、甘肃庆阳、湖南衡阳 3 个飞行训练基地及湖北恩施、宁夏中卫、宁夏盐池 3 个季节性临时驻训基地，按照 CCAR-141 部规则运行。该公司以航线运输（飞机）整体课程培训为主营业务，开设固定翼私用驾驶员执照培训、商用驾驶员执照培训、仪表等级培训、飞行教员执照培训、航线运输驾驶员执照（The Airline Transport Polit License，ATPL）理论培训、执照换照培训等。海航航校拥有先进的钻石系列单发 DA40D 飞机、双发 DA42 飞机、单发 DA20-C1 飞机近 50 架，组成教练机队，配备 DA 系列训练器共 6 台；拥有飞行教员 60 余名；拥有国内强大的 DA 飞机维修队伍，能够开展各类高级别定检，已获得民航局颁发的 145 维修资质，先后为业内多家通航公司提供飞机维修服务。

截至 2018 年 12 月 31 日，我国境内的 141 部航校一共有 26 家，其中，2018 年新增的有 4 家（见表 5-4）。

表 5-4　141 部飞行培训学校有关情况

序号	学校名称	主运行基地机场	备注
1	北京首航直升机有限公司	北京八达岭机场	

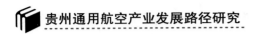

贵州通用航空产业发展路径研究

续表

序号	学校名称	主运行基地机场	备注
2	北京华彬天星通用航空股份有限公司	北京穆场家峪通用机场	
3	领航通用航空有限公司	北京穆场家峪通用机场	
4	中国民航大学内蒙古飞行学院	内蒙古乌兰浩特市依勒力特机场	
5	北京翔宇通用航空有限公司	内蒙古锡林浩特机场	
6	鄂尔多斯市通用航空有限责任公司	内蒙古鄂尔多斯伊金霍洛机场	
7	青岛九天国际飞行学院有限公司	山东日照山字河机场	
8	山东南山国际飞行有限公司	山东东营机场	
9	山东海若通用航空有限公司	山东东营机场	
10	中国飞龙通用航空有限公司	黑龙江加格达奇嘎仙机场	
11	北大荒通用航空有限公司	黑龙江佳木斯佳西机场	
12	湖北蔚蓝国际航空学校有限公司	湖北襄樊刘集机场	
13	海南航空学校有限责任公司	湖北宜昌三峡机场	
14	新疆天翔航空学院有限公司	新疆石河子花园机场	
15	新疆龙浩飞行培训有限公司	新疆克拉玛依市机场	
16	中国民用航空飞行学院	四川广汉机场	
17	四川龙浩飞行驾驶培训有限公司	四川广元盘龙场机场	
18	飞行学院重庆通用航空培训有限公司	重庆龙兴通用机场	
19	珠海中航飞行学校	广西梧州长洲岛机场	
20	中国民航大学	辽宁朝阳机场	
21	陕西凤凰国际飞行学院	宁夏固原六盘山机场	
22	南航艾维国际飞行学院（南京）有限公司	江苏徐州观音机场	
23	河北致远通用航空有限责任公司	河北邯郸机场	
24	西安航空基地金胜通用航空有限公司	陕西安康五里机场	
25	吉林省福航航空学院有限公司	吉林通化机场	
26	中山雄鹰通用航空有限公司	广东中山三角机场	

资料来源：金伟，高远洋．中国战略性新兴产业研究与发展·通用航空［M］．北京：机械工业出版社，2022：141-142.

此外，还有31家境外航校持有现行有效的CCAR-141部境外航校认可证书，2018年度新增的有4家。境外航校主要分布在美国、法

106

国、加拿大、澳大利亚、南非和捷克等国家和地区。一方面，2013～2018 年，境外注册的飞行学员人数年均增长 8.8%，高于 5.5% 的境内同期增速。境外航校的迅速发展，说明我国通航产业发展迅速，对驾照的需求比较旺盛。另一方面，境外航校的发展快于境内航校，暴露出境内航校培训能力不足和竞争力不强的问题。

四、短途运输

值得一提的是，国内多个地区在通用航空短途运输领域开展了试点工程，区域性短途运输网络加快建设并初步形成。内蒙古开通了十余条短途运输航线，与满洲里、海拉尔和鄂尔多斯等支线机场连通，打造了覆盖呼伦贝尔、锡林郭勒、鄂尔多斯和阿拉善地区的短途运输网络；"江西快线"已实现空中巴士常态化运营，继连通"老少边穷"地区后，逐步形成打通干线、连接支线机场和通用机场的网络，今后将不断延伸至重点景区、工业园区和有条件的城区；新疆开通了 4 条航线，初步覆盖阿勒泰和伊犁地区；浙江舟山形成了以普陀山机场为基地，覆盖周边岛际的通航运输网络。

在无人机配送领域，国内的美团、腾讯、京东等互联网平台也进行了无人机配送的试点，然而规模相对较小。2022 年，中国的即时配送订单量达到 294 亿单，预计 2025 年将达到 793 亿单，无人机配送有望成为满足快速配送需求的有效方式。美团在 2018 年就启动了无人机配送试点。美团外卖推出了"美团无人配送站"项目，即通过无人机将外卖送到指定的配送站，再由配送员完成"最后一公里"的配送。截至目前，美团无人配送站已经在多个城市进行试点，而且取得了一定的成效。腾讯通过无人机配送服务"腾达"为用户提供快速配送体验。京东通过无人机配送服务"京东无人机配送"为用户提供日常生活用品的配送服务。

第五节　通航保障服务

通航飞机的维修主要包括定检、发动机和零部件维修、航线维护、改装等。其中航线维护较为日常，指在每次飞行任务开始前和飞行任务结束后进行例行检查和保养，内容包括轮胎磨损、胎压、刹车磨损等，同时需按规定进行周检、月检等，间隔周期越长，检查内容越多，要求越严格。定检指经过一定使用周期后对飞机进行的检修工作，需由有维修资质的单位和人员执行，一般分为 A、B、C、D 四个等级。发动机和零部件的维修需要实力较强的维修厂进行。总体而言，因为涉及安全问题，飞机的维修非常专业、细致，在通航产业中是十分重要的环节，需要大量的资金和高水平的专业人才。

通用航空服务主要包括通用航空培训、维修、航材保障、航油保障、融资等。培训方面无论从飞行驾驶执照的数量还是通用航空飞行员的数量来看，都呈现出快速增长的发展态势，但境外注册的飞行人员年均增长速度高于境内同期增速，说明我国飞行员培训资源严重不足，境内航校缺乏竞争优势；在维修方面，我国现有的通用航空维修以原厂进行核心部件和整体维修为主，通航企业负责日常维修，社会化第三方专业维修机构较少；在航材保障方面，由于航材保障率是影响飞机安全和成本效益的重要因素，因而其对通用航空企业的运营效率和资金周转率影响很大，而航材种类繁杂、通用性差，航空维修主体规模小，议价能力低等因素，都加剧了资金周转难度；在航油保障方面，受用户需求量小、炼制工艺复杂等多种因素影响，航油产量不足，成本居高不下；在融资方面，由于飞机单价高、资金占用大，融资是必然需求，然而通用飞机种类繁杂、价格区间大、经营属性不一、购买主体多样，这些都使通用飞机的融资难度远远高于商用飞机。

通航飞机的维修一般有专门的维修工厂。庞巴迪在天津建有维修厂，湾流航空公司与北京首都航空有限公司、大新华航空技术公司成立了北京湾流合资公司。国内比较知名的飞机维修企业有北京飞机维修工程有限公司、厦门太古飞机工程有限公司、山东太古飞机工程有限公司等。截至 2019 年底，我国共有 CCAR-145 部批准的维修单位266 家，其中航线维修单位 107 家，能够进行飞机和发动机大修的仅为 3 家。由于受国内维修能力的限制，一些飞机在需要修理时只能对外寻找维修厂商。国外一些通航飞机维修公司为拓展业务，也积极进入中国市场，如 JET Aaviation 在香港和北京、霍克太平洋在上海等分别建立了分支机构。

航油是通用航空运营需要保障的重要内容。通航飞机的动力主要来源于航空柴油、航空汽油、航空煤油、电力等。我国常见的通航飞机所使用的航油为航空汽油，主要为 95 号和 100 号汽油，有资料估计，我国目前通用航空业每年所需要的航空汽油量约为 10000 吨。当前我国有能力生产通用航空产业所需要的航空汽油的厂家为中国石油天然气集团有限公司下属的兰州炼油厂，其单批最小生产量为 300 吨。目前西南地区尚无航油生产基地。通用航空企业想要获得航油供应，可通过专用油罐车运输、桶装运输、铁路运输等途径。由于建设炼油厂的要求比较严，门槛很高，在省内建设航空汽油生产厂的可能性很小。小批量的采购意味着运费较高，如何在省内建立航油储运供应体系以方便通用航空企业比较低的成本获得油料，需要认真研究。如果电动飞机取得突破，电力驱动通航飞机得到普及，则油料的补给将变得不再重要。不过，目前还看不到何时能够达成这一目标。

机场与空域是通用航空业发展的重要基础。"十三五"开局以来建设的通用机场数量超过 1000 个，仅 2018 年全国就新增 126 座取证通用机场，通用机场建设正在加速推进。民航局正逐步建成低空空域国家信息管理系统及 7 个区域信息处理系统，初步构建三级低空飞行服务保障体系。华北、华东、西北、西南等地区都建设了通航服务中心，为通航用户提供了便捷的飞行计划审批、飞行监视、航空气象与航空情报服务。

通用航空基础设施除通用机场之外，还有被统称为通用航空三大地面保障平台的固定运营基地（FBO）、维修基地（Maintenance Repair and Operating，MRO）、飞行服务站（Fight Service Stations，FSS）。目前我国的 FBO 建设还处于起步阶段，随着一系列促进通用航空发展的利好政策出台，短途运输、私人飞机等新兴消费类航空活动快速发展，我国 FBO 正在走向多元化运营。维修基地（MRO）为通用飞机和飞行员提供检测、修理、排故、定期检修、翻修和改装工作。2018 年 10 月，民航局加快推进低空飞行保障体系相关建设工作，出台了《低空飞行服务保障体系建设总体方案》，提出按照三级建设目标，加快建设提供飞行计划、航空情报、航空气象、飞行情报、告警和协助救援等服务的功能完善、门类齐全的服务体系，进一步完善配套设施建设。目前，我国的飞行服务站建设处于初期，市场参与者较少，竞争不充分。

通用航空产业作为新质生产力的代表，已经成为培育发展新动能的重要方向，它能够赋能千行百业，形成至少万亿级别的市场，是经济增长新的重要引擎。

第六节　存在的问题

通航产业的快速发展在国家经济社会发展中发挥了重要的作用，在社会经济发展的不同时期，在全国各地发展所处的不同阶段，通航产业都大有可为。但在行业发展持续向好的大背景下，仍然存在一些亟待解决的制约产业发展的问题。

一、制造水平较低

我国在通航飞机发动机、材料、机载设备以及整机质量可靠性等方面，与国际一流水平存在差距，通用航空80%左右的整机市场为国外公司所有。从运营情况来看，国产通航飞机老旧机型占比较高，飞行小时数只占总飞行时间的4%，远低于通航飞机数量占比。这也说明，我国在通航飞机制造业方面还有巨大的发展空间。

两大有利因素可助力我国通航制造业快速发展。首先，国内工业体系完备，我国是世界制造业第一大国，拥有所有工业门类，良好的基础为发展新的工业产品奠定了坚实的基础。其次，巨大的国内市场，吸引了海外众多技术实力强的通航制造企业的关注，它们在努力进入中国市场。一旦有海外企业进入中国，对国内的制造业将形成带动效应，辅以良好的供应链响应能力，将助推我国通航制造业加速发展。特斯拉汽车进入中国就是一个很好的先例。此前，由于产能原因，特斯拉汽车长期经营不善，压力很大；在中国设厂后，不仅工厂建设速度快，而且供应能力强，很快补齐了供应链短板，解决了产能问题，由此走上了良性经营和快速发展的道路。同时，特斯拉在中国的成功也极大地促进了中国新能源汽车产业的发展，不仅使大众更快地了解并接受电动汽车，而且带动了整个电动汽车供应链的发展。

二、发动机技术落后

在航空领域，发动机是通航飞机最为核心的部件，到目前为止，我国只有个别企业通过适当方式解决了这一问题。关键技术一旦被攻克，差距往往会迅速缩小。如果通航飞机能得到更为广泛的应用，那么，通航发动机在我国也同样会在应用的驱动下取得快速发展，不断缩小与国外的差距。

三、基础设施建设滞后

近年来，在国家政策的支持下，我国通用机场建设取得了长足进展，但仍有待提高。根据美国协会的数据，截至2019年底，我国颁证通用航空机场数量为 246 个，占统计范围的比重约为 1%。根据通用机场信息平台（General Aviation Airport Information Platform，GAAIP），截至 2020 年 6 月底，我国每 10 万平方千米有 3.02 个通用机场。

四、通用航空飞机数量较少

2019 年，我国通用航空飞机机队规模仅占统计范围的 0.85%。相较而言，美国占 66.11%，法国占 7.30%，巴西占 6.94%，德国占 6.58%，英国占 6.12%，澳大利亚占 4.96%，加拿大占 1.15%。

五、通用航空市场主体弱小

运营主体"小微"性质明显。全国近半数通航运营企业仅靠 1～2 架通用航空器维持经营。低空消费服务类市场占比过低。据不完全统计，全国 90%的传统通航运营企业业绩亏损，主要原因是缺少稳定的市场需求、成熟的商业模式和盈利模式。飞行培训类作业、非经营性作业、载客类作业和生产作业类飞行小时数之和占比超过 95%，低空消费类飞行诸如空中游览、跳伞飞行、私人飞行等占比不到 3%，与国外普遍达到 60%的低空消费服务类市场形成鲜明对比。通用航空产业的发展需要培育相应的市场需求，但目前消费者对低空飞行的认知度和接受度还不高，市场培育的难度较大。同时，通用航空产业的发展需要相应的机场、起降点、飞行营地等基础设施作为支撑，但目前这些基础设施的建设还相对滞后。

六、核心技术"卡脖子"现象突出

通用航空产业的发展依赖于技术的不断创新，但目前一些关键技术，如飞行器设计制造技术、飞行控制技术、通信技术、导航技术等，还存在一定的瓶颈。我国航空制造业缺少核心技术、国产化率低。整体而言，我国通航制造技术落后于世界先进水平，龙头企业稀少，整机和航空发动机严重依赖进口。梳理我国在通用航空器型号和数量，可以发现固定翼国产化率为41%、旋翼机仅为45%，存在长远发展安全隐患。同时，近年来发展迅猛的无人机缺乏高效的管控手段，安全管控形势也更加复杂，低空空域智能化、数字化、网络化管理水平较低。

七、投入支持力度不够

税收费用较高。据测算，国内购买进口通用航空飞机，关税和增值税合计约占飞机总价的23%；而运输航空的大型民用飞机关税仅为5%左右，且无增值税。空域管制过严。通用航空作业的特点是快速、灵活、高效。目前的低空空域管制在经过多年努力后，虽然取得了很大的进步，但仍然存在管制范围宽、审批流程繁杂、审批时间较长等问题，不利于通用航空发挥其优势。

八、与经济发展形势要求不匹配

如无人机配送在中国的发展受到了一系列法规限制。中国民用航空局（CAAC）对商业无人机的监管较为严格，目前商用无人机配送仅允许在指定区域和时间内进行。此外，地面基础设施的建设也是无人机配送发展的一大挑战。为了确保无人机能够安全起降和配送的准确性，需要建设无人机起降站和配送站，并解决相关的地面交通问题。

实践证明，发展通用航空产业必须抛弃贪大求全的幻想，必须面向地方经济社会需求寻找发力点，改革供给侧结构，减少无效和低端供给，扩大有效和中高端供给，增强供给结构对需求变化的适应性和灵活性，提高全要素生产率，使供给体系更好地适应需求结构变化，通过补短板、调结构、降成本，确保通用航空产业持续健康发展。

第七节　部分省份通用航空产业发展情况

随着国家层面通用航空发展相关政策的出台，地方政府也试图成为推动区域通用航空发展的主导力量。例如，《四川省通用航空条例》《湖南省通用航空条例》的发布，实现了通用航空地方政府立法"零"的突破，为通用航空的持续发展开启了法治化保障之路。

2017 年 2 月 16 日，四川省人民政府印发了《四川省"十三五"战略性新兴产业发展规划》，明确要大力发展航空装备、通用航空等战略性新兴产业。

2019 年 1 月，吉林省人民政府发出通知，正式公布了支持通用航空产业发展的 40 项措施，包括优化农业航化审批流程、完善军地协调机制和地方各部门协作机制、支持开发旅游线路、布局建设一批通用航空机场等。

2021 年 12 月，《海南省通用航空产业发展"十四五"规划》出台，指出要将海南打造为低空空域深化改革示范区、低空经济综合发展先行区、通用航空科技创新试验区。海南省拥有大大小小超过 220 个旅游景点，丰富的自然、人文资源为短途运输、低空旅游、低空运动等业态的发展提供了应用场景。2022 年 5 月，湖南省政府、南部战区空军参谋部、民航中南地区管理局共同印发了《湖南省低空空域划设方案》，依照该方案，湖南省 3000 米以下划设管制、监视、报告及灵活转换空域共 171 个，规划低空目视飞行航线 97 条，实现省内全域低空空域划设无缝衔接，低空空域常态化可用面积明显增多。军地民三方共同参与，按照充分挖掘空域资源潜力、尽可能多地将低空空域释放给通航飞行使用的目的，提高低空空域资源利用率。2022 年 7 月，《湖南省通用航空条例》出台，成为全国第一部通用航空地方性法规。2022 年 9 月，河南省发展改革委印发的《河南省通用航空中长期发展规划（2022—2035 年）》，明确了河南省通用航空产业未来的发展目标、方向和路径。规划提出，到 2025 年，力争全省通用机场及具有通用航空服务功能的机场达到 20 个，通用航空产业园区达到 10 个。到 2035 年，形成较为完善的通用机场网络，通用航空服务覆盖所有县级行政单元，通用航空产业经济规模超过千亿元。

2020 年 9 月，湖南省成为全国首个全域低空空域管理改革试点省份。此后，湖南在全域低空空域管理改革中取得了"12 项全国第一"的好成绩：一是实施了全国第一个低空空域划设方案；二是军地民联合印发了全国第一个低空空域协同运行办法；三是建成全国第一个全省域低空空域监视通信网；四是签订实施了全国第一个由军地民三方共同签署的空域协同运行协议；五是建成了全国第一个可为全省提供服务的 A 类飞行服务站；六是发布了全国第一个省级专项低空航图；七是军方批量集中核准湖南省一批通用机场场址，为全国第一次；八是颁布全国第一个省级通航法规；九是制定全国第一个低空目视飞行方法；十是发布全国第一个无人机管理办法；十一是建成全国第一个军地民协同运行管理信息系统；十二是签订了全国第一个全域协同运行空管保障协议。目前，在空域分类管理推行实施方面，湖南省已获准在全省 3000 米以下空域分类划设出管制、监视、报告等各类空域171 个，获准划设常态和动态使用低空目视飞行航线 97 条，总里程共7859 千米。湖南省还制作了专项低空目视飞行航图，针对不同用户，分别有基础通用版、空域规划版、空域转换版和低空通道版，满足了旅游观光、航空应急救援、商务出行、短途运输等飞行需求。同时，省内全域 1000 米以下空域的划设无缝衔接，大幅度拓展了低空可飞空域范围。现已建成 53 个地面监视站，低空监视覆盖率提升至 100%，在全国率先实现省域低空监视全覆盖。

湖南省不断健全低空飞行服务保障体系。以"一窗受理、一网通办、全域服务"为目标，建成长沙飞行服务站，该站成为全国首个可服务于省级全域的 A 类飞行服务站。服务站已完成飞行服务机房、低空监视通信网络、飞行服务站系统等项目建设，引入了三种航空专业气象数据，并将监视数据、基础地图数据以及低空空域规划的成果融入飞行服务站系统。

湖南省不断增强通信能力，已完成飞行服务站 11 套甚高频电台组网建设，充分利用甚高频和北斗短报文通信技术，解决了"叫不到、联不上"的问题。目前已免费为 20 家通航用户安装北斗多模机载终端 41 套、超轻型 75 套。2021 年 11 月 13 日至 2022 年 8 月 9 日，实时监视到 104 架通用航空器，监视信号连续稳定，解决了低空飞行中"看不见"的问题。

湖南机场集团坚持"行业管理平台、低空监视主体、飞行服务中心、产业发展龙头"，推动全省低空空域管理改革发展和通航产业发展，推动低空改革试点向纵深发展。2023 年上半年，湖南省范围内的通航飞行计划共计 10.1 万架次，半年飞行总架次同比增长 267%，通航活动量在中南六省（区）中名列前茅。长沙飞行服务站共受理通航用户申请飞行计划 23821 架次，安全保障通航运行 8746 架次。已划设低空目视飞行航线 97 条、安全保障通航运行 8746 架次，低空监视覆盖率提升至 100%。

山西省加大通用航空业发展力度，调整了通用航空业发展示范省级建设领导小组，由省人民政府任组长，省委常委、常务副省长吴伟任常务副组长，分管公安工作的副省长任副组长，以更加有力地贯彻省委、省政府战略部署，调动各方积极因素，协调解决相关重大问题，统筹领导通用航空业示范省的建设。

领导小组下设办公室，办公室设在省发展改革委，主要职责是：贯彻省委、省政府的战略部署及领导小组的工作要求，负责全省通航示范省建设和通航业发展的重大政策、重大项目的研究；研究制定通航示范省建设年度工作目标并督促完成目标；加强与国家军民航管理部门的沟通衔接，争取国家的支持；加强与领导小组成员单位的联系，协调解决通航示范省建设中的重大问题；以及完成省委、省政府交办的其他工作。

2023 年 2 月，空管部门批复同意在安徽省部分地区划设 22 个临时空域和 15 条临时航线，使用时限至 2024 年 1 月 31 日。相比首批次批复，空域和航线分别增长 100%、50%。临时航线总体上呈现出网络结构。此次获批的临时空域和航线，可用于飞行训练、空中游览、航空应急、科学试验、航空体验、短途运输等通航飞行活动。目前，安徽通用航空业可使用机场有黄山屯溪、芜湖宣州、池州九华山机场、合肥白龙、宁国青龙湾、安吉天子湖、东阳横店、建德千岛湖通用机场 8 个，可使用临时起降点有 21 个，涉及 12 个地级市。

第六章 贵州通用航空产业
发展现状

第一节 基础条件概述

从地理条件来看,贵州位于中国西南部,属于云贵高原的一部分,全省约92.5%的面积都是山地和丘陵,地势起伏多变,海拔高度一般在1000~2000米。这种复杂的地理环境为低空飞行提供了多样化的场景和需求,尤其是在防灾减灾、交通运输、农业植保、地质勘探、观光旅游等领域,低空飞行具有不可替代的作用。此外,贵州的气候条件也适宜低空飞行。贵州属于亚热带温湿季风气候区,冬无严寒、夏无酷暑,降水丰富、雨热同季,为低空飞行提供了较为适宜的气候条件。

从旅游资源来看,贵州山川秀美,拥有多样的自然景观和人文景观。山地、森林、洞穴、河流、湖泊、瀑布等自然景观星罗棋布,如黄果树瀑布、赤水瀑布、叠水滩瀑布、荔波小七孔、马岭河峡谷等。这些景点从高空俯瞰时,能展现出地面视角无法比拟的壮观景象。贵州是多民族聚居地,拥有丰富的民族文化资源,如西江千户苗寨、镇远古城、肇兴侗寨等,低空游览可以让游客更好地欣赏和理解这些文化的独特魅力。贵州还是中国革命的圣地,拥有众多红色旅游景点,如遵义会议会址、娄山关等，低空旅游可以让人们从全新的角度回顾和体验那段光辉历史。贵州生态环境良好，拥有众多国家级自然保护区，如梵净山、茂兰喀斯特森林公园等，低空飞行能让游客更直观地感受到大自然的神奇和美丽。随着人们生活水平的提高，旅游需求日益多样化，从高空跳伞到低空蹦极，再到滑翔伞和热气球等项目，低空旅游作为一种新型的旅游方式在国内逐渐为大众所接受，它们满足了人们对新鲜体验的追求，具有巨大的市场潜力。贵州丰富的旅游资源为通用航空产业的发展提供了坚实的基础，有助于吸引更多游客和投资。

从大数据基础来看，大数据技术在通用航空产业的应用中扮演着重要角色，如数据分析、云计算等，可以提高低空飞行的智能化水平和运营效率。大数据可以帮助构建低空飞行的监控、预警、调度等智能服务体系，提升低空飞行的安全性和便捷性。大数据产业可以带动电子信息产业链，为通用航空产业的发展提供产业链上的支持。大数据的应用可以促进通用航空产业商业模式的创新，如基于大数据分析的个性化旅游服务、精准农业服务等。通过对飞行数据的收集和分析，大数据可以帮助政府和企业在通用航空产业发展中进行更加科学和精准的决策。贵州作为国家级大数据综合试验区，紧跟以人工智能、云计算、大数据、区块链技术等为代表的前沿数字技术，其大数据产业发展迅速，可以通过大数据技术提升通用航空产业的智能化水平。

各种有利条件推动了贵州通用航空产业的发展。例如，在通信基础设施方面，贵州通过大力推进北斗大数据融合应用，已建成北斗位置云、北斗公共位置服务中心、北斗终端质检认证中心、北斗卫星导航定位基准站网、国家北斗导航位置服务数据中心贵州分中心等基础设施。贵州在5G等新一代通信技术方面也取得了突破，5G技术的高速率、低延迟特性，对于实时性要求较高的低空飞行来说至关重要。截至2023年12月，贵州累计建成5G基站12.02万个，这将为低空飞行提供更为可靠和高效的通信保障。贵州在机场和基础设施建设方面的成就为通用航空产业的发展提供了坚实的基础，有助于提升低空飞行的效率和安全，推动通用航空产业的快速发展。

第二节　政策

贵州省历来重视通用航空产业，近年来陆续出台多项政策助力其发展。2017 年 7 月 6 日，贵州省发展改革委印发了《贵州省通用机场布局规划（2016—2030 年）》，明确要紧抓低空开放和通用航空发展的新机遇，力争用 10～15 年的时间建成布局合理的省级通用机场体系，基本实现通用航空县县通，构建以省会贵阳为中心的全省 1 小时空中交通圈、以各市（州）首府为中心的全市（州）半小时空中交通圈，以及以县城为中心的至县域重点乡镇 15 分钟空中交通圈。至 2020 年，全省建设 20 个以上 A1 级、A2 级通用机场以及若干 A3 级通用机场，初步构建全省通用机场网络基本框架。至 2025 年，全省建设 50 个左右 A1 级、A2 级通用机场以及一批 A3 级通用机场，基本实现通用机场县县通。2018 年 6 月 13 日，贵州省经济和信息化委员会印发《贵州省通用航空产业发展规划（2018—2025 年）》，明确贵州省将力争用 5～10 年时间建设成为充分融合区域特色的通用航空全价值链服务集成地，构建国内领先的通用航空制造业体系与产品谱系，建设联络全省的低空飞行通道，实现专业化的通用航空飞行服务与低空旅游体验，打造门类齐全的通用航空保障体系和现代服务产业，最终形成"制造系统化、飞行专业化、保障体系化、服务多元化"全产业链发展的产业格局。

贵州作为中国西部大开发的重点区域，被赋予建设内陆开放型经济试验区的战略定位，享有国家政策的大力支持。2022 年 1 月，国务院出台的《关于支持贵州在新时代西部大开发上闯新路的意见》（国发〔2022〕2 号）提出"支持以装备制造及维修服务为重点的航空航天产业发展"。2022 年 7 月，航空工业集团与贵州省签订深化战略合作协议，支持贵州省航空产业高质量发展。

在中国共产党贵州省第十三次代表大会上的报告强调要提升航空航天产业竞争力，贵州省委明确"重点在安顺等地打造全国重要的航空航天产业基地"。2023年省政府工作报告明确提出要"支持安顺加快建设航空产业城"。2023年省政府出台了《支持安顺市建设贵州航空产业城的若干政策措施》。《2024年贵州省政府工作报告》提出要加快建设贵州航空产业城，推进航发精铸贵安生产基地、中航重机产业园等项目的建设，达成航空航天及装备制造业增加值增长8%的目标，加快推进航空动力领域国家实验室贵州创新中心建设。这些政策措施的出台为贵州通用航空产业的发展创造了有利条件，有助于吸引投资、促进技术创新、培育市场需求，进而推动通用航空产业快速健康发展。

第三节　通用航空制造

20世纪60年代，国家"三线建设"就在贵州布局了研制、生产航空装备基地，使贵州成为全国重要的航空产业基地之一。经过60多年的发展，贵州已经形成了以航空、航天、航发、电子四大军工板块为主的国防科研生产体系，建成了贵阳国家经开区、安顺民用航空产业国家高技术产业基地、贵州航天高新技术产业园和贵阳高新区四个以装备制造业为重点的产业园区，具有飞机整机、航空发动机、机体结构、机载设备、飞机维修等完整产业链，为发展民用整机（通用飞机、无人机、教练机）、民用航空发动机、民用飞机零部件及机载设备、国际航空制造业转包业务等奠定了坚实基础，有助于推动通用航空产业的创新和发展。

目前，贵州通航制造主要企业有中航贵州飞机有限责任公司、贵州通用航空有限责任公司和贵阳高新泰丰航空航天科技有限公司。中航贵州飞机有限责任公司的主要通航产品是"鹞鹰"民用无人机，该机最大起飞重量为 700KG、最大平飞速度可达每小时 230 千米、巡航高度为 500~7000 米、续航时间为 12~16 小时，可以实现高精度、高时效性、多载荷、同平台遥感成像。截至目前，中航贵州飞机有限责任公司已具备设计和制造 2 座和 5 座轻型飞机的能力。贵州通用航空有限责任公司主要产品是"自由莺"GGAC-100 型单发双座轻型运动飞机，该机已于 2019 年 10 月成功试飞，于 2021 年 12 月取得民航局颁发的 TC 型号许可证，主要用于休闲娱乐、农林作业、资源勘测、驾驶培训、医疗救援等。贵州通用航空有限责任公司的第二款 5 座飞机以及 9 座飞机已经进入设计阶段，公司正在开展 GGAC-200 无人运输货运机的试飞。

第四节　基础设施

一、民航机场

近年来贵州加快了包括机场在内的航空基础设施建设的步伐，完善了低空飞行服务保障体系。截至 2023 年 6 月，全省共建成 11 个通航民用运输机场，占全国机场数量（254 座）的 4.33%[①]，形成了"一干十支"机场布局，实现了全省 9 个市（州）民航运输机场的全覆盖，贵州成为西南地区机场分布密度最高的省份。其中，"一枢"为贵阳/龙洞堡国际机场，"十支"分别为遵义/新舟机场、遵义/茅台机场、兴义/万峰林机场、铜仁/凤凰机场、毕节/飞雄机场、六盘水/月照机场、安顺/黄果树机场、黔南州/荔波机场、凯里/黄平机场、黎平机场，各机场情况如下：

贵阳/龙洞堡国际机场，位于贵州省贵阳市南明区，距市中心

---

① 资料来源：《2022 年贵州省民用运输机场生产统计公报》《2022 年全国民用运输机场生产统计公报》。

11千米，为4E级民用国际机场，可满足年旅客吞吐量3000万人次、货邮吞吐量25万吨、飞机起降24.3万架次的使用需求。

遵义/新舟机场，位于贵州省遵义市红花岗区新舟镇，距离遵义市主城区35千米，为4C级军民合用机场。

遵义/茅台机场，位于贵州省遵义市仁怀市，距仁怀市区16千米、距遵义市主城区54千米，为4C级民用运输机场。

兴义/万峰林机场，位于贵州省黔西南布依族苗族自治州兴义市，距兴义市中心5千米，为4C级国内旅游支线机场。

铜仁/凤凰机场，位于贵州省铜仁市松桃苗族自治县大兴镇和湖南省湘西土家族苗族自治州凤凰县的交界处，距铜仁市中心22千米、凤凰县县城28千米，为4C级旅游支线机场、贵州湖南共用机场。

毕节/飞雄机场，位于贵州省毕节市大方县，距毕节市区约18千米，为4C级民用运输机场。

六盘水/月照机场，位于贵州省六盘水市钟山区，距六盘水市区10.5千米，为4C级民用运输机场。

安顺/黄果树机场，位于贵州省安顺市西秀区，距安顺市中心6千米，为4C级国内旅游支线机场。

黔南/荔波机场，位于贵州省黔南布依族苗族自治州荔波县水尧乡，距荔波县城约7.5千米，为4C级国内旅游支线机场，可满足年旅客吞吐量22万人次的使用需求。

凯里/黄平机场，位于贵州省黔东南苗族侗族自治州黄平县，距黄平县城12千米、凯里市54千米，为4C级国内支线机场。

黎平高屯机场，位于贵州省黔东南苗族侗族自治州黎平县高屯街道，距黎平县城约9千米，为4C级国内旅游支线机场。

上述10个在全省运营的运输机场，全部具备为通用航空器飞行起降提供服务的条件。安顺、黄平、毕节、荔波等机场每年都有一定量的通用飞机飞行起降。其中，荔波机场是贵州剑江红都通用航空的主运营基地，铜仁凤凰机场是蔚蓝航校的转场飞行训练基地，毕节飞雄机场是红都通航的主运营基地，黄平机场是贵州银鹰通航的主运营基地。

此外，尚有铜仁德江机场、盘州官山机场、威宁草海机场、天柱机场正在建设，都匀机场和罗甸机场处于选址阶段。以上机场全部建成后全省民航运输机场将形成"一干十六支"布局。各拟建机场情况如下：

铜仁德江机场，位于贵州省铜仁市德江县堰塘乡，距德江县县城约 16 千米，为 4C 级民用运输机场，可满足年旅客吞吐量 55 万人次、货邮吞吐量 1350 吨、飞机起降 5820 架次的使用需求。

盘州官山机场，位于贵州省六盘水市盘州市鸡场坪镇，西南距盘州市中心约 26 千米，为 4C 级国内支线机场，可满足年旅客吞吐量 60 万人次、货邮吞吐量 3000 吨、飞机起降 7000 架次的使用需求。

威宁草海机场，位于贵州省毕节市威宁彝族回族苗族自治县六桥街道和陕桥街道的交界处，距威县城和草海国家级自然保护区约 8 千米，为 4C 级旅游支线机场，属高高原机场（海拔为 2449.7 米），2025 年可满足旅客吞吐量 35 万人次、货邮吞吐量 1050 吨、飞机起降 3660 架次的使用需求。

天柱机场，位于贵州省黔东南苗族侗族自治州天柱县西南面高酿镇，距天柱县城直线距离 12 千米，拟建为 4C 级国内支线机场。

罗甸机场，目前还在选址阶段，拟建为 4C 级民用运输机场，近期可满足年旅客吞吐量 30 万人次、货邮吞吐量 900 吨、年起降 3300 架次的需要，远期可满足年旅客吞吐量 80 万人次、货邮吞吐量 3200 吨、年起降 8400 架次的需要。

都匀机场，目前还在选址阶段，拟建为 4C 级民用运输机场。

根据《贵州省通用机场布局规划（2016—2030 年）》，到 2030 年贵州将实现 17 个运输机场（一枢十六支）兼顾通用航空功能的布局。

二、通航机场

截至 2021 年底，贵州省颁证通用机场仅有黄平旧州机场 1 家，与全国其他省份相比，通用机场密度较低。该机场位于贵州省黔东南苗族侗族自治州黄平县旧州镇王坡寨，距旧州古镇1千米，是黄平县全域旅游的低空游览项目基础设施，用于当地低空游览、应急救援、航拍测绘、私人飞行等通用航空活动，分别在2016年、2017年、2018年举办了三届飞行大会。

贵州省正在积极谋划推进通用机场建设。《贵州省通用机场布局规划》明确，推进通航企业运营基地以及其他有市场业务需求的通用机场建设，鼓励社会资本投资建设运营通用机场，重点推进安顺黄果树机场、黎平高屯机场、黔南/荔波等运输机场通用航空功能设施的建议，推进安顺市平坝区（乐平镇）、六盘水市盘州市（上平川）、遵义市播州区、毕节市大方县（百里杜鹃）等A1级通用机场的建设，以及盘州市（八担山）、湄潭县、镇宁县、黔西县、贞丰县、瓮安县等区域内A2级通用机场的建设。到2025年，全省力争建设50个左右A1级、A2级通用机场以及一批A3级通用机场，基本实现通用机场县县通。

除了通用机场，起降点也是通用航空器正常开展作业的重要组成部分。截至2023年，贵州获批的（临时）起降点有数十个，包括毕节大方县百里杜鹃风景区、安顺黄果树石头寨景区、遵义桐梓县杉坪村黔北花海、赤水游客中心（复兴镇）、盘县车场、荔波大小七孔游客集散中心、兴义万峰林国际旅游城等。

第五节　运营能力

截至2021年8月，全省获得通用航空经营许可证的通用航空企业共有8家，分别是贵州红都通用航空有限公司、贵州银鹰通用航空有限公司、贵州剑江红都通用航空有限责任公司、贵州盘州通用航空有限公司、贵州义龙通用航空有限公司、贵州黄平且兰通用航空有限公司、贵州西南飞虎通用航空有限公司、贵州小飞通用航空有限公司

（见表6-1）。这些企业占同期全国获得通用航空经营许可企业总数（502家）的1.59%[①]。

表6-1　贵州获得通用航空经营许可证的通用航空企业情况

序号	企业名称	经营许可证编号	经营项目和范围
1	贵州红都通用航空有限公司	民航通企字第261号	甲类：商用驾驶员执照培训； 乙类：航空探矿、空中游览、航空器代管、航空摄影、空中巡查； 丙类：私用驾驶员执照培训、空中广告、航空护林、空中拍照
2	贵州银鹰通用航空有限公司	民航通企字第280号	甲类：商用驾驶员执照培训、医疗救护、通用航空包机飞行； 乙类：直升机机外载荷飞行、人工降水、航空探矿、空中游览、航空器代管、跳伞飞行服务、航空摄影、空中巡查、电力作业、城市消防； 丙类：气象探测、私用驾驶员执照培训、空中广告、科学实验、航空喷洒（撒）、航空护林、空中拍照
3	贵州剑江红都通用航空有限责任公司	民航通企字第345号	甲类：商用驾驶员执照培训、石油服务、医疗救护、通用航空包机飞行、直升机引航； 乙类：渔业飞行、直升机机外载荷飞行、人工降水、航空探矿、空中游览、航空器代管、跳伞飞行服务、航空摄影、海洋监测、空中巡查、电力作业、城市消防； 丙类：气象探测、私用驾驶员执照培训、空中广告、科学实验、航空喷洒（撒）、航空护林、空中拍照
4	贵州盘州通用航空有限公司	民航通企字第362号	甲类：商用驾驶员执照培训、医疗救护； 乙类：渔业飞行、直升机机外载荷飞行、人工降水、航空探矿、空中游览、航空器代管、跳伞飞行服务、航空摄影、海洋监测、空中巡查、电力作业、城市消防； 丙类：气象探测、私用驾驶员执照培训、空中广告、科学实验、航空喷洒（撒）

① 资料来源：民航局运营司．关于发布2020年1—8月通用航空行政许可信息的公告［EB/OL］．2020-09-15/2024-03-12．http：//www.caac.gov.cn/XXGK/XXGK/TZTG/202009/t20200917_204555.html.

续表

序号	企业名称	经营许可证编号	经营项目和范围
5	贵州义龙通用航空有限公司	民航通企字第 386 号	甲类：商用驾驶员执照培训、医疗救护、通用航空包机飞行、直升机引航； 乙类：渔业飞行、直升机机外载荷飞行、人工降水、航空探矿、空中游览、航空器代管、跳伞飞行服务、航空摄影、海洋监测、空中巡查、电力作业、城市消防； 丙类：气象探测、私用驾驶员执照培训、空中广告、科学实验、航空喷洒（撒）、航空护林、空中拍照
6	贵州黄平且兰通用航空有限公司	民航通企字第 488 号	甲类：商用驾驶员执照培训； 乙类：航空探矿、空中游览、航空器代管、航空摄影、空中巡查； 丙类：私用驾驶员执照培训、空中广告、科学实验、航空护林、空中拍照； 丁类：使用具有特殊适航证的航空器开展航空表演飞行、使用具有标准适航证的载人自由气球、飞艇开展空中游览、个人娱乐飞行、运动驾驶员执照培训
7	贵州西南飞虎通用航空有限公司	民航通企字第 561 号	甲类：商用驾驶员执照培训、通用航空包机飞行； 乙类：空中游览、航空器代管、航空摄影； 丙类：私用驾驶员执照培训、空中广告、航空喷洒（撒）、空中拍照
8	贵州小飞通用航空有限公司	民航通企字第 623 号	甲类：商用驾驶员执照培训、石油服务、医疗救护、通用航空包机飞行、直升机引航； 乙类：渔业飞行、直升机机外载荷飞行、人工降水、航空探矿、空中游览、航空器代管、跳伞飞行服务、航空摄影、海洋监测、空中巡查、电力作业、城市消防； 丙类：气象探测、私用驾驶员执照培训、空中广告、科学实验、航空喷洒（撒）、航空护林、空中拍照

资料来源：民航局运营司. 关于发布 2020 年 1-8 月通用航空行政许可信息的公告 [EB/OL]. 2020-09-15/2024-03-14. http：//www.caac.gov.cn/XXGK/XXGK/TZTG/202009/t20200917_204555.html.

截至 2021 年 8 月，贵州省获得民用无人驾驶航空器经营许可的企

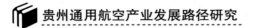

业共有 117 家①（具体见附件），占同期全国获得民用无人驾驶航空器经营许可企业总数（9394 家）的 1.25%。

近年来，贵州通用航空产业呈现出以下特点：

首先，通用航空应用场景日益丰富。近年来，贵州省以通航和无人机为主导的低空经济发展快速。目前，已经进行商业化探索的应用场景有物流、旅游、农业、消防、巡检等。

其次，通用航空旅游不断壮大。贵州省创新"通用航空＋旅游"的新商业模式，促进安顺文化旅游与通航产业协同发展，打造升级版安顺旅游产业。贵州省以"黄果树机场"为依托，打造以"黄果树航空旅游飞行体验核心区（镇宁县马厂镇）"为中心，"紫云格凸河亚鲁王民族文化体验和低空极限运动发展区""关岭花江大峡谷古生物化石科普教育基地和通用航空训练基地""平坝—西秀屯堡、三线文化展示与航空创意研发展示区"——"一核三区"创新融合发展的安顺航空文化旅游示范区。

最后，通用航空物流开始起步。目前贵州已完成安顺空港产业园、航空连接港口建设，正在配套建设航空货运枢纽、货运集散地和快件处理中心、仓储中心、配送中心、加工包装中心、综合服务中心。

---

① 资料来源：民航局运营司. 关于发布 2020 年 1－8 月通用航空行政许可信息的公告 [EB/OL]. 2020－09－15/2024－03－14. http：//www. caac. gov. cn/XXGK/XXGK/TZTG/202009/t20200917_204555. html.

第七章 贵州通用航空产业发展存在的问题

总体上看，受低空空域管理改革进展较慢、通航基础设施建设相对滞后、航空器自主研发制造能力不足等因素的影响，目前贵州通用航空产业的发展与经济社会发展和航空消费需求存在较大差距。

第一节 通用航空飞行审批流程烦琐

通用航空产业的发展涉及空域管理、飞行安全、数据隐私等诸多方面，目前相关法规制度还不够完善，难以满足需求。

发达国家对通用航空飞行任务普遍采取报备制，即将飞行任务和计划提前若干小时（美国仅须提前半小时），报知航空当局（有些G类空域甚至不用报备），随后到点起飞即可。而我国空域管理非常严格，即使《通用航空飞行任务审批与管理规定》《关于促进通用航空业发展的指导意见》等文件的实施大大简化了通用航空飞行任务审批流程，国家所有出台的政策并没有给出空域改革开放的具体措施，只是从宏观政策层面提出了指导性意见。目前从事通用航空飞行活动的单位、个人实施飞行任务前仍必须向当地飞行管制部门提出飞行计划申请，审批环节和程序相对烦琐复杂，涉及"军、地、航"等部门，耗时较长，加之缺少通航飞行活动"一站式"政务服务平台，通用航空器"上天难"。同时，由于很多空中区域是禁飞区域，且飞行涉及多个管理区域时需要获得所涉多个飞行管制部门同意，因此通航飞行计划获批并不容易。此外，民航对通航企业日常监管面较广、频次较多，牵扯大量企业精力，导致通航企业积极性不高。

通用航空飞行任务申请流程详见表7-1。

表7-1　通用航空飞行任务申请流程

①飞行计划申请："民航空管管制范围"内的通用航空飞行活动，其飞行计划申请由民航管制单位管制部门批准。在机场区域内的，需要获得该机场飞行管制部门批准；超出机场区域在飞行管制分区内的，需要获得该分区飞行管制部门批准；飞行涉及多个飞行管制分区的，需要获得涉及区域各分区飞行管制部门批准；超出飞行管制区的，需要获得战区空域管理部门批准。申请材料递交上述管理部门后，经管理审核，一般在1个月左右获得其飞行计划申请是否同意的结果。
首先需要向所属飞行管制单位进行电话沟通或前往签署飞行保障协议。
②飞行前一天15点前向所属飞行管制单位报备飞行计划，飞行计划通常包括单位名称、审批文号、飞行任务名称、任务执行起止时间、作业飞行器机型、飞行作业区域及飞行内容、飞行高度、联系人以及其他相关内容等。
③飞行前1小时向所属飞行管制单位提出飞行申请。
④得到飞行批准后按照要求按时起飞，并向所属飞行管制单位报告起飞时间。
⑤飞行结束后向所属飞行管制单位报告落地时间、飞行架次等信息。

第二节　通用航空基础设施不完善

从国家层面来看，截至2020年底，全国已取证/备案通用机场共339个，与《国务院办公厅关于促进通用航空业发展的指导意见》中"到2020年，建成500个以上通用机场，基本实现地级以上城市拥有通用机场或兼顾通用航空服务的运输机场"的发展目标仍有较大差距。由于通用机场建设滞后，通航交通无法"串点成线、连线成面"形成通用航空飞行网络，从而限制了短途运输、包机飞行等具备交通属性的载客类飞行作业。

从贵州的情况来看，其通航基础设施建设远不及全国水平。通用机场建设资金大部分来自地方政府投资，由于建设需要的资金数额庞大，而贵州县域规模普遍不大，以及高铁的普及挤压了航空市场，贵州政府不了解通用机场建设程序，导致通用机场建设较为滞后。此外，通用机场投资较小，对拉动当地经济的作用并不明显，盲目发展不但不能真正推动经济发展，反而有可能成为地方经济一笔沉重的负担。目前通用航空企业一直处在举步维艰的维持和亏损中，这导致通用机场建设难以引入社会资本，规划项目进展缓慢甚至根本无法实施。《贵州省通用机场布局规划》明确，"到 2025 年，通用机场达 50 个左右、基本实现县县通通用机场；至 2035 年形成'17、17、54'的全省通航机场总体格局"。但是，目前全省获得民航管理局颁发通用机场使用许可证的通用机场仅有黄平旧州机场 1 座，多数县（市、区）规划的通用机场建设基本处于停滞状态。

第三节 通用航空制造业发展滞后

贵州省能够进行通用航空制造企业整机生产的仅有中航贵州飞机有限责任公司和贵州通用航空有限责任公司两家企业。中航贵州飞机有限责任公司（以下简称"中航贵飞"）是 2011 年按中航工业专业化整合要求，由原贵州双阳飞机制造厂、贵州云马飞机制造厂、贵州贵航飞机设计研究所、贵州凌云航空物资供销公司、贵州贵航无人机有限责任公司、贵航飞机事业部以及贵阳黔江机械厂等整合组建的，隶属于中航工业集团（以下简称"中航集团"）。中航贵飞作为一家中央企业，其经营管理模式带有较多的行政色彩，主要是根据中航工业集团下达的指令从事经营活动，产品生产基本属于自我配套、自成体系，无论是需求还是供给都相对独立，地方政府在人力、财力、物力上都没有话语权，其是否能生产通用飞机、生产什么型号的通用飞机都得报请中航集团审批决定。中航贵飞旗下的分公司也沿袭这种集中式管理模式，缺乏自主经营权限和能力，主要受中航贵飞委托进行产品生产，不以市场为导向，其生产的飞机零部件产品是否能提供给通用飞机整机生产配套使用都须经中航贵飞甚至是中航集团决定。贵州通用航空有限责任公司于 2013 年 8 月在贵阳高新区注册成立，是一家主要以飞机制造和通用航空机场运营服务为主的民营高新技术企业，目前已成功试飞并取得民航局颁发的 TC 型号许可证的仅有"自由莺"GGAC-100 型单发双座轻型运动飞机，该公司产能规模还比较小、主要对外购套件或者零件进行组装。

第四节　开放合作程度不高，各产业之间协同不足

通用航空产业作为一个涵盖广泛领域和多元参与者的综合性经济形态，涉及飞机制造、通用航空、低空旅游、无人机、航空服务和航空零部件制造等多个产业。目前这些产业的协同还不够充分，主要体现在不同主体之间的协作不足，包括通用航空企业、无人机厂商、软件开发公司、电信运营商、政府部门、金融机构等主体。这些主体在技术标准、数据共享、服务流程等方面缺乏有效的沟通和协作，导致整体产业效率不高。

业务流程的整合不足。通用航空产业的业务类型繁多，包括农业植保、地理测绘、物流配送、应急救援等，这些业务在操作流程、技术规范、安全保障等方面存在差异，需要整合出一套高效、标准化的服务体系。

基础设施互联互通不足。通用航空产业的发展依赖于基础设施的完善，包括通用机场、起降点、飞行营地、通信网络等。这些基础设施需要互联互通，形成一张覆盖面广泛的服务网络，但目前还存在各自为政的现象，这限制了通用航空产业的整体效能。

第八章 贵州通用航空产业
发展的重点

通用航空产业技术含量高、产业链条长、业务范围广、附加值高，对促进经济和社会发展具有十分重要的意义。

与世界强国相比，我国通用航空产业存在较大差距。2022年，法国通航产业占GDP8.1%，约合1.6万亿元。法国人口约为6500万人，贵州省人口约为法国人口的2/3，按人口规模估算，如果贵州省通用航空业的发展达到法国水平，将实现GDP过万亿元。考虑到经济发展水平、人均GDP、资本积累、人均可利用土地面积等因素，即使贵州省通用航空业发展程度仅及法国1/10，也将实现千亿级产业规模。

发展通用航空业，有利于促进贵州创新创意创业空间的拓展。通用航空业的加快发展，不仅可以促进装备制造业快速发展，还涉及基础设施建设、运营、维修保养、政府服务等多个方面，为技术创新、产品创新、经营模式创新、金融创新等提供了十分丰富的场景。多层面、多维度的组合，为创新创意创业提供了巨大的想象空间。在生产环节，产品种类十分丰富，每个品种都可以容纳若干家企业，因而可形成规模巨大的制造基地。通用航空业还与文化娱乐和体育密切相关，具有十分突出的文化特征，这一特征为通用航空业提供了巨大的创新创意潜力，为产品形态、经营模式等提供了丰富的想象空间，有利于拓宽经营领域、促进企业发展。例如，在确保安全的情况下，一些景观特色突出的地方可以借助通用航空工具发展婚庆产业。婚庆产业的附加值比较高，可以支持多种航空器的使用，推动多种类型产品的发展。同一场地，在低空空域条件较好的情况下，可以使用有人机、无人机、固定翼飞机、直升机中的一种或多种进行婚庆航拍。此外，技术的进步正在推动电动飞机时代的到来，这将为通用航空业的发展提供更大的空间。

发展通用航空业，有利于促进比较优势的发挥。贵州省旅游资源极其丰富，十分有利于发展通航观光产业。从气候条件来看，全省多数地方温度比较均衡，温差不大，通常最冷月（1月）平均气温多在3℃~6℃，比其他同纬度地区高，最热月（7月）平均气温一般是22℃~25℃，冬暖夏凉。贵阳、安顺、六盘水等地利于避暑，"凉都六盘水"的影响力越来越大，宜人的气候为发展通用航空业提供了比较舒适的环境。从地貌来看，贵州省地形丰富多样，属典型的喀斯特地貌，有高山、峡谷、梯田、草海，有茂密的森林和蜿蜒的河流，从景区资源来看，青岩古镇、天河潭、十里河滩、雷公山、镇远古城、赤水、马岭河峡谷、百里杜鹃、黄果树瀑布、龙宫、花江大峡谷、格凸河、梵净山、樟江等著名风景区闻名省内外，为通航旅游提供了优质的景观资源。此外，贵州省地形起伏较大，道路比较曲折，通用航空在某些情况下在发挥通勤和物流作用方面具有一定比较优势。

发展通用航空业，有利于促进生态环境保护。在排放环节，有的通航飞机每百千米油耗约为8.5升，已经与许多轿车相当，而由于飞机是直线飞行，飞机飞行100千米实际上比轿车开行100千米的投送距离更远，效率更高，山区尤其如此。在基础设施方面，通航飞机可点到点飞行，所需起降机场面积不大，占用的土地面积很小；轿车则需要全程修公路，消耗的土地面积较大，山区由于弯道较多，修路所需的土地面积更大。此外，在山区修公路会加大对山体的切割，加重对生态环境的负向影响。在环境保护方面，通航飞机对森林火灾的巡查和救援效率更高，更有利于减少损失。

发展通用航空业，有利于促进人民群众增收。通用航空业所涉业态众多、产业链条长，能够吸纳较多人口就业。同时，通用航空业附加值较高，能为从业人员提供较好的薪酬待遇。例如，通用航空运输环节，涉及航空气象分析、航空情报服务、飞行计划制作、飞行动态监管、性能分析制作等工种，这些工种因为技术含量较高，对从业人员素质的要求也比较高，相应地，提供的工资待遇也比较丰厚。有调查指出，大学通用航空航务技术专业毕业生参加专业工作后，月均工资可达约1.7万元。此外，通用航空业由于附加值较高，能提供给托管、维修保养等方面众多从业人员的薪资也不低。

发展通用航空业，有利于促进安全生产水平提升。通用航空业可在高压电线巡查、治安巡逻及交通疏导、偏远地区医疗救助、环境监测、森林巡检及防火、野生动物保护、泥石流监测、灾害预警及应急救援、石油天然气管道巡查、军事（军事侦察、定位，海防巡边，战区物资投送，飞行员基础筛选及培训，战场救援）等方面发挥重要作用，可以提高工作效率，减少人员接触危险源的概率，降低相关行业从业人员的安全风险。例如，驾驶专用通用航空飞机进行高压电线巡查，由于飞机飞行速度很快，且从空中俯瞰，检查的速度和精准度可得到大幅提高。

贵州发展通用航空产业，要坚定不移地围绕"四新"主攻、"四化"主战略和"四区一高地"主定位，将通用航空产业发展与全面建设社会主义现代化相结合，提升通用航空自主研发制造能力，培育贵州省通用航空消费市场，落实全省通用机场网络布局，优化通用航空企事业单位发展环境，提升竞争力。一方面，要从全省层面大力发展轻型通用飞机制造、航空旅游、农业植保、电力巡检、托管维修等产业，助力贵州高质量发展。另一方面，要以航空产业城建设为依托，在航空产业城核心区依托骨干企业，以构建通用航空枢纽、旅游集散地和黔中经济增长极产业集群为抓手，促进民航市场的扩大和整体实力的加强，形成以航空技术为核心的经济增长点与支撑点，带动地区产业结构升级，带动通用航空研发、制造、销售和配套服务业的发展。

建立强大的内部循环和消费市场，要重点从事国产自主可控的民用整机研发制造、飞机维修、驾校培训等业务，并向产业链两端延伸，带动关联产业协同发展。利用自主生产的机型开展航空旅游运营，可在全省 5A 级旅游景点之间，县与县之间，甚至旅游、农产品资源丰富的村与村之间率先运营航空旅游业务，重点突破，以点带面推动贵州全省低空开放。例如，可优先选择旅游人气旺、旅游资源丰富的 3~5 个景区，开放这些景区所在地域的低空空域，试点运营航空旅游，通过自主研发、制造、使用、运营等方式，形成民用飞机在贵州省内的生产制造和循环消费市场，通过航空旅游业带动有机农产业、健康养生业、乡村产业振兴等相关行业协同发展，促进贵州整体经济高质量提升、高速度发展。随后在试点探索取得突出成效，积累丰富经验和数据，形成可复制可推广经验的基础上，适时在全省开放低空空域，并衔接周边省份飞行联网（重点是与四川省空域的衔接），建立区域联动机制，拓展区域经济一体化协作发展。

贵州省通用航空全产业链格局及贵州省通用航空全产业链条分别如图 8-1、图 8-2 所示。

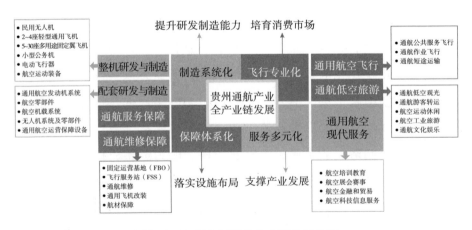

图 8-1 贵州省通用航空全产业链格局

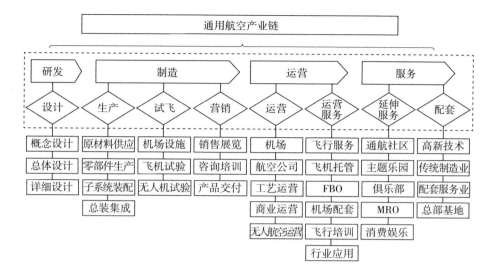

图 8-2　贵州省通用航空全产业链条

第一节　通用航空器制造

从国家层面来看，以美国为参照，目前我国的通航产业规模还很小。目前，中国通航产业产值仅为美国的 0.2%；美国拥有近 20000 座通航机场，截至 2020 年底我国通用机场数仅为 296 座。巨大的差距表明，我国通用航空业发展空间巨大。如果按美国百万人口拥有通用飞机 743 架来计算，中国市场容积将超过 100 万架，按每架通航飞机 150 万元计算，仅制造端整机产值就可达 1.5 万亿元。2010 年，中国开放通航产业，激活了一个万亿级新兴市场。预计 2025 年中国通航市场规模将突破 3000 亿元。与全国整体情况相比，贵州省虽然有一定航空产业基础，但在通航产业制造业方面还存在差距，发展空间较大。

贵州省发展通用航空产业，需把握国家战略机遇，积极对接全球先进通用航空整机制造企业和先进机型生产线，促进省内企业与国内外领先通用航空研发团队开展技术交流与合作，推动通用飞机总装生

137

产线在安顺、贵阳、遵义等装备制造优势突出的地区落地投产。要发挥基础优势，提升核心研发制造能力，拓展产品谱系；加强合作引进，提升通用飞机整机制造综合实力；大力发展自主可控、替代进口的飞机制造业。要坚持引进吸收与自主创新相结合，重点发展航空旅游用旅游机、中小型旅游直升机、轻型通用飞机、多用途固定翼飞机、小型公务机、滑翔机、飞艇、太阳能及电动飞行器等（2~4座轻型通用飞机，对于满足国内需求旺盛的低空旅游、私人飞行、飞行培训市场意义重大）产业，形成重点突出、能够充分利用贵州产业基础和资源优势的飞行制造产业链。要建设新兴领域高技术产业高质量发展高地坚持创新驱动和高水平开放相结合，把高质量发展的重点聚焦于以5G技术为链接，飞机制造业和航空旅游业为实现载体，整合无人机、机器人、大数据、互联网、云计算、人工智能的产业，形成西部地区新兴领域高技术产业高质量发展集聚高地。

大力发展民用无人机。无人机在通用航空产业系列产品中是一个大类，而且是一个越来越重要的类别。随着现代电子信息技术和通信技术的发展，任何构型、任何动力形式的通用航空器都可做成无人驾驶的产品。由于不搭载人，无人机工作范围和适用场景远比有人机宽广。今后，无人机的作用还将越发重要。

我国无人机的发展速度非常快。中华人民共和国工业和信息化部2017年12月印发的《关于促进和规范民用无人机制造业发展的指导意见》明确的目标是：到2020年，民用无人机产业持续快速发展，产值达到600亿元，年均增速40%以上；到2025年，无人机产值达到1800亿元，年均增速25%以上。

截至2019年4月，我国获取无人机经营许可证的企业数量为4812家。2018年7月至2019年3月，经营性民用无人机作业时间共99100小时。其中，空中喷洒3.7万小时，占总作业时间的38%，驾驶员培训3.6万小时，占总作业时间的36%；航空摄影1.4万小时，占总作业时间的 14%；空中拍照 8000 小时，占总作业时间的 8%；飞行表演 990 小时，占总作业时间的 1%；其他占总作业时间的 3%①。从这个时段的无人机作业时间分布来看，用于生产活动的无人机较多。

无人机的种类非常多。贵州可以利用自身在航空领域的产业基础，充分考虑本地市场需求，研究选择部分供应链较短、更利于在省内使用的产品类别切入，以降低成本和风险。可依托贵飞无人机研发制造能力，以贵州高新科技基础与消费能力为拉动力。要突破无人机适航认证技术，鼓励贵州制造无人机产品并向国外市场拓展，提供无人机飞手培训、运营作业、托管维修等系列配套服务，推动无人机地面指挥车、地面监测设备等衍生制造业的发展。

大力发展电动飞行器。贵州省目前已经具备机体复合材料、航空电机、航空电源、新型电池等配套基础，应主动抢抓电动飞行器发展机遇，整合产业链上下游企业，积极参与电动飞行器研发和制造，形成新材料机体、动力推进与分配系统、新型动力电源等核心部件配套制造的聚集，打造电动飞行器制造产业体系。

第二节　人才培训

人才是产业发展的基础，任何产业的发展都必须依靠人才。没有人才的支撑，产业的发展将是无源之水，难以为继。人才是推动产业发展的重要动力。无论是技术进步、产品创新，还是管理优化，都离不开人才的作用。只有大量的从业人员或者相关人员深入其中，熟悉通用航空业相关业务，才能针对行业存在的问题，不断提出新的思路和做法，从而推动产业不断发展。

通用航空产业的发展，有赖于大量通航产业人才。这些人才不仅

---

① 于一，刘菲，管祥民．我国通用航空市场与战略研究［M］．北京：中国民航出版社，2021：322.

包括飞行员、机务员、航务员、综合管理人员和监管人员等，还包括生产制造、保养维修、售后服务、基础设施维护等人员。

人才的来源：一靠引进，二靠培养。

引进人才的关键除了提供适当的、有竞争力的待遇外，还应该提供合适的舞台。举什么样的旗帜，聚什么样的人才。只有搭建好平台，才能吸引到相应人才。退伍转业军人、民航离退休人员，都是很好的人才引进对象。有关高等学校和职业院校也是引进人才的重要渠道，每年，此类学校都会产生大量受过相应教育的毕业生，为行业提供发展所需要的部分人才。

引进人才的优势是快捷且具有针对性，即能够通过提供更有竞争力的薪酬待遇，迅速补齐产业发展所需要的人才缺口。

引进人才也面临着一定问题，如流动性太高。一旦别人提供更好的条件和待遇，人才就可能很快被挖走。特别是在产业高速发展期，人才的流动尤其快。而且，通过上述方式引进的人才年龄往往偏大，经验有余，干劲不足。为了产业长久稳定持续地发展，一个地方不可能完全靠引进人才支撑某个产业的发展，还必须建立起自己的人才培养体系，为行业源源不断地输送人才。要发展通用航空业，离不开相关的培训机构，如职业技术学院、飞行管理学院等。近年来，贵州高度重视航空人才培养，如成立了贵州民用航空职业技术学校。

人才的产生更离不开实践。实践出真知。只有将人放到实践中，才能增长才干；只有将一般人才放到实践中，才能产生杰出的人才。人才与实践是相辅相成的关系，不能简单地割离为先后关系。贵州要大力发展通用航空产业，培养和造就通用航空产业人才，最重要的还是要提供实践条件，为培养和造就人才提供土壤。

在各类人才中，通航飞机驾驶员十分重要，他们是决定通用航空产业发展水平的重要条件和保障。

通用航空产业专业性和技术性比较强，对于相关人才的要求比较高，而我国在通用航空产业人才培养和引进方面严重不足，造成通用航空产业从业人员严重短缺的局面。发展通用航空业，必须大力发展通用航空培训产业。结合当前通用航空产业的发展现状以及未来发展趋势来看，航空院校和相关培训机构应以目前通用航空的快速发展为契机，在学科的培养目标和课程设置上把通用航空企业需求作为核心，与实际通用航空业务紧密联系，为通用航空产业提供充足的人才储备。

国内通用航空培训业刚刚兴起，呈现良好发展态势。培训无人机操作员（飞手）的学校不在少数，且收费比较高。例如，天九共享控股集团徐州飞行培训基地，面向社会招收学生培训无人直升机飞手，培训时间为 1~3 个月，收费 7 万元至 18 万元。

目前，贵州通用航空飞行培训机构还比较少，且规模较小，许多通航学校甚至没有飞行培训专业。例如，安顺市平坝区贵州民用航空职业学院在省内属于实力较强、场地条件较好的培训机构，有规划建设用地 533 亩，在校生 2000 余人，教职工近百人，开设了空中乘务、大数据技术、护理等二十余个专业，但目前尚未开设飞行培训业务。

贵州民用航空职业学院是经贵州省人民政府批准、教育部备案，纳入国家统一招生计划内的高职院校。学院旁边规划建设有通用航空机场。学院分两期工程实施建设。学院建有教学楼、实训楼、综合楼、学生宿舍、食堂、体育馆、运动场、地下停车场等。学院实行院、系两级管理，设有航空管理学院、航空机电学院、信息工程学院、商务学院，以及基础教学部和中职部。学院开设的专业范围较广。以 2023 年招生情况为例，共有空中乘务、飞机机电设备维修、民航安全技术管理、航空物流管理、无人机应用技术、机场运行服务与管理、高速铁路客运服务、民航空中安全保卫、烹饪工艺与营养、中西面点工艺、大数据技术、计算机网络技术、软件技术、网络营销与直播电商、数字媒体技术、大数据与会计、音乐表演（声乐）、舞蹈表演（中国舞）、汽车制造与试验技术、新能源汽车检测与维修技术、护理、婴幼儿托育服务与管理这 22 个专业招生，招收高中生 650 人、中职生 1650 人、农民工 60 人、其他 340 人，共 2700 人。学院建有各类实训室，拥有空乘与安检教学、飞机机电设备维修教学、信息通信技术（Information Communications Technology，ICT）网络工程教学、基础教学等实训中心，建有贵州教育领域规模较大的华为 ICT 实训室。

贵州民用航空职业学院面向高职（专科）学生收取学费，不同专业学费不同，2023 年入学学费为每生每学年 9900～13900 元，最大差距为 4000 元，实施学费减免后每生每学年 7800～9900 元，最大差距为 2100 元。除学费外，学生还需缴纳住宿费，以及军训服装费和专业制服费。此外，生活费也需要学生自行支付。除了向高职（专科）阶段学生收取学费等费用，贵州民用航空职业学院也向中职阶段学生收取学费（每生每学年 7600 元）、住宿费（需寄宿的学生，每生每学年 800 元）和书本费（每生每学年 400 元）等费用。每年的学费、住宿费以及书本费等并非一成不变，会根据情况进行调整。

学院与贵州多彩航空有限公司、贵州航泰地面服务有限公司、九元航空有限公司、云南能投通用航空有限公司等多家企业合作建设了校外实训基地。截至目前，学院尚未开设飞行员培训相关专业。

贵州航空职业技术学院是由贵州省人民政府批准组建的全日制普通高等职业院校，坐落于贵阳国家经济技术开发区，在贵阳市乌当区、白云区分别设有分校区，隶属于中国航空工业集团有限公司，教学业务由贵州省教育厅和贵州省人社厅主管。贵州航空职业技术学院下设航空智造学院、航空装备学院、现代服务学院、汽车工程学院、食品工程学院、文化艺术学院六个二级学院，开设了数控技术、机械设计与制造、航空材料精密成型技术、模具技术、工业机器人技术、机电一体化技术、智能焊接技术、无人机应用技术、飞机机电设备维修、建筑消防技术、大数据技术、计算机应用技术、网络安全、旅游管理、酒店管理与数字化运营、智慧健康养老服务与管理、空中乘务、汽车制造与试验技术、汽车电子技术、新能源汽车检测与维修技术、汽车技术服务与营销、汽车运用与维修、汽车钣金与涂装、汽车制造与装配、汽车营销与服务、汽车美容与装饰、餐饮智能管理、烹调工艺与营养、民族服装、表演艺术等航空特色鲜明、紧跟时代发展的专业，逐步形成航空智能制造、航空装备技术、大数据应用技术、汽车应用技术、现代服务技术5个专业群。学校将职业标准引入课程，全面推行"1+X"证书制度。学校拥有全日制在校生25000余人，是一所中、高职相结合，技术培训和技能鉴定为一体的多层次、多专业、多学制的高等职业院校。学校还与北京航空航天大学、南京航空航天大学、西北工业大学、贵州医科大学等知名院校合作办学，构建了中职、高职、本科一体化的育人体系。到目前为止，该学校尚未设置飞行员培训专业。

学校目前共有4名国家级技能大师、2名省级技能大师、4名贵州五一劳动奖章获得者、2位全国优秀教师、1位享受国务院政府特殊津贴者，拥有一批贵州省技术能手、贵州省青年岗位能手、贵州省国防工业创新能手，有3个国家级技能大师工作室、3个省级技能大师工作室。

学校建有校内实训场地近50个，与上百家企业合作建立校外就业实训基地，为学生的实习实训和就业搭建优质平台。近年来，学校师生共获得国家级和省级一等奖110个、二等奖48个、三等奖51个。办校以来，学校为航空工业和省内外企事业单位累计培养和输送了六万多名中、高级技术人才和管理人才。

学校2023届毕业生共2250人，其中男生1470人，女生780人，省内2216人，省外34人。从毕业去向来看，7.11%选择升学，77.69%协议和合同就业，0.67%灵活就业，0.27%自助创业，14.00%待就业，0.27%暂不就业。从就业单位性质来看，10.89%到国有企业，50.58%到其他企业，34.94%为其他渠道就业。从就业行业来看，

21.91%为制造业，10.76%为居民服务、修理和其他服务业，9.68%为住宿和餐饮业。从就业省份来看，73.06%在省内，6.96%到广东省，5.99%到浙江省。焊接技术与自动化、机械设计与制造两个专业选择协议和合同就业的毕业生占比最高，达96.00%；餐饮管理专业选择协议和合同就业的毕业生占比也比较高，达91.94%；与新能源汽车相关的专业选择协议和合同就业的毕业生比例一般，在76%~83%，低于服装与服饰设计、数控技术、消防工程技术等专业，与行业发展速度存在一定反差；计算机应用技术选择协议和合同就业的毕业生占比则比较低，为43.62%，不足一半；旅游管理专业选择升学的毕业生占比最高，达34.48%。在选择升学的学生中，有20人升入贵州师范大学，14人升入贵州民族大学①。

　　贵州鉴于当前没有飞行学院的情况，积极引入资金实力强、经验丰富的企业，来贵州省开办培训学校。政府鼓励和引导省内通用航空学校及有关培训机构，积极与省外机构开展合作，利用对方人才优势，在省内开展培训业务。政府还鼓励省内具备条件的个人和机构，投资发展通用航空培训业，培育航空航天领域先进制造人才、飞行员、飞行操作员、高级技师和维修人才，为航空产业的发展提供人才保障和智力支持。贵州可与中国民航大学和沈阳航空航天大学等院校建立合作关系。中国民航大学总占地面积为171.7万平方米，校本部坐落于天津滨海国际机场附近，分为南北两个校区，建有朝阳飞行学院、内蒙古飞行学院、新疆天翔航空学院3个飞行训练学院。沈阳航空航天大学是一所以航空宇航为特色、以工科为主的高校，由教育部、中航工业集团公司与辽宁省三方共建，前身为"沈阳航空工业学校"，始建于1952年，为原航空工业部所属的6所本科航空院校之一，2010年3月正式更名为"沈阳航空航天大学"。2016年，辽宁省人民政府与

---

　　① 贵州航空职业技术学院2023届毕业生就业质量年度报告［EB/OL］. 2024-01-10/2024-04-03. https：//www.gzhkzy.cn/xwzx/tzgg/2024-01-10/6494.html.

国家国防科技工业局决定在"十三五"时期继续共建沈阳航空航天大学。2017 年，中国航空发动机集团与沈阳航空航天大学签署了战略合作协议，共建航空发动机学院，学校占地 1731 亩。

通用机场的管理和用人需求，因其大小不同而异。与民航运输机场相比，通用机场规模小很多，运营管理相对简单，所需人员也少很多。根据分析，一个典型的具有 800 米跑道、目视运行的通用机场，一般定员在 7~20 人。按照最低人员和部门要求，应包括如下部门。

综合管理部：负责日常工作协调及文件起草、报送；负责机场核心区服务商以及经营区客户的引入、协调和监督；负责受理客户的投诉，监督飞行计划、空中交通管制服务、地面服务的标准化、有效性与及时性。

财务部：负责机场管理公司的预算编制与执行；负责机场管理公司运行成本的核算，费用的收取、支付工作，负责监督机场核心区服务商的竞标公正性。

运行管理部：负责空中管制、通信导航、气象等飞行保障工作的监督。

场务保障部：负责核心区和经营区的保卫、消防、救护，车辆、油料，机场跑道、道路、房屋的维护维修，以及供水、供电、供暖和供气等后勤保障工作的监督与协调。

综合管理部需 1~5 人，财务部 1~2 人，运行控制部 3~5 人，场务部 3~8 人[①]。所需人员中，一些要求接受过通用航空院校专门培训，财务、文秘等只需要具有相关专业知识即可，但最好能够接受通用航空院校相关专业培训，以更好地胜任工作。有的通用机场规模更小，其管理机构更加简单，所需人员更少。

---

① 于一，刘菲，管祥明. 我国通用航空市场与战略研究［M］. 北京：中国民航出版社，2021.

第三节 航空旅游

贵州地貌多样，景区景点众多，气候宜人且四季分明，外来旅游人口多，民族文化特色鲜明，有利于发展通航消费产业。梵净山、云台山、雷公山、月亮山、海龙囤、娄山关、乌蒙大草原、韭菜坪、万峰林等山峰，花江、清水江、乌江、都柳江、北盘江、舞阳河、㲼岈江等河流，红枫湖、夜郎湖、万峰湖、草海等湖泊，云峰八寨、镇远古城、天龙屯堡、隆里古城等古镇，西江千户苗寨、肇兴侗寨、高荡等民族村寨，黄果树大瀑布、小七孔、赤水大瀑布、龙宫、格凸河、百里杜鹃等风景名胜区，霸陵河大桥、清水河大桥、百盘江大桥等约占世界高桥 1 半的壮丽桥梁，加榜梯田、金海雪山、山里江南等田园风光，台江县登鲁村金丝楠木、从江县银潭村红豆杉、盘州市妥乐村银杏等珍稀植物，都具有很高的观赏价值，是发展通航游览的极佳基础。

在优质资源的支撑下，把握贵州省作为全国全域旅游示范省的发展机遇，将通用航空作为实现全域旅游的有效手段，强化统筹协调，推动"通航+全域旅游"创新融合发展。贵州积极打造网络化低空旅游产品体系，结合贵州省全域旅游发展布局和不同区域旅游资源特点，策划各具特色、差异化发展的低空旅游项目。贵州充分发挥贵州省分布广、类型多、品质高的山地旅游资源优势，打造质优类全的通航旅游产品，形成完善便捷的通航旅游服务。贵州充分发挥通航旅游的产业延伸和综合带动能力，推动通航旅游与创意经济、特色文化、休闲娱乐等产业的融合互动发展。贵州积极提升通航旅游集散枢纽和中心城市的服务水平，增开旅游航线，支持旅游包机飞行，提升旅游集散功能，努力融入长江经济带和泛珠区域立体化旅游交通体系，扩大贵州省旅游业对外开放水平。

　　积极发展航空观光。通航飞机作为观光工具可提升旅游体验。贵州地貌多样，观赏性强，但地面观光受到视野限制，效果并非最佳。如能借助通用航空器，从空中俯瞰，则景色可以得到更加充分的展示，互动性更强，体验更好。而且，由于我国通用航空业发展并不充分，很多人都没有接触过通用航空，乘坐通用航空器在低空飞行本身就是一个很有市场的新体验和新的旅游业态。

　　积极探索通航游客转运。贵州依托贵州省机场布局和城镇体系规划，结合旅游集散中心工程建设，构建"一枢纽、八中心、多节点"的三级通航旅游集散体系。以贵阳为全省通航旅游集散枢纽，打造遵义、安顺、六盘水、毕节、铜仁、凯里、都匀、兴义八个区域的通航旅游转运中心，形成以重点景区景点、旅游服务型节点城市和示范小城镇为主的多个通航旅游服务节点，提供高标准旅游集散、信息咨询、运营管理、接待和安全管理等服务。发挥通用航空的交通运输属性，以通航旅游集散枢纽、区域通航旅游组织中心为重点，实现贵州跨省跨界通航游客转运服务功能。

　　大力发展通航文化娱乐。在"通航+创意衍生"方面，贵州积极打造航空主题艺术区和航空创意工坊，开展废旧飞机零件二次创作、飞行员特色服饰产品开发、航空摆件与挂件制作、航空绘画体验与纪念品设计等航空周边产品创作与体验项目。在"通航+文化体验"方面，贵州将航空博物馆、航空文化教育基地的建设与红色旅游教育基地、文化创意产业基地相结合，将航空主题活动与民俗文化活动相结合，将航空文化元素渗透到特色文化旅游产品体系中，增添贵州省航空元素，营造发展氛围。在"通航+休闲娱乐"方面，贵州重点发展模拟飞机、娱乐风洞、垂直起降等航空娱乐设施体验与飞行模拟体验，配套建设航空特色餐吧、酒吧、酒店等航空主题服务设施，并逐步与汽车露营地、航空社区、商业中心等业态结合，打造以身心自由为特色的休闲娱乐产业。

积极开拓跳伞市场。跳伞是通用航空应用于旅游业的一个重要项目，拥有较大的市场空间。2013年以来，我国通用航空业开始经营跳伞项目。2018年，我国跳伞飞行共计3316小时、5085架次、2.27万人次，同比增长近3倍，发展十分迅速。贵州省具有较好的空域条件、旅游资源，宜人的气候，以及大量旅游人口，有条件发展通航跳伞，并使之成为丰富旅游业态、提高经营效益的好项目。

第四节　农业植保

通用航空业对农业的促进作用十分明显。美国曾因农业劳动人工成本太高，一度放弃水稻种植，大米全部依靠进口。从20世纪60年代开始，美国用飞机播种代替传统费时、费力的水稻插秧，用空中喷洒除草剂代替人工除草作业、用空中施肥代替人工施肥，水稻种植的劳动生产率因此提高了400多倍。到20世纪70年代末期，美国从大米进口国一跃成为世界上主要的稻米出口国之一。[①]据统计，我国大田作物面积约为15亿亩，按照平均年施药3次计算，共需要约45亿亩次施药作业，按照目前植保无人机每亩10元的施药服务费计算，年总服务费为450亿元[②]。

贵州山地多，喀斯特地貌突出，平地少，土地破碎，农业劳动生产率比较低。结合自身地貌特点和农业特色，充分利用通用航空技术优势，不断探索提高农业劳动生产率的方式和路径，对贵州农业现代化具有十分重要的作用。

在通用航空业发展初期，贵州应以全省万亩以上坝区为重点，大力推广航空农业质保，以点带面，分类推进，赋能农业产业现代化。

---

① 于一，刘菲，管祥明. 我国通用航空市场与战略研究［M］. 北京：中国民航出版社，2021：23.

② 于一，刘菲，管祥明. 我国通用航空市场与战略研究［M］. 北京：中国民航出版社，2021：323.

此外，要配套出台推广农业植保的相关补贴和鼓励政策，积极发展植保无人机整机制造及零部件制造相关产业。

万亩以上坝区是贵州省粮食生产和确保粮食安全的重要基础，是贵州省农业现代化的主力军。由于种植面积广，通过传统植保机械进行施药，存在效率低、成本高等突出问题。近年来，由于农村劳动力的严重短缺，在万亩以上坝区推动农业植保的发展刻不容缓。应围绕农业优势产业，重点依托贵州省 17 个万亩以上坝区和示范农业园区，因地制宜开展航空植保试点。

在蔬菜应用方面，贵州围绕全省蔬菜重点产区，特别是乌蒙山区、大娄山区、苗岭山区和武陵山区等高、中海拔地区的夏秋蔬菜优势产区，在南北盘江、红水河、都柳江流域等低海拔地区和乌江中下游、赤水河流域的冬春蔬菜优势产区，以及保供蔬菜基地开展大力推广农业植保工作。

在特色林业应用方面，可借鉴发达国家经验和我国东部某些地区的做法，充分发挥通用航空业作业效率高、适应场景广等特点，结合不同特色林业的实际情况，通过优化软件程序等方式，采取有针对性的做法，鼓励市场主体独自或者联合推动通用航空作业。应当大力推动在大娄山、武陵山和赤水河、清水江"两山两水"竹产业带，武陵山、南北盘江等油茶产业主产区，务川、道真、习水、德江、思南、沿河、晴隆、贞丰、关岭等花椒主产区，以织金、纳雍、黔西、大方为中心的皂角产业主产区使用农业植保。同时，也需做好充分预案，以应对极端天气下不能开展通用航空作业的情况，并通过发展通用航空保险等方式促进行业健康发展。

第五节　电力巡检

近年来，无人机技术在电力巡检领域中的应用越来越广泛。以往，电力巡检人员需要进行大量的人工巡视，工作难度较大且安全风险较高。无人机运行成本相对较低，可以实现大规模的电力巡视。无人机的使用还降低了因巡视工作而导致的人身安全风险，降低了人员意外伤害的医疗和赔偿成本。此外，通航有人机也可在电力巡检中发挥作用。

具体措施如下：积极争取国家有关部门在贵州开展无人机电力巡检试点，配套改革航空管理办法。制定相应的航空管制规定，避免产生无人机在巡视过程中与其他航空器相撞的风险。设定禁飞区和限飞区，防止未经授权的无人机进入重要的电力设施区域。通过预设巡航路径和设定巡航速度，提高巡视效率，提供即时反馈和检测数据。利用无人机搭载的高清摄像头和红外热像仪对电力设备进行高清拍摄和热点检测，提供更加准确和及时的巡检数据。

第六节　托管维修

在通航飞机管理中，托管维修是一种常见的做法。通航飞机的管理与运营是高度专业化的业务，持有飞机的个人或者法人往往不具备相应的专业水准，而如果聘用专业团队进行管理，则成本太高。对于专业团队而言，只管理1架或者数量极其有限的几架飞机，是对其自身才能和社会资源的浪费。专业的事由专业的人做，通过托管，可以最大限度地发挥通用航空专业团队的作用，这有利于充分发挥人力资源作用，节约大量社会资源，创造更多社会财富。

贵州发展通用航空产业，也绕不开托管这一业务环节。从一开始，就应重视培养业务水平过硬的托管机构，使通用航空业沿着专业化、社会化的方向发展。

贵州民航集团由原贵州机场集团和贵州航投集团整合重组而成，为贵州省政府授权贵州省国资委履行出资人职责的省管大（一）型国有全资公司，是公益类国有企业，注册资本 160 亿元，现有职工约 5600 人，主要负责机场的投资、运营及服务，民航基础及相关配套设施的投资建设、开发、经营管理，以及民用航空相关产业的投资、管理。2022 年 12 月，贵州省政府正式批复了贵州民航集团组建方案。

通航飞机虽然没有商用飞机的价格高，但也不便宜，最低的也要百万元，价格高的能到几亿元。而且，其运营和维护所涉环节较多费用较高，由于天气和使用场景、场地需求等原因导致其使用的频率不高，投资回报周期较长。此外，通航飞机的运营与维护都需要专业团队支持，人员工资等支出不少。这些性质，决定了通航飞机销售方式的独特性。从购买情况来看，由于通航飞机自身价格高和运营成本较高，其总体销量有限。从使用情况来看，通航飞机开展有关作业的效率非常高，购买者自身需要飞机完成的工作短时间就能实现，导致通航飞机出现了大量的闲置。对于大多数消费者而言，尤其是将通航飞机作为生产工具的消费者，最理想的方式是租用。这样可以省去一次性购买的大笔资金，以及日常运营维护费用。通航飞机的持有人则可为不同客户提供相应服务并收取一定费用，从而尽可能充分发挥通航飞机的作用，缩短投资周期。

探索通航飞机代管业务。截至 2019 年底，国内从事通航飞机代管的企业有 41 家，其中从事大型航空器代管的有 29 家。贵州省可依托中航贵州飞机有限责任公司的技术力量，拓展相关业务。

发展飞机维修业务，探索发展维修基地等实体。FBO 是设在机场为通航飞机提供加油、维修、旅客等综合服务的服务设施和服务企业，其组成部分包括候机楼、停机坪、机库以及维修车间等建筑和设施。FSS 为通用航空提供了内容丰富的飞行服务，具体包括气象、飞行计划、飞行情报以及其他相关服务，服务需求者可以通过互联网、电话、对讲机等方式获得服务，也可以当面申请和获得相关服务。MRO 是通用航空不可或缺的，其通过对通航飞机进行维护维修甚至大修等，确保通用航空器的安全并使其在报废前发挥尽可能大的作用。

目前，我国的 FBO 主要包括金鹿公务航空有限公司在海航北京基地建设的公务机 FBO，上海虹桥国际机场公务机基地 FBO，珠海美国西锐公司通用飞机 FBO，三亚金鹿公务航空有限公司凤凰国际机场 FBO 等。金鹿在西安、长沙、南宁、桂林、海口、杭州和唐山等地的机场内建立了 FBO，初步形成了服务网络。

目前，我国部分职业技术学院开设了通用航空维修专业，具体如表 8-1 所示。

表 8-1　部分开设通用航空器维修专业的职业技术学院

序号	所在省份	学校名称
1	江苏	江苏工程职业技术学院
2	江苏	江苏航空职业技术学院
3	上海	上海民航职业技术学院
4	浙江	浙江交通职业技术学院
5	广东	广州民航职业技术学院
6	河北	河北交通职业技术学院
7	湖南	长沙航空职业技术学院
8	陕西	西安航空职业技术学院
9	四川	成都航空职业技术学院

资料来源：于一，刘菲，管祥明 . 我国通用航空市场与战略研究［M］. 北京：中国民航出版社，2021：306.

贵州省要发展通用航空产业，需要加强通用航空地面服务保障主能力建设，包括固定运营基地（FBO）、飞行服务站（FSS）和维修基地（MRO）建设。要鼓励贵州境内企业积极发展航线维护、机体维修、发动机维修、机载设备维修等业务，积极开展航空维修技术人员培训。要依托贵州省国内领先的中小推力发动机研发设计制造能力，进行强涡扇、涡桨发动机测试与维修。要重点对固定翼通用飞机及旋翼机在航行前、航行后和过站时进行维护保养和机体维修。未来要随着产业发展的成熟和业务量的增加逐步拓宽业务范围，开展通用飞机结构检查和飞机翻修，通用航空发动机检测和维修，以及对发动机、轮胎与制动系统、航电系统、起落架等通用飞机系统及部件的检测和维修业务。要结合省内通用航空产业发展进程，依托通航维修基础能力，为航空俱乐部、通航公司以及其他私人客户提供通用飞机内饰改装、飞机性能改装等增值服务。要依托现有无人机测控链路技术，将中小型通用飞机改装成为无人货运飞机。要鼓励通用航空运营企业或相关高校取得机务维修执照培训资格，按照 CCAR-147 部相关标准建设机务维修培训部门，积极开展机务维修、空管签派、航空安全、航空服务等航空职业培训。

第七节　城市交通

人口向城市集聚是现代化的过程，这一趋势难以逆转。据联合国估计，到 2050 年，世界城市化人口将达到人口总量的 70%~80%。大量人口涌入城市，难免造成交通拥堵，将使人们在城市交通中消耗大量时间。根据一家德国公司的研究结果，美国洛杉矶居民平均每年都会因交通堵塞而浪费大约 102 小时，俄罗斯的莫斯科和美国的纽约居民每年浪费约 91 小时，巴西圣保罗居民浪费约 86 小时；德国在 2017 年因交通拥堵而导致的人均损失达到 1770 美元。时间就是金钱，时间就是生命，如何解决城市交通拥堵问题，是世界性难题，也是应该想办法解决或者缓解的问题。通用航空器的发展为这一问题提供了部分答案。

未来城市交通能否取得突破，成为影响立体交通网络的重要组成部分，其中有三个方面的因素极其重要，包括通用航空器的价格、噪声控制效果及自动驾驶能力。当前直升机已经能够垂直起降，对场地的要求并不是太高，但由于其价格比较昂贵，且噪声较大，还比较少用于城市交通，多用于各类应急救援场景。试想，如果按照现在的技术条件，每天有成群结队的直升机从城市上面的低空飞过，其产生的噪声将对人们的生活带来巨大的负面影响，极易引起不满。

一旦降噪技术取得实质性突破，价格降至一定水平，且法律法规允许，则类似于直升机的垂直起降航空器有望获得快速发展，每个城市上空都可能出现成千上万飞行器同时穿梭往来的场景。这时候，就需要有严格而有效的空中交通法规来维持交通秩序，而自动驾驶就是确保有序交通的重要手段。当数量众多的航空器出现在同一空间时，其对航空器识别周围环境并采取相应措施的能力就有了更高的要求。在地面交通场景下，车辆一般只需要做好前面方向的感知、左面和右面三个方面的感知即可，重点是前面方向的感知。在空中交通场景下，航空器需要考虑的情况更多，至少有上面和下面两个方向需要纳入测算。

飞行汽车是需要高度关注的通用航空器，一般指在低空300米以下飞行的一种城际快捷交通工具，垂直起降无须机场，通勤时间最短，与通航飞机相比成本比较低，易于维护，安全性较高。由于其既可在空中飞行，又可像汽车一样在普通地面使用，理论上来讲是一种用途比较广泛且能够得到市场认可的两栖装备。使用此类交通工具，不需要进行换乘，也不需要对随身携带的大件物品进行转运。想象一下，一个拥有飞行汽车的人，他可以先开到某个固定的可以起飞飞行汽车的场所进行起飞，随后飞到另一个可以降落飞行汽车的场所降落，然后直接驾驶飞行汽车驶往具体目的地。在这一过程中，他不用在机场进行复杂的换乘和登机手续，也不用将行李从汽车上搬下来再搬上飞机（有时甚至还必须办理托运），直接无缝衔接，高效又便捷。这种交通工具也可以避开地面交通的拥堵，不用担心延误。截至2023年，目前全球研发飞行汽车的企业已超过300家，国内也有小鹏汽车、沃飞长空等公司在开发飞行汽车产品。

2023 年 10 月，工业和信息化部、科学技术部、财政部、中国民用航空局四部门印发的《绿色航空制造业发展纲要（2023—2025年）》明确，"到 2025 年，电动垂直起降航空器（electric Vertical Take-off and Landing，eVTOL）实现试点运行；到 2035 年，建成具有完整性、先进性、安全性的绿色航空制造体系，新能源航空器成为发展主流，加快将 eVTOL 融入综合立体交通网络，初步形成安全、便捷、绿色、经济的城市空运体系"。

第八节　短途运输

近年来，通用航空短途运输受到广泛关注，并得到国家政策的支持。通用航空短途运输由于具有快捷、高效、灵活等特点，覆盖地域广，几乎不受地形限制，在大雪封路、地质灾害等极端情况下仍能很好地发挥作用，是运输体系中很重要的组成部分，对于构建现代交通体系不可或缺。尤其是对于人口稀少、居住总体分散又成点状聚集、山高坡陡中的任何一种或者几种情况而言，通用航空短途运输更加具有实用价值。我国在发展通用航空产业的过程中，十分重视短途运输的作用，国家发展改革委在《近期推进通用航空业发展的重点任务》中将通用航空短途运输与通用航空旅游、航空飞行营地一起列为示范工程。

通用航空短途运输示范工程，包括覆盖根河市、新巴尔虎右旗、阿荣旗和莫力达瓦旗等地的内蒙古呼伦贝尔区域网络，覆盖阿鲁科尔沁旗、镶黄旗、敖汉旗、奈曼旗、巴林左旗和巴林右旗等地的内蒙古锡林郭勒区域网络，覆盖达茂旗、鄂托克前旗、凉城县、清水河县、杭锦旗和乌审旗等地的内蒙古鄂尔多斯区域网络，覆盖阿拉善左旗、阿拉善右旗、额济纳旗和乌拉特后旗等地的内蒙古阿拉善区域网络，覆盖和龙县、安龙县和蛟河县等地的吉林长吉图区域网络，覆盖嫩江县、富裕县和呼玛县等地的黑龙江大兴安岭区域网络，覆盖萝北县、嘉荫县、同江市和木兰县等地的黑龙江松花江流域区域网络，覆盖康定县、红原县、稻城县和九寨沟县等地的四川川西高原区域网络，覆盖布尔津县、福海县、福蕴县、清河县、十师北屯市、十师185团和十师186团等的新疆阿勒泰区域网络，覆盖霍尔果斯市、霍城县、尼勒克县、巩留县和特克斯县等地的新疆伊犁州区域网络。

在国家发展改革委明确的10项通用航空短途运输网络中，内蒙古有4项，黑龙江与新疆各有2项，吉林与四川各有1项。

贵州省高速公路网络十分完善，早已实现县县通高速公路，很多乡镇也通了高速公路。但由于山多，有不少乡镇离高速公路有一定距离，交通仍然不便利。有的地方虽然已经通了高速公路或者离高速公路比较近，但离省会城市或者地级城市仍然较远。对于这些乡镇，以及更加偏僻的村落，可以在适当场所布局通用航空器起降点，为紧急状态下的交通做准备。根据有关测算，经济条件较好的10万人以上的镇，即可支撑一个一般规模的可以起降固定翼飞机的通航机场。如果不考虑固定翼飞机的起降，则对人口规模的要求就更低了。

第九节　公共服务

通用航空可在公共服务中发挥极其重要的作用，在事故灾难应急救援方面尤其如此。全国50%以上的人口分布在气象灾害、地震、地质灾害、海洋灾害以及其他自然灾害的高发区域[1]，这对通用航空的发展提出了广泛而急迫的需求。

以医疗救援为例，预计到2030年我国航空医学救援市场年需求总量将达到45.2万人次，到2050年需求总量达到69万人次[2]。使用通

---

[1][2]　金伟，高远洋. 中国战略性新兴产业研究与发展·通用航空［M］. 北京：机械工业出版社，2021：335.

用航空器进行医疗救护是充分发挥通航飞行快捷、机动灵活的特点，提高医护能力和效率，更好地挽救伤病员生命的重要方式。工作过程中，既可以通过通用航空器将伤病员运送到具有高水平的医院等医疗机构，也可以将医生、医疗设备快速投放到急需场所，根据具体情况决定具体操作，有利于实现伤病员的早治疗、早康复。医疗救护需要专业的设备和专业护送队伍，以更好地在飞行过程中有效使用医疗资源。使用通用航空器开展医疗救护，虽然效率高，但也受到当时气象条件、空中管制情况、距离机场距离、伤病情况等多种因素的影响，是否采取这一方式需要经过专业的综合研判分析。

为合理利用通用航空力量健全医疗救护体系，国家层面做了充分考虑，并在有关文件中进行明确。

国务院办公厅《关于促进通用航空业发展的指导意见》（2016年）要求在自然灾害多发地区以及大型城市等人口密集、地面交通拥堵严重地区建设通用机场，满足医疗救护等方面的需要。《通用航空"十三五"发展规划》（2017年）、《国家突发事件应急体系建设"十三五"规划》（2017年）提出，要依托现有优质医疗卫生资源和通用航空企业等，在全国分区域建设一批国家航空医学救援基地，重点强化航空医学救援设备、航空器加改装工具、直升机起降点、培训演练场所等方面的建设。建立健全通用航空企业、保险机构等单位参与航空医学救援的机制，带动形成社会化航空医学救援体系。《关于建立应急救援飞行计划申请绿色通道的通知》（2017年），要求在申请时间上，所有涉及应急救援飞行计划的申请，不设申请时间限制，申请人可根据紧急程度随时申请应急救援飞行。

由于国土面积等原因，欧洲各国通用航空运营没有美国发达，但各自形成了特色，大多国家也都重视医疗救护。例如，德国建立了高效完善的直升机空中救援体系，对全境35.7万平方千米的国土内的8000万人口实现了覆盖98%国土面积的15分钟抵达现场服务，与地面救护网络共同形成一个有机整体，通过三家运营单位垄断的模式，推行以强制性医疗保险以及直升机为主的院前救援布局。瑞士全国的航空救护只有一个服务提供商，以直升机救援为主，主要依靠社会捐赠实现全民免费服务，在全国范围内布置有 13 个直升机基地，约有 17 架直升机服务于遍布瑞士各地的基地，可以在 15 分钟之内到达除瓦来州之外的全国任何一个地点。① 瑞士国土面积约 4.1 万平方千米，2022 年人口约 870 万。与德国相比，瑞士国土面积和人口都少得多，通用航空器的规模也小得多。日本的直升机医疗救护机队规模达 46 架，分布在各府道县，除一些偏远地区外，基本能够实现 20 分钟左右到达现场的救援服务，每年的救护人数约为 24000 人。使用直升机进行医疗救护的成本较高，日本每架每年需 230 万美元左右，整个空中救护体系运转成本约 1 亿美元，主要由中央政府和地方政府财政负担②。

在我国，自 2018 年初《直升机医疗救援服务》发布以来，我国直升机救援服务迅速发展，年飞行量由过去几年的 200 小时/年急剧增加至 1800 小时/年，直接产值达年均 3500 万元。截至 2018 年底，共计 15 家单位开展直升机医疗救援服务，包括上海金汇通用航空股份有限公司、南航通用航空有限公司等，主要集中在华北、西北、中南、新疆等地区③。2019 年，中国民用航空局和中华人民共和国国家卫生健康委员会联合发布《航空医疗救护联合试点工作实施方案》，为推动建立更加优质高效的医疗卫生服务体系创造了更好的条件。

贵州山地多，人口居住较为分散，医疗资源比较集中，对通航医疗救护的需求较为迫切。居住在山区的人如果遇到危急情况，在气象

① 于一，刘菲，管祥明. 我国通用航空市场与战略研究 [M]. 北京：中国民航出版社，2021：11.
② 于一，刘菲，管祥明. 我国通用航空市场与战略研究 [M]. 北京：中国民航出版社，2021：35.
③ 于一，刘菲，管祥明. 我国通用航空市场与战略研究 [M]. 北京：中国民航出版社，2021：59.

等条件允许的情况下，如果能通过通用航空器投放医疗资源或者将伤病员转移到医疗条件较好的医院，将能更好地实现医疗帮助，更好地保护人民群众的生命安全。可以在量力而行的基础上，整合多方资源，通过积极争取国家支持、鼓励和动员有条件的工矿企业参与等方式，逐步建立和完善具有区域特色的航空医疗救护体系。同时，这也为更好地发挥资源优势，建立世界级旅游目的地提供了保障。

此外，贵州森林覆盖率较高，因各种原因山火频发，防火是一项任务十分繁重的工作。为了提高防火和救火能力，加强通用航空救援能力的需要也十分迫切。

第十节　航空主题乐园

航空主题乐园是通用航空产业的重要业态之一，具体包括航空博物馆、航空科技展览、航空文化展览、主题游乐设施、主题度假酒店、航空主题酒吧、航空俱乐部、会员俱乐部、飞行体验、飞行演艺中心、特色商业街、影视文化城等。航空主题乐园在提供新的消费业态的同时，也为消费者提供了解航空知识的机会，有利于为通用航空产业培育潜在消费群体。会员俱乐部如飞行爱好者俱乐部、机长之家等主要面向高端消费人群，即消费能力很强的群体。航空主题乐园的投资可大可小，应根据其所在区域人口数量、经济发展水平、消费意愿和消费能力、历史文化等要素进行综合研判然后做出决策，以合理确定主题乐园的规模、具体业态、收费标准、运营模式等，切忌贪大求全，导致无效投资和亏本经营。

贵州011基地是一个可以建设航空主题乐园的较理想场所。该基地始建于1964年，拥有能够设计、生产、试飞歼击机的庞大系统，系统共包括两个设计所和35个厂，这些机构散落在方圆720平方千米范围内。其中，位于安顺开发区、离安顺市主城区不远的"云马机械制造厂"是 011 基地最大的工厂。它是一个战斗机总装厂，拥有庞大的建筑群，包括多个山洞车间，总建筑面积达 43 万多平方米，1978 年有职工家属 20000 多人。现在，工厂已经完全搬离，云马厂也不再承担生产任务，留下很多可以投入使用、具有历史韵味的建筑，具有较大的开发价值。可以结合安顺凉爽的气候优势，将其打造为具有鲜明历史特色和航空文化特点的候鸟型康养基地。随着时间的推移，老龄化程度加深，贵州可以在产权问题上采取灵活方式，将其建设为面向全社会的过渡性养老基地。如果产权问题一时得不到很好的解决，也可以考虑将其建设为航空工业系统内的养老基地。

第十一节　通用航空小镇

规模较大、功能比较完整的通用航空小镇囊括机场（跑道、机坪、机位、机库、塔台、办公区域、固定运营基地）、航展区、培训区、产业集聚区、居住区、商业及生活配套服务区以及文旅体验区等板块。在具体实践中，小镇则根据各地情况和发展阶段进行取舍或者分步实施。

美国的通用航空小镇比较发达，有的具有一定产业属性，有的是飞行社区。依托约翰·韦恩机场（John Wayne Airport）发展起来的通用航空小镇，含机场在内的面积约 13 平方千米，能够提供商务服务。约翰·韦恩机场年起降班次约为 25 万次，客流量约为 920 万人次，超过 500 架私人通用航空飞机以此为基地。机场内除两家全服务型 FBO 外，还有提供加油、销售、包机、保险、耗材、清洁、维修、机库出租和培训等一系列配套服务的公司；周边功能包括商务办公、商业服务、运营管理、文化娱乐、居住配套和旅游开发等。该通用航空小镇每年可贡献约 12 亿美元的经济价值。以提供通航服务为主要目的的约翰·韦恩通用航空小镇，对贵州省发展通用航空小镇和通用航空产业具有借鉴意义，可考虑在经济比较发达、消费能力较强且有消费意愿的区域，如仁怀市茅台镇附近，选址建设类似的通用航空小镇。

云杉溪飞行社区（Spruce Creek Airport）是美国知名的飞行社区，靠近城市和海岸，是由企业家收购曾经的海军联络基地开发而成的，拥有一系列市政基础与娱乐设施，现已发展为拥有 1500 多栋住宅、超过 600 架驻场飞机的超大型飞行社区。云杉溪飞行社区小镇模式的特点是专注于为周边居民创造良好的飞行出行条件，每家每户都有通道与机场跑道相连通。这样的飞行社区不仅需要较大的场地修建机场，还需要较大的场地修建连接机场的道路以及可以存放飞机的机库或者停机坪，要求居住密度低、人均和户均面积大。我国人口众多、山地多、平地少、人均耕地面积有限，无论是资源条件还是政策要求都不支持和鼓励发展此种类型的飞行小镇。

奥什科什通用航空小镇，已经成为全球飞行爱好者的聚集地，全球闻名的飞来者大会每年 7 月在此举办。为期一周的飞来者大会由美国实验飞机协会（EAA）主办，每年吸引的全球观众超过 50 万人次，飞机超过 1 万架，参展厂商超过 800 家，对当地经济的贡献一般超过 1 亿美元。奥什科什通用航空小镇的主要特点是发展会展经济，即通过定期举办展会的方式，吸引全世界飞行爱好者前来参展交流，在促进商务活动的同时带动本地消费。这种模式对我国比较有借鉴意义。近年来，我国湖北荆门等不少地方都在尝试类似方式，通过举办展会或者飞行大会，培育通用航空文化，发展经济。比较成功的是珠海航展，航展每两年举办一次，吸引了世界很多国家观众的参与，影响很大。贵州安顺、黄平等地也曾举行过多次飞行大会，产生了积极影响，得到了有关通航展会专业公司和公众的认可，积累了一定经验，今后可在空域、机场等气候条件良好、空气清新的地方，进一步举办通用航空展会。

国内一些地方在发展通用航空产业的过程中也高度重视发展通用

航空小镇。

荆门市爱飞客航空小镇，位于湖北省荆门漳河新区，规划总面积达 42195 亩，定位为中国最大的特种飞行器生产、试验、试飞基地，华中地区最大的航空运动休闲体验中心，以及华中地区最大的通用航空运营服务基地。小镇拟建成机场核心区、航空会展区、航空科研区等 12 大区域，将承载飞机展销、飞行员培训、机场运营等功能，可向广大飞行爱好者、市民提供航空技能培训、水上飞机翱翔、飞行表演等体验活动。

镇江航空教育小镇，由江苏无国界航空发展有限公司投资和运营，占地面积 3.9 平方千米，包括航空教育核心区、镇江航空航天产业园、大路通用机场三大板块。其中，航空教育核心区包括飞行训练中心、机务维修实训中心、航空服务培训中心、无人机应用培训中心、机场管理培训中心、航空英语教学中心、国际交流与合作中心这七大中心。小镇精心打造航空人才培养枢纽平台，联结院校与企业，为航空企业、行业培养、输送人才。2020 年 12 月，小镇成功举办了 2020 年"无国界杯"全国航空职业院校空中乘务技能大赛总决赛。2021 年 6 月，江苏省大学生电子设计竞赛高职高专组无人机赛在镇江航空教育小镇举行。2022 年 9 月，江苏镇江植保无人机驾驶员职业技能竞赛在镇江航空教育小镇举行。

南阳航空文化小镇由中科博阳（北京）空间信息技术有限公司建设。拟建设的项目包括空间技术学院、无人机大学城、教育培训基地、会展博览中心、科普基地、无人机生产研发基地、院士实验基地及博士工作站、大数据中心、无人机超市、张衡主题文化公园、主题秀、国际无人机休闲爱好者度假公园等。

黎阳航空小镇位于贵州省安顺市平坝区，依托国家三线建设，黎阳厂旧厂址建设而成，由航空广场、航空展览馆、群众文化服务中心等组成，已发展为国家 AAA 级旅游景区，门票价格为每张 50 元。黎阳航空小镇可依托省内独特资源，面向中小学生大力开展研学活动，增强爱国主义教育。还可依托现有基础，充分吸纳国内外通用航空小镇的建设经验，打造升级版黎阳航空小镇。

第十二节 飞行营地

飞行营地一般包括飞行活动区、服务区、产业区和辐射区等功能板块，是发展通用航空产业的重要载体。相对而言，飞行服务区对基础设施的总体要求较低，其建设也比较灵活，各地可以根据自身情况选择主题突出的飞行营地，凸显特色，建立优势，避免恶性竞争。

美国加州纳帕谷热气球飞行营地，主要提供专业的热气球运动服务。营地有众多热气球飞行俱乐部，周边有大片的草坪和农田，所在城市设置了热气球飞行俱乐部接待中心。美国 Morningside Flight Park 以动力伞、滑翔伞、悬挂式滑翔翼、悬挂式双人滑翔翼和轻型运动飞机为主，借助山坡的地形，设置了山顶起飞点、山下降落区和各种级别练习坡道，是较为综合的飞行营地。

我国飞行营地的出现并不晚。从 1950 年起，一些城市相继建立了跳伞塔，同时建设了最早的一批飞行运动基地，29 个省份建立了地方航空俱乐部。

2020 年 5 月，国家体育总局航空无线电模型运动管理中心和中国航空运动协会制定了《航空飞行营地设施及空域标准细则》，明确飞行营地包括滑翔机项目营地、特技飞行项目营地、动力悬挂滑翔机营地、轻型飞机营地、直升机项目营地、自转旋翼机项目营地、热气球与飞艇项目营地、悬挂滑翔翼项目营地、滑翔伞项目营地、动力伞项目营地、航空模型项目营地、运动类航空器水上飞行营地、跳伞项目飞行营地十三类。2020 年 5 月，中国航空运动协会印发《航空飞行营地申请办法》（中航协字〔2020〕8 号）。截至 2022 年，共有 5 批次

382 家航空飞行营地由中国航空运动协会命名，其中，第一批有 50家、第二批有 87 家、第三批有 56 家、第四批有 69 家、第五批有120 家。

湖北省武汉市汉南区航空飞行营地占地面积约为 61 公顷，以航空体育运动休闲为切入点，举办了世界飞行者大会等活动，其目标是助力将武汉市打造为中国航空运动产业中心。

山东费县许家崖航空飞行营地，由该县人民政府与中体飞行、大地风景集团共同建设，位于许家崖水库西侧，占地面积约为 253 公顷，机场跑道长 1400 米。飞行营地包含山地滑翔、陆上飞行和水上飞行等项目，营地内几乎可开展所有运动类航空项目，同时与周边城镇的发展相结合，建立了集航空、旅游、体育、农业等于一体的航空体育特色小康综合体。

杭州富阳景秀飞行营地占地 1000 亩，于 2018 年开始建设，具体包括航空飞行营地、航空俱乐部、四季果园、精品苗木园、室外射击场、户外运动基地、高尔夫训练场、卡丁车赛场、儿童乐园、休学梅园、花海蓝田、农耕文化体验园、富阳文化研修馆以及航空应急救援基地等。其中，飞行营地占地 150 亩，建设有草坪跑道、机库、VR 体验中心、飞行影院、航空咖啡吧、直升机停机坪、热气球起降场、少年营地中心、房车露营基地等设施。

湖南汨罗飞行营地位于湖南省汨罗市罗江镇夕揽洲田园综合体内，占地面积为 520 亩，建设有游客服务中心、机库、机坪、跑道、直升机停机坪、卡丁车越野赛道、员工生活中心和飞行员之家等设施，已有通用航空企业入驻营地并开展直升机和固定翼飞机飞行培训活动。按照规划，还将建设航空俱乐部、热气球广场、飞行训练中心、无人机与航模训练基地、营地教育中心、国防教育训练中心、拓展训练基地和房车营地等项目，目标是建成湖南省航空应急救援基地、湖南省全民国防教育基地和湖南省青少年素质教育实践基地。

　　建设飞行营地需要有关资源作为支撑，以下几个因素起着至关重要的作用。一是天气好。晴朗的天气有利于开展飞行活动，如果天气不好，飞行活动不能顺利开展，经营效益会受到很大影响。通过分析某地历年来的气候，可以得出其适合飞行的天数占全年的比例，进而判断其是否适合建设飞行营地。如果选址不当，将影响飞行营地使用率，导致投资失败。二是风光秀丽。飞行活动主要以观光为主，景区资源是吸引飞行爱好者的重要法宝，没有此类资源，将对很多消费者失去吸引力。三是离有消费能力的城市比较近且交通方便。是否具有一批消费实力和消费意愿强的本地消费人群，对飞行营地能否成功经营具有决定性作用。有分析认为，飞行营地距离城市的距离最好在20千米左右。

　　适合建设飞行营地的空域一般在1500米以下，我国飞行营地申请的临时空域一般为真高1000米以下。飞行营地一般建在有一定坡度易于飞行器起飞的比较开阔的地方。气流特点也对某类飞行器的选址有影响，如一些气流具有上升特点的山区就比较适合建立无动力滑翔伞飞行营地。飞行营地不一定需要跑道，地块大小也比较灵活，如果只用于热气球、系留气球等悬浮类航空器飞行，其起降区占地面积比较小，营地总面积也可以较小。如果要供固定翼飞机起降，则需要较大的场地，飞行营地的总面积相应也比较大。例如，法国G1飞机虽然只需要100米长、6米宽的跑道即可满足起降要求，但与直升机、热气球等航空器的起降点要求相比，所需场地面积还是要大不少。在具体建设过程中，完全可以根据地形条件和所处位置等因素，合理决定营地的功能和规模。条件较好的地方，可以规划为功能比较完备的综合性营地，根据业务发展需要逐步拓展完善；条件一般的地方，则可规划建设为功能单一的起降点。

　　中国航空规划设计研究总院有限公司对美国多数有跑道的营地进行的调查表明，此类飞行营地的规模为3~60公顷，平均规模为20公顷，形状多呈长方形；飞行营地跑道长度多为800米左右，宽度为15~30米，方向一般与当地的主风向相逆；营地总平面长度在1000~1200米，宽度在100~300米，周边的停机位或者服务设施的占地面积根据会员数量或服务的飞行器数量而定。飞行营地对土地面积的要求比较容易得到满足。根据美国的实践，即使是带跑道的飞行营地，有形状合适的45亩土地即可满足。国家体育总局航空无线电模型运动管理中心和中国航空运动协会发布的《航空飞行营地设施及空域标准细则》明确，各类需要跑道的飞行营地项目的跑道最低标准为400米长、10米宽，即面积至少有4000平方米，占地面积约6亩。在跑道的基础上，配以必要的设施，即可建成简易的飞行营地。而其他功能设施的配备，在大小、形状上并没有具体的规定，完全可以因地制宜。贵州虽然山地多，但在比较开阔的地带找一片适合建简易跑道的地方并不困难，飞行营地的建设比较容易。

对于无跑道的飞行营地，更加容易选址。而且由于不需要对土地进行硬化，在土地使用获批方面门槛也比较低。我国《航空飞行营地设施及空域标准细则》，对热气球与飞艇项目营地起降场地的规定为"有能满足热气球和飞艇起飞、着陆的场地；起飞、着陆场地应平坦、开阔；热气球最小系留场地的长度和宽度不低于球体高度或艇身长度的2倍，且在场地周边设有安全标志"。

贵州省目前低空开放程度比较低，可考虑本着先易后难的原则，充分利用旅游闲置资产，争取空军支持划设若干范围有限的低空空域，大力发展系留气球飞行营地，如低空游览、游学等，以盘活存量资产，丰富旅游产品，提高经济效益。

凯里香炉山景区，项目建设地点位于凯里市西北15千米处，以凯里香炉山为重要支撑，景区规划区域面积约16平方千米，涉及万潮镇和龙场镇两个镇和5个行政村。香炉山海拔1200余米，四面石崖绝壁，形如香炉，故名香炉山，仅一线小道盘旋而上，方圆15千米，山上花木茂密，云雾缭绕，有肥田沃土、深井细流，还有古代营盘和寺庙等遗址，观赏性很强。目前已硬化不少土地并建成部分房屋，拥有较大的广场和室外空间。可以充分利用广场建设浮空飞行器体验基地，吸引凯里市及周边区域居民以及外来游客体验系留气球等项目。因为场地已经实现完全硬化，在基础设施上不再需要进行投资，所以项目启动门槛低、风险小、招商引资容易（气球造价低，投资回收会比较快），如能得到军方批准，只需要理顺关系即可开展建设。系留气球可以在景区内香炉山山顶和药王谷之间来回飞行，体验者可以在空中观赏香炉山的奇特造型，以及凯里市的城市风貌。通过系留气球项目吸引游客，可以带动当地餐饮和住宿的发展，盘活部分已经建成的酒店、民宿等设施，推动当地旅游业发展。

黄果树湿地公园也是运营系留气球项目的理想场地。黄果树国家湿地公园规划建设区域为 8307 亩，包含了石头寨、陡坡塘瀑布、黄果树大瀑布、滑石哨、天星桥、红岩、郎宫等观赏性较强的景点，以及匠庐·阅山等贵州省境内著名的民宿。如果在湿地公园中选择适当的地方（不影响大瀑布景观）作为系留气球起降点，就可从空中观赏黄果树大瀑布、天星桥等景区内景点，也可欣赏陡坡塘瀑布、霸陵河大桥等周边景观，从而实现分流地面游客、增加深度旅游内容、提高旅游收入等目的。

紫云县格凸河风景名胜区为国家级风景名胜区，也适合发展系留气球项目。紫云县格凸河风景名胜区距离安顺 103 千米，距离贵阳主城 164 千米，总面积为 18.6 平方千米，集岩溶、山、水、洞、石、林于一体，具有雄、奇、险、峻等特点，是典型的喀斯特自然公园。格凸河风景名胜区是中国自然与文化双遗产地，2006 年入选中国最美的地方，是贵州省授牌的省级攀岩运动基地。1999 年 8 月 13 日，法国科学院博士、地理学教授理查德·迈椰第三次到紫云考察后说："最美的喀斯特地貌集中在热带国家，中国多集中在贵州，占全世界 70% 的

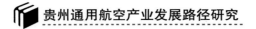

安顺地区是喀斯特地貌最多、最集中的地区，紫云格凸河喀斯特地貌是世界上最美的地方之一。"

除黔东南州香炉山风景区、安顺市黄果树湿地公园、安顺市紫云县格凸河风景名胜区之外，贵州适合开展系留气球的地方还有很多，如遵义市海龙屯、铜仁市梵净山、黔西南州万峰林、毕节市赫章县韭菜坪、六盘水市牂牁江等。

第九章　贵州通用航空产业
效益与规模分析

第一节　效益

国际上有关人士分析，人均 GDP 超过 1000 美元时，消费以家电为主；人均 GDP 超过 2000 美元时，家庭汽车消费开始；人均 GDP 超过 4000 美元时，飞机将进入家庭[①]。从美国等通用航空产业较发达国家的情况来看，当人均 GDP 超过 4000 美元后，美国通用航空产业维持了 30 年 10% 的年均增速，加拿大增速达到了 8%，巴西增速也达到了 6%。

从我国的情况来看，这种分析也不无道理。2003 年，我国人均 GDP 突破 1000 美元，达 1270 美元。家电主要产品产销量大幅增长[②]，冰箱产量达 2242.56 万台，同比增长 40%；洗衣机产量达 1964.46 万台，同比增长 23%；空调产量为 4820.86 万台，同比增长 53.77%；电视机产量为 6541.4 万台，同比增长 26.89%。2004 年，我国冰箱产量

[①]　金伟，高远洋. 中国战略性新兴产业研究与发展·通用航空［M］. 北京：机械工业出版社，2021：8.

[②]　国家统计局工业统计司. 2023 中国工业统计年鉴［M］. 北京：中国统计出版社，2024：19-21.

为 3007.59 万台，同比增长 34.11%；洗衣机产量为 2533.41 万台，同比增长 28.96%；房间空调器产量为 6390.33 万台，同比增长 32.56%；彩电产量为 7431.83 万台，同比增长 13.61%。2006 年，中国人均 GDP 突破 2000 美元，达 2280 美元，当年我国汽车产销量均超过 720 万辆，同比增长 25%，总销量超过日本，成为世界上仅次于美国的第二大汽车消费国。2007 年，中国汽车产销量达 830 万辆，增幅达 16.3%，继续维持了较高增长态势，保持了世界第二大汽车消费国地位。从家电消费和汽车消费来看，当我国人均 GDP 达到 1000 美元和 2000 美元时，都分别出现了家电销量和汽车销量同比高速增长的现象，这表明经济发展水平与消费升级之间存在密切的正相关性。

与经济发展水平相比，我国较早考虑到了通用航空的发展。1986 年，国务院出台了《关于通用航空管理的暂行规定》，明确凡使用航空器从事为工业、农业、林业、牧业、渔业生产和国家建设服务的飞行作业，以及从事医疗卫生、抢险救灾、海洋及环境监测、科学实验、教育训练、文化体育及游览等飞行活动的，均统称为通用航空。但受限于经济发展水平等多方面因素，我国通用航空产业的发展比较缓慢。

2010 年，我国人均 GDP 突破 4000 美元，达 4628 美元，迈过了飞机进入家庭的门槛。多年经济的持续高速增长，我国出现了一批数量可观的高净值人群，即高资产人群。他们对通用航空的消费类需求如公务飞行、私人娱乐和旅游等迅速增长，预计将会形成万亿元规模市场[①]。2010 年是我国通用航空业发展史上具有重要意义的一年。这一年，国务院组织 25 个相关机构，编制了《国家航空应急救援体系规划研究报告》，明确了通用航空在国家应急救援体系中的重要作用；国务院、中央军委联合颁布了《关于深化我国低空空域管理改革的意

---

① 金伟，高远洋. 中国战略性新兴产业研究与发展·通用航空［M］. 北京：机械工业出版社，2021：319.

见》，提出逐步开放 1000 米以下的空域，这为通用航空产业的发展创造了条件。2010 年"是我国通用航空大发展的一个重要历史转折点，由此开辟了我国通用航空事业的新篇章"[①]。

通用航空业需依托一定的经济水平才能发展壮大，同时由于其具有较强的带动能力，可推动经济加快发展，实现量质齐升。一般来说，通用航空产业与经济发展水平之间的相关性最为密切，尤其是受到消费能力的影响。与其他因素相比，经济因素是决定性的。如果没有一定的购买能力支撑，即使政府主导选择发展通用航空业，也会因为基础不牢固而难以取得理想的效果。当一国居民的收入提高到一定水平时，就可以选择发展通用航空业。当然，经济发展水平达到可以发展某类产业的程度，并不意味着必然发展该产业，还要根据其他具体情况进行研判，或者根据形势的需要做出取舍。

发展通用航空产业对经济的贡献是多方面的。从总量来看，通用航空业产业链条上的每个环节，都包含丰富的经济活动，能够带来工资、税收甚至利润等方面的增量，产生实实在在的 GDP。从质量来看，通用航空器作为一种全新的产品，具有产业链条长、技术含量高、附加值高等特点。通用航空飞行活动作为一种全新的经济活动，使人类活动空间从地面和水面延伸到天空，可以创造更高的价值。通用航空业往往比其他产业更具有带动能力。以与汽车的比较为例，国际经验表明，通用航空的投入产出比约为 1∶10，汽车的投入产出比约为 1∶4[②]。汽车产业由于产业链条长，是带动作用十分强的产业，而通用航空产业的带动能力是汽车产业的 2.5 倍。通用航空产业一旦走上健康轨道，对国民经济的贡献将十分可观。

经济发展水平只是通用航空产业发展的必要条件，并非充分条件。

---

① 金伟，高远洋. 中国战略性新兴产业研究与发展·通用航空 [M]. 北京：机械工业出版社，2021：33.

② 金伟，高远洋. 中国战略性新兴产业研究与发展·通用航空 [M]. 北京：机械工业出版社，2021：8.

除经济发展水平外，影响通用航空产业发展的有关因素，还包括政策支持、人才基础、机场条件、空域环境、气候条件、地貌植被等自然资源环境、安全水平、行业竞争、人口规模、人口素质、地域文化、国防战略规划、工业基础、政府战略选择等若干因素。

2022 年，贵州人均 GDP 达 0.785 万美元，已经远远超过通航飞机进入家庭的标准——4000 美元。从高收入群体来看，贵州省在酱香白酒、煤炭、矿产资源、农特产品、建筑施工、商业贸易、餐饮等行业具有一批效益较好的公司和收入较高的个人，他们具有较强的消费能力，是有条件购置并使用通航飞机的消费群体。但是，贵州省的通用航空产业发展还处于比较低的水平，通用飞机机队规模小，私人拥有的通航飞机寥寥无几。

通用航空在农村地区大有用武之地。从国际上一些国家的实践来看，通用航空与人口密度之间有一定关系，人口稀少的地方，通用航空产业有机会得到更充分的发展。在这些地方，如果通过地面交通连接每家每户，则意味着巨大的投资和很低的使用率，经济效益十分低下。毫无疑问，地面交通将占据农田、森林、草地、湖泊等自然资源，在山多的地方意味着还会对山体进行切割，加重对地貌的破坏，影响动植物生长生活环境，造成自然资源的巨大损失。由于人口稀少，道路使用率不高，易造成大量浪费。相较而言，这些地方发展通用航空更加合算。通用航空不需要漫长的地面硬化道路支持，只需在居住地和少数作业点建立占地面积较小的起降点即可，这在使交通通行效率更高的同时避免了对自然资源不必要的破坏。在发达国家一些地广人稀的地区，通用航空往往能够得到更为充分的发展。

美国阿拉斯加州就是一个通用航空比较发达的地方。阿拉斯加州远离美国本土，面积约 150 万平方千米，约占美国国土面积的 16%，是美国面积最大的一个州；其人口约 75 万，仅为美国总人口的约 0.2%。如果从人口密度来看，每平方千米为 0.5 人，为美国人口密度

（每平方千米约35.5人）的1.4%；主要产业为渔业、矿业、林业、旅游业和农业，约一半人口居住在农村。阿拉斯加州的人口极其稀少，但通用航空产业却很发达，"拥有机场734个，跑道1200多条，飞机10000多架，活跃通用飞机5526架，2014年通用航空飞行67.4万小时，飞行员14000余人，拥有飞行执照8032本，相对于当地的人口来说，每70个人就拥有1架飞机，每50个人中就有1个人是飞行员；航空业给阿拉斯加州带来了47000个直接和间接就业机会，占平均就业机会的10%；社区机场人均旅客吞吐量是美国其他乡村社区机场的8倍，人均货物吞吐量是美国其他乡村社区机场的39倍"①。相较而言，2023年美国每1550人才拥有1架私人飞机，每530人才拥有1名飞行员。可见，美国阿拉斯加州通用航空业的发展水平要远高于全美平均水平。根据当地生产生活需要，阿拉斯加州拥有不少通勤航空公司、空中出租公司提供相关服务。在基础设施方面，阿拉斯加州的通航机场往往简单却高效，有的机场只有一条跑道、一个停机坪、除雪和飞行区维护设备，有的甚至只有2个人就能保障机场正常运行。此外，为了便利居民出行，当地在安检方面执行了非常低的标准，乘坐50座以下航空器的旅客甚至不需要安全检查，旅客直接到登机口凭机票和身份证明即可登机，不用安检，送行人员也可以直接将人送到登机口。此外，在该州，通勤航空公司和空中出租公司必须为旅客办理保险手续。总体上看，在阿拉斯加州，乘坐通用航空器出行与乘坐公共汽车出行同样方便。高度发达的通用航空业是阿拉斯加州经济的重要组成部分。2007年，航空业为阿拉斯加州经济贡献了35亿美元，占该州当年GDP（440亿美元）的8%；2009年，科迪亚克机场所有与旅客、邮件及货物相关的航空收入估算达3270万美元，提供了139

---

① 于一，刘菲，管祥明．我国通用航空市场与战略研究［M］．北京：中国民航出版社，2021（36）：43-44.

个直接就业岗位，共发出 600 万美元工资和奖金①。

  贵州多山，92.5%为山地和丘陵，是我国唯一没有平原支撑的省份，有九山半水半分田之称。贵州的山虽然总体上相对高度不是很高，但山坡往往较陡，这样的地貌特征，使公路弯道较多、路线较长、对山体的切割较大、对地貌的侵蚀和对自然资源的侵害较大。例如，从贵阳龙洞堡机场到兴义万峰林机场，从距离来看，陆路最短距离为325 千米，而飞行距离约为 305 千米；从时间来看，以高速公路为主的陆路约需 4 小时，而飞行仅需 1 小时左右。这是城市间依靠高速公路和飞行器连接的比较。如果是广大没有高速公路的乡村，陆路距离与空中距离的差距更大。这些年，通过大力建设，贵州已经实现了县县通高速公路，交通条件得到了极大改善，通行效率得到了极大提升。但是，很多乡镇和村，仍然无法通高速公路，也不可能每个乡镇和每个村都通高速公路，一般情况下没有必要。在这种情况下，机动性强的通用航空可以成为乡镇和村高效率通行的有益补充，在以下两方面发挥重要作用。

  一方面，作为交通工具大大提高通行效率。如果乘坐汽车从县城或者地级市所在地到达某个乡镇、村落或者某个山坡山脊，往往需要数小时；而乘坐通用航空器数十分钟即可。尤其是那些具有文化特色和景观价值又远离高速公路的村庄和自然风景区，如从江县岜沙苗寨、占里侗寨（以男女平衡出名）、台江县登鲁村（拥有上万棵稀有名贵树木——金丝楠木）、赫章县韭菜坪、盘州市乌蒙大草原等，拥有独特的旅游资源，但交通不便，如果有通用航空支持，它们有望得到更好的旅游开发。

  另一方面，作为物流工具可提高运输效率。在零散物件的高效率运输方面，通用航空大有用处。为了帮助一些山高路远、交通不便的

---

  ① 于一，刘菲，管祥明. 我国通用航空市场与战略研究［M］. 北京：中国民航出版社，2021：46-47.

村庄解决运输难的问题，有人借鉴空中缆车的做法提出了安装物流索道的方案，主要方式是建立连接高速公路服务区与村庄的搭载货柜的索道，为某个村庄提供低频次物流运输服务。但是，这样做，不仅涉及不小的固定资产投入，灵活性不够，使用率低，且由于生态保护等原因很难获得批准。通用航空则不涉及破坏地表的问题，而且能够提供灵活服务，是完善偏远农村交通网络的更好选择。此外，农村大量农产品采摘收割后，也可通过通用航空进行运量更大、时间更快的运输，从而大大提高农产品运输效率。通用航空业在农村的作用和意义，远不只交通和物流，还包括观光、植保、应急救援等。以农业植保为例，根据国内外实践及相关测算，使用通用航空器作为生产工具开展有关作业，其效率是人工作业的百倍甚至数百倍，即使与地面机械相比，通用航空器的作业效率也是其 10 倍以上。农业劳动生产力的提高，将极大增强农业竞争力，大大解放农村劳动力，推动全社会生产力的提高，并扩大社会消费，促进整体繁荣。

目前，为了发展通用航空产业，国内不少地方出台了通用航空产业发展政策，目的是在经济发展水平已经具备相应条件的情况下，解决其他制约产业发展的问题。江西出台了《关于促进通用航空业发展的实施意见》《加快推进通用航空产业发展的若干措施》《江西省通用机场布局规划（2016—2030 年）》《江西省直升机起降点布局规划（2017—2030 年）》《关于全省各设区市购买通用航空公共服务的暂行办法》等。从周边省份来看，广西出台了《关于促进通用航空业发展的实施意见》《广西通用机场布局规划方案》等，云南出台了《云南省人民政府办公厅关于促进通用航空业发展的实施意见》（云政办发〔2016〕121 号）等，四川出台了《四川省通用机场布局规划（2016—2030 年）》《四川省通用航空产业发展规划（2019—2025 年）》等，重庆出台了《重庆市通用航空业发展行动计划（2017—2019 年）》等。

贵州省出台了《贵州省通用航空产业发展规划（2018—2025年）》《贵州省通用机场布局规划（2016—2030年）》等。虽然各地都出台了政策，但通用航空产业的发展极其不平衡。如何充分发挥自身优势，利用好政策红利，在激烈的竞争中找准方向和突破口，不但需要营商环境的支撑，更需要积极的探索和艰辛的努力。

第二节　规模测算

通用航空产业主要包括通用航空制造（不仅指通用航空器整机制造，还包括零部件制造）、通用航空运营（如飞行、托管、租赁等）、通用航空服务（通用航空器维修保养等），每个环节都能带动就业、税收，具有较高的经济价值。上述三大业务板块的市场价值占比大致为 3∶4∶3，即通用航空制造的市场价值占总市场价值的 30%、通用航空运营的市场价值占总市场价值的 40%、通用航空服务的市场价值占总市场价值的 30%[①]。美国通用航空产业发达，每年的直接收入超过 2000 亿美元，带动 120 万人就业。如果算上间接收益，其经济价值将呈倍数增长。通用航空产业带来了生产效率的提高和生命财产损失的降低，其价值难以估量。

在制造环节，整机制造所占的比重并不高。根据美国的分析数据，通用航空整机制造只占通用航空制造总产值的 16% 左右，每生产 100 亿元的产值，只有 16 亿元来自整机制造。绝大部分制造价值是由通用航空零部件贡献的。原因在于，通航飞机在使用过程中需要不断进行维修维护并更换零部件，且需求量大。可见，即使单就制造环节而言，通航飞机的带动能力就很强。

此外，在通用航空产业发展初期，还将产生明显的基础设施建设

---

① 金伟，高远洋. 中国战略性新兴产业研究与发展·通用航空［M］. 北京：机械工业出版社，2021：71.

效应，拉动建材等行业的发展。通用航空产业要取得大发展，必须有一定数量的、网络化的机场系统和起降点支持。如果只在某个地方建设1个或者有限的几个通航机场，则发展将受到很大限制。基础设施建设投资一般较大，带动能力较强，可在特定时段内对经济发展起到明显的支撑作用。起降点虽然单个投资较小，但因为数量多，加起来的总投资也不小。而且，由于起降点占地面积小、对设施设备的要求简单，建设起降点有利于利用平时用不到或者很少用到的空地、断头路等，让闲置资产充分发挥作用。

按照金伟对我国活塞式飞机、涡桨飞机、喷气公务机和直升机四种通用航空器的预测分析，到2035年，整个通用航空的市场规模可达到30000亿元。具体方法如下。

通过航空器数量预测市场价值，采取与GDP挂钩的方式进行分析，每年保持10%~15%的增速；活塞式飞机、涡桨飞机、喷气公务机和直升机占比为40%、18%、12%和30%，各自单价分别约为300万元、2500万元、1.2亿元和2000万元，按市场上飞行器类别的比重计算出平均单价约为2610万元。到2035年，我国通用航空市场规模将达到4595亿~9358亿元。按国产通用航空器目前的市场占比为20%计算，国产通用航空器的市场规模将达到919亿元；按国产通用航空器的市场占比为50%计算，国产通用航空器的市场规模将达到2298亿元。我国每年新增的通用航空器数量在400架左右，市场价值预计为100亿元。其中，10%的新增航空器是国产飞机，价值约10亿元。按此计算，到2035年，我国通用航空器注册数量将达到17001架（按照增速10%计算），乐观估计将达到34623架（按照增速15%计算）；如果按每年新增400架计算，通用航空器的新增市场规模预计为1600亿元；如果按照注册飞机数量10%或15%的增速计算，通用航空器的新增市场规模总计将达到4437亿~9037亿元，三者平均约为5000亿元。其中，国产通用航空器的新增市场规模为500亿（在新增市场中占比

10%）～2500 亿元（在新增市场中占比为 50%）。如果按照通用航空
1：12 的产业拉动效应计算，整个通用航空的市场规模将被拉动到
30000 亿元。[①]

金伟的计算，从范围上来讲还没有包括无人机特别是定价从几百
元到几万元的消费级无人机、飞艇、热气球等通用航空器的市场规模。
这几类产品虽然单价较低，但消费群体巨大，在通用航空产业中有十
分重要的地位。

就贵州通用航空产业规模而言，根据中国民用航空局"到
2025 年，中国低空经济市场规模预计将达到 1.5 万亿元，到 2035 年有
望达到 3.5 万亿元"的预测，如果贵州省低空产业发展达到全国平均
水平，按全省人口约为全国人口的 2.74% 推算，到 2027 年，全省低空
经济规模将达到 500 亿元。目前通用航空产业经济规模约占低空经济
规模的 75% 左右[②]，按此测算，2027 年贵州通用航空产业市场规模将
在 400 亿元左右。若如期实现《贵州省通用航空产业发展规划
（2018—2025 年）》提出的"到 2025 年全省通用航空产业产值规模超
过 300 亿元"规划预期目标，2026 年、2027 年按照年平均增长 15% 左
右推算，到 2027 年，全省通用航空产业规模将接近 400 亿元。

作为参照，全国多地通用航空产业规划中对经济规模的预计都达
数百亿元，甚至数千亿元。《安徽省加快培育发展低空经济实施方案
（2024—2027 年）及若干措施》提出，到 2025 年，低空经济规模力争
达到 600 亿元。湖南省低空空域协同运行管理委员会第三次全体会议
上，湖南省省委副书记、省长毛伟明强调，力争到 2025 年，全省低空
经济领域规模以上企业超 20 家，低空经济总产值达 1600 亿元。《芜湖
市低空经济高质量发展行动方案（2023—2025 年）》提出，到

---

① 金伟，高远洋. 中国战略性新兴产业研究与发展·通用航空［M］. 北京：机械工业出版
社，2021：331.
② 工业和信息化部赛迪研究院发布的《中国低空经济发展白皮书（2024）》显示，
2023 年我国低空经济规模达到 5059.5 亿元，民用无人机产业规模达 1200 亿元。

2025 年，低空经济相关企业数量突破 300 家，低空产业产值达到 500 亿元。《苏州市低空经济高质量发展实施方案（2024—2026 年）》提出，力争到 2026 年将苏州市打造成为全国低空经济示范区，力争聚集产业链相关企业 500 家，产业规模达 600 亿元。《广州低空经济发展规划》提出，到 2027 年，广州市低空经济总规模达到 2100 亿元，到 2035 年达到 6500 亿元。深圳市交通运输局公布的数据显示，截至 2023 年底，深圳市无人机企业已达到 1730 多家，年产值 960 亿元，乐观预计，到 2026 年，低空经济规模将达到 10644.6 亿元。在上述各省、市的规划中，最低的为安徽省芜湖市，预计 2025 年通用航空产业产值约 400 亿元，最高的为深圳市，预计 2026 年通用航空产业产值超过 7500 亿元（按通用航空产业产值占低空经济的 75% 测算）。

第三节　竞争形势

从国际环境来看，企业的市场准入随着我国开放的进一步深化而变得更加便利，国外历史悠久的通用航空企业为获得更大市场份额将涌入中国市场，这使国内通用航空企业的发展环境和竞争环境发生很大变化。《政府核准的投资项目目录（2016 年本）》明确，6 吨/9 座以下通用飞机和 3 吨以下直升机制造项目由省级政府核准，这为地方政府引进通用航空项目创造了更加便捷的条件。2017 年，国家发展改革委、商务部发布的《外商投资产业指导目录》和《外商投资准入特别管理措施（负面清单）》，"取消干线和支线飞机设计、制造与维修，3t 级及以上直升机设计与制造，地面、水面效应航行器制造及无人机、浮空器设计与制造须由中方控股的限制"，并"取消通用飞机设计、制造与维修限于合资、合作的限制"。新的文件精神，允许国外企业更加便捷地涌入我国。从促进我国通用航空产业整体进步和经济发展方面来看，这是十分有利的。但是，由于国外的公司拥有技术、资金、人才以及各类经验等方面的优势，我国本土通用航空产业的发展将造成巨大压力。尤其是短期来看，这将给国内通用航空企业带来严峻挑战。

从国内环境来看，在国家不断出台政策支持通用航空产业发展的背景下，各地政府都争先恐后地抢抓机遇，所有省份都出台了通用航空产业政策，将通用航空产业视为推动当地经济社会发展的新动力，大力推动基础设施建设，大力开展招商引资，大力发展通用航空制造业、服务业以及相关产业。一些省份的发展已经取得了初步成效并展现出良好的发展前景，初步形成了先发优势。江西、河南等省份明确提出将通用航空产业打造为千亿级产业的目标。

从区域来看，在相邻省份中，湖南省和四川省的工作力度最大，取得的效果也最明显。这两个省份工作力度较大、措施较实，在通用航空制造和运营等方面，不仅取得了区域性优势，也走在了全国前列。特别是湖南省，明确要将通用航空产业打造为万亿级产业。从面积来看，湖南省面积为21.18万平方千米，比贵州省的17.62万平方千米多3.56万平方千米，约为后者的120%。从常住人口来看，截至2022年末，湖南省常住人口约为6600万，比贵州省常住人口3856万多了2744万，约为其的171%。从所辖区域来看，湖南省有13个地级市，比贵州9个市（州）多4个。从地区生产总值来看，2023年湖南省地区生产总值为5.00万亿元，比贵州省2023年地区生产总值2.09万亿元高2.91万亿元，约为其的239%。作为与贵州省相邻的中部省份，湖南省的地域面积更广、人口更多、经济发展水平更高，其对通用航空产业发展的规划，对贵州省航空产业发展具有重要的参考价值和借鉴意义，同时也带来了较大的竞争压力。

从行业来看，高速铁路和高速公路的发展和完善使通用航空产业特别是通用航空短途运输业务的发展面临着巨大的阻碍。现代交通最关键的竞争力是方便快捷且成本较低。由于高速铁路站距离城市一般较近，有的甚至在城市中心，安检相对简单，一般在较大的城市还与地铁等紧密联系在一起，出行十分方便，准点率也很高。再加上速度快、票价往往也更加便宜，高速铁路在中短途运输方面与民航客运飞机相比具有优势。我国高铁发展对人们交通出行方式的影响很好地说明了这一点。2008 年，国内高铁运输量仅为 784 万人次，航空运量为 1.9 亿人次；2012 年，高铁运量达到 3.89 亿人次，航空运量为 3.12 亿人次；2016 年，高铁客流总量达到了 12 亿人次左右，而民航旅客运量仅为 4.88 亿人次。高铁运行时长在 5 小时以内的线路，高铁具有市场优势；高铁运行时长为 3.5 小时左右的线路，民航在商务航线方面最高占有 65% 左右的市场份额，在以旅游休闲为主的线路上，至多只能维持到 30% 左右的市场份额；高铁运行时间在 1.5 小时以内的线路，民航市场基本丧失殆尽；高铁运行时长超过 6 小时的线路，航空具有明显优势。京沪高铁开通前，京沪航线的平均客座率达 90%，高铁开通之后京沪航线的客座率下滑了近 15%[①]。

---

① 金伟，高远洋. 中国战略性新兴产业研究与发展·通用航空 [M]. 北京：机械工业出版社，2021：325.

第十章 通用航空产业综合
示范区暨贵州航空产业城建设

　　通用航空产业综合示范区，可以理解为产业集群理论、产业链理论等经济学理论在实践中的应用。关于产业集群或者集聚理论，韦伯在《工业区位论》一书中，将区位因素分为区域因素和集聚因素。集聚因素又可分为两个阶段：第一阶段是企业自身的简单规模扩张导致的产业集中化，是产业集聚的低级阶段。第二阶段主要是大量企业以完善的组织方式集中于某一个地方，并引发更多的同类企业出现，这时大规模生产的显著优势就是有效的地方性集聚效应；集聚的成因包括交通条件和资源等特殊原因，以及共享辅助性服务和公共设施所带来的成本节约等一般原因。佩鲁的增长极理论认为，经济并不是在每个部门、行业按同一速度增长的，而是在不同部门、行业或地区按不同速度不平衡增长的。某些主导部门和有创新能力的行业集中于一些地区或大城市，以较快速度优先得到发展，形成"增长极"，再通过其吸引力和扩散力不断地扩大自身的规模并对所在部门和地区产生支配性影响，从而带动其他部门和地区的发展。

　　产业链是企业之间依照一定的经济技术要求，形成的一种新型空间组织链。产业链的动力特征主要包括优区位指向性特征、市场导向性和政府诱导性特征。优区位指向性特征是指对劳动力、资金、技术、人才、政策以及地理位置等都会有特殊的区位偏好，但这些都是可变的，随着时空的转换，特别是要素成本的变化，优区位也会发生变化。市场导向性是指市场的需求是多变的，产业链上的各个部门必须具有很强的适应性。政策诱导性特征是指政府制定的一些政策对产业链的发展具有非常重要的作用，不仅是对产业链的一种约束，更是一种发展上的指引。

此外，发展经济学理论、空间经济学理论、公共物品理论等，都可从不同角度为产业示范区的规划与建设提供指引或者支撑。[①]

2016 年 5 月 17 日，国务院办公厅出台了《关于促进通用航空业发展的指导意见》，提出要"优先在空域、土地等条件具备的地方，建设 50 个综合或专业示范区，促进通用航空业集聚发展"。

由国家发展改革委批复的通用航空产业综合示范区有 26 个，具体包含了北京市、天津市、河北省石家庄市、辽宁省沈阳市和大连市、吉林省吉林市、黑龙江省哈尔滨市、江苏省南京市、浙江省宁波市和绍兴市、安徽省芜湖市、江西省南昌市和景德镇市、山东省青岛市、河南省郑州市和安阳市、湖北省荆门市、湖南省株洲市、广东省深圳市和珠海市、重庆市、四川省成都市、贵州省安顺市、云南省昆明市、陕西省西安市、宁夏回族自治区银川市。

第一批通用航空产业示范城市中，有 9 个为地级市，占全部 26 个城市的 34.6%（略高于总数的 1/3），其他多数（接近总数的 2/3）为直辖市、省会城市和副省级城市。

在 9 个地级市中，贵州省安顺市是其中之一。从发展的基础条件来看，安顺市发展通航产业面临较大压力。从对通用航空产业影响较大的经济发展水平来看，安顺市是 9 个地级市中经济发展水平最低的，比江西景德镇还低 100 亿元以上，比排后三位的吉林省吉林市低 300

---

① 李学祥. 中国通用航空产业园区投融资与开发模式研究 [M]. 北京：气象出版社，2018：21-25.

亿元以上，比最高的浙江省绍兴市低 6000 亿元以上，比第二位低 3400 亿元左右，比第三位低 2900 亿元左右，与前三位的差距很大。从常住人口数量来看，安顺市仅多于江西省景德镇市。即使从土地面积来看，安顺市也不占优势，在 9 个地级市中排第四位，未进入前三。从影响消费能力的人均 GDP 来看，2022 年安顺市人均 GDP 仅高于吉林省吉林市（见表 10-1）。

表 10-1 国家发展改革委批复的第一批
通用航空产业综合示范区地级市有关情况

	土地面积 （平方千米）	2022 年长住人口 （万人）	2022 年 GDP （亿元）	2022 年人均 GDP （万元）
吉林省吉林市	27120	362	1518	4.2
浙江省绍兴市	8274	535	7351	13.7
安徽省芜湖市	6009	373	4502	12.1
江西省景德镇市	5256	162	1192	7.4
河南省安阳市	7413	542	2512	4.6
湖北省荆门市	12404	255	2201	8.6
湖南省株洲市	11262	387	3617	9.3
广东省珠海市	7653	248	4046	16.3
贵州省安顺市	9267	246	1081	4.4

资料来源：有关各地政府官方网站。

近年来示范区依托各自优势，都取得了一定成效。北京作为首都，积聚各方优势资源，依托中航工业等企业，在发展通用航空方面具有独特优势。西安、哈尔滨等作为省会城市及副省级城市，具有政策优势，且其航空制造业基础好。重庆是直辖市，也是西部制造业重镇，借助对外合作，其通用航空产业发展较快。青岛、深圳等副省级城市，既是制造业重镇，也是沿海城市。南京、石家庄、南昌、银川等是省会城市。景德镇、安顺等虽然城市较小，经济体量较小，但以军工企业作为重要支撑，其通航产业也取得了良好成效。在发展思路方面，各地在挖掘自身潜力、结合自身优势的同时，致力于探寻差异化的发展道路，以尽量避免同质化竞争。例如，吉林、银川等重点以通用航空旅游为特色，带动通用航空制造、服务等产业发展。安阳、荆门等重点以航空运动、航空文化创意、无人机研发制造等为特色产业。芜湖、绍兴等地致力于大力引进国外先进制造业，从通航飞机整机制造上下功夫，以期获得竞争优势。成都、珠海等积极推动低空空域管理改革试点建设，为通航飞机运营创造条件，再以此为基础带动制造业等业态的发展。各地结合自身特点，选择有差异化的发展路径十分值得肯定。通用航空产品种类繁多，每种品类又有很多种产品型号，为各地选择不同的道路提供了条件。此外，各地的自然禀赋和经济发展水平有较大差异，而通航服务于生产生活的多种运营方式也为差异化选择提供了可能。当然，由于试点城市比较多，要做到完全避免重复并不现实。

在通用航空制造业方面，通用航空产业示范区作出了积极的努力并取得了可喜的成效。珠海大型两栖飞机 AG600 于 2016 年总装下线，是我国自主研发的大型灭火/水上救援飞机，长 37 米、翼展达 38.8 米（与波音 737 相当），最大起飞重量可达 53.5 吨，20 秒内可一次吸水12 吨。沈阳锐翔 4 座电动飞机（RX4E），为全球首款申请 23 部飞机适航审定的四座纯电动飞机，最大起飞重量为 1200 千克，续航时间可达 1.5 小时，续航里程为 300 千米，适用于飞行培训、私人飞行、短途运输等领域，于 2023 年取证。南昌冠一通飞 GA20 飞机，最大续航里程可达到 1200 千米，巡航速度可达 265 千米/小时，2021 年 12 月取证试飞并在贵州旧州机场首飞成功。石家庄小鹰-500 飞机成功进入南非市场。空客青岛 H135 直升机实现交付。

石家庄通用航空产业综合示范区建设得到了河北省的大力支持。河北省出台了《关于促进通用航空业发展的意见》《促进通用航空产业发展贯彻落实方案》等文件。石家庄通用航空生产制造企业主要包括中航通飞华北飞机工业有限公司、河北恒拓电子科技有限公司等，运营及服务企业有中国宏泰产业市镇发展有限公司等。中航通飞华北公司具有多种型号通航飞机的生产能力，其主要产品包括小鹰-500、Y-5B 和塞斯纳凯旋 208B 等，小鹰-500 还成功出口到东南亚和南非等地。中航通飞华北公司还拥有石家庄爱飞客航空俱乐部、河北中航通用航空公司等运营企业。石家庄栾城通用航空产业园已初步形成以固定翼通用飞机为代表的通航产业体系。

景德镇通用航空产业综合示范区的直升机生产在国内具有重要地位，销量占国产直升机的 60% 以上，被誉为我国直升机工业的摇篮。景德镇市现有整机生产企业 3 家，配套企业 40 余家，主要包括航空工业直升机设计研究所、中航工业昌河飞机工业（集团）有限责任公司、江西明兴航空锻压有限公司、江西景航航空锻铸有限公司、上海和利通用航空有限公司景德镇分公司等，从业人员超过 1 万人，专业技术人员达 5000 人，各类试验和生产仪器有 7000 余台（套），具备总装、试飞、铆装、锻铸和机加工等能力。景德镇还具有较强的通用航空产业科研能力，拥有 1 个国家级科研单位、4 个省级以上技术中心、5 个科研机构、2 个国家级国际科技合作基地、1 个国家级高新技术产业开发区，昌河飞机工业（集团）有限责任公司下属的具有一级理化计量资质的理化检测中心、生产力促进中心等多个科技中介服务机构，以及航空工业直升机设计研究所（602 所）的直升机低速风洞实验室、电磁兼容实验室、噪声试验室、强度试验室、计量理化中心（具有相应国家资质）等一大批先进试验设施。

602 所是我国唯一以直升机设计、试验为主的综合性科研单位，也是我国唯一的直升机主机研究所。602 所拥有总体气动、结构强度、航电系统、旋翼设计、液压传动、飞行控制、环境控制等 40 多个专业和 16 个系统设计试验室，设备设施比较完整，技术实力雄厚，覆盖 1~3t 级直升机的常规设计、试验，试验手段先进、设施齐全。其中，旋翼试验塔、工程模拟器、地面联合试验台等设备设施填补了国内直升机行业的空白，相关能力达到了国际先进水平，直升机旋翼试验能力甚至已跻身世界先进行列。综合来看，景德镇市具备直升机的设计和系统集成核心技术，具备 1t（AC310、S300/S33）、2t（Z-11、AC311）、3t（A109）、5.2t（S-76）和 13t（AC313）等民用直升机及无人直升机的研发、生产能力，其中 AC311、AC313 等系列直升机还获得了民航局的 TC 适航证。景德镇市拥有吕蒙机场，以及上海和利通用航空有限公司分公司、江西通用航空有限公司、江西快线等通用航空运营企业，建有吕蒙通用航空小镇。

景德镇市虽然有传统军用航空技术基础，但既不是直辖市，也不是副省级城市或者省会城市，人口和土地面积都比较小，经济总量也比较小，取得目前的成绩很不容易，其做法和经验值得认真学习借鉴。

芜湖市在安徽省率先规划建设航空产业园，规划面积为 32 平方千米，其中起步区规划面积为 8.43 平方千米，重点发展通用航空产业和临空经济，规划包含专用机场、空港物流、整机制造、航空装备制造、航空维修、通用航空运营和航空主题公园（航空小镇）等功能板块。截至 2018 年，芜湖市已经引进通用飞机、无人机、高空风能设备、航空发动机、螺旋桨、复合材料、航电等项目。园区主要企业有中电科芜湖钻石飞机制造有限公司、芜湖万户航空航天科技有限公司和芜湖中科飞机制造有限公司、安徽航瑞航空动力装备有限公司、安徽华东光电技术研究所和安徽卓尔航空科技有限公司等。芜湖市在发展通用航空产业的过程中，十分重视国际合作，支持重点航空企业通过并购重组、资产整合和购买技术等方式发展壮大。中电科芜湖钻石飞机制造有限公司引进了奥地利钻石飞机公司 DA42（四座双发）、DA20（双座单发）两种型号的飞机，与德国西门子公司合作开发了混合动力通用飞机及电动驱动系统，与捷克 Evektor 公司开展了通用航空零部件制造合作；与 AG 公司、Advanced materials 公司、flytech 公司、

Garmin 公司等欧美知名企业进行了航空零部件、材料合作。此外，芜湖市还拥有三元通用机场、芜湖宣州机场等基础设施，产业链项目超过 40 个，与北京航空航天大学、中国民航大学、中信海洋直升机股份有限公司等建立了通用航空运营项目，有专门的航空产业园。

芜湖市发展通用航空产业得到了安徽省的大力支持，省级层面出台了《安徽省关于促进通用航空业发展的实施意见》《安徽省战略性新兴产业"十三五"发展规划》等。芜湖市自身也从政策、组织等方面大力推动通用航空产业的发展，编制了芜湖航空产业发展规划以及芜湖航空产业集聚发展基地实施方案，成立了以市长为组长的航空产业园建设领导小组，创建了安徽省通用航空协会。芜湖县则将芜湖航空产业园建设列入全县"十大工程"予以重点推进。此外，在对上争取方面，当地也积极帮助企业申报国家有关资金支持，加快推动通用发动机产品开发、航空螺旋桨研发生产等项目的建设。总的来看，芜湖市作为中部省份的一个地级市，以招商引资为抓手，积极引入国际优强企业，在园区建设、产业集聚、科技创新、重点产品开发等方面都取得了明显成效。

第一批通用航空产业示范区 9 个非省会地级市城市中，除上述提到的景德镇市和芜湖市外，其他各城市也结合自身资源禀赋和实际情况，大力推动通用航空产业的发展。

吉林市拥有山河科技轻型飞机、瀚星格莱赛尔飞机等生产型企业，二台子通用机场，水上飞机，中航货运杭校、山河通用航空吉林福航航空学院等机构，以及东北最大的 Y-5 维修基地、新舟 60 和波音 737 维修机库。

安阳市获批全国首批民用无人驾驶航空试验区，建成安阳航空培训与无人机产业园、安阳林州航空运动旅游产业园、安阳通航产业园，自 2009 年起已连续举办了 15 届航空节。

绍兴市拥有万丰航空工业公司（收购了奥地利钻石飞机公司）等

生产型企业、3 个通用机场、50 余家产业链企业，建有万丰航空小镇。

荆门市拥有 605 所浮空器、水陆两用飞机和超轻型飞机、晨龙天使飞机等航空器，建有漳河机场和冷水机场两个通用航空机场，有超过两家通用航空运营企业、15 家以上产业链相关企业，建有荆门航空产业园。

株洲市拥有山河飞机、中小型航空发动机等生产企业（产品占国内 90% 以上市场份额），建有芦淞通用机场，其产业链企业超过 34 家，规划建设了株洲航空城。

珠海市是航空工业通飞公司总部所在地，其主要产品包括 AG600、AG300 等航空器，设有珠海雁洲轻型飞机制造有限公司、珠海市海卫科技有限公司、珠海紫燕无人飞行器有限公司、珠海隆华直升机科技有限公司等通用航空制造企业，建有珠海通用机场，有 6 家通航运营公司。

安顺市军工航空企业实力较强，拥有航空工业贵州飞机有限公司整机生产厂，以及业内领先的安大航空锻造、安吉航空铸造、新安起落架生产公司等企业，其黎阳公司每年出口大量飞机发动机零部件。但在通用航空产业方面，目前安顺市尚未有很大突破，没有通航飞机整机生产厂，缺乏专用通用机场，不具备一定实力的通航运营公司，也没有具备通用飞机维修保障能力，在低空空域改革试点方面也尚未有突破。从规划层面来看，安顺市将培育 50 家以上产业链企业，建设 1 个通用航空枢纽基地、4~7 个通用机场、30 个起降点，打造覆盖安顺及黔中经济圈的通用机场网络和低空航线网络，建设具有飞机研发生产、航空维修、航空培训和保障服务功能的通用航空产业基地，逐步发展通用飞机和小型公务机产业，进一步研发民用无人机，形成谱系完整的通用飞机产品体系，力争航空产业经济规模达到 500 亿元。

此外，不少地方虽然未被列入国家发改委批复的第一批通用航空产业综合示范区，但也积极大力发展通航产业，如四川绵阳的通用航空小镇、山东菏泽的无人机生产研发基地、浙江平湖的中意直升机生产项目、安徽六安的美国流速飞机制造项目、江苏镇江的斯洛文尼亚蝙蝠电动飞机制造项目、江苏盐城的比利时胜利者 T300 直升机生产基地等。

面对激烈的竞争，承担发展通用航空产业责任的地方要想切实发挥作用，需要结合自身优势认真谋划。安顺市的优势在于以下几个方面：

（1）产业基础较好。得益于三线建设，国家于 20 世纪 60 年代起，在安顺建成了完整的飞机生产体系，打下了完整的航空工业基础，使得安顺市在铸造、飞机整装等方面都具有竞争力，且这些工艺和技术完全可以用于发展通用航空制造业。

（2）空域条件较好。安顺黄果树机场民航运输和军用航空飞行任务不是很重，可以充分发挥其兼顾航展、通航飞行等通用航空业务的作用。

（3）气候宜人，景区景点资源丰富，有利于发展通航低空旅游等业务，为通航产业发展提供坚实支撑。例如，黄果树风景名胜区每年吸引的大量海内外游客可为通航旅游业提供客源。

贵州省委省政府大力支持安顺发展航空产业，专门出台了《支持安顺市建设贵州航空产业城的若干政策措施》，明确要加快培育通用航空制造产业，具体措施如下：对新取得通用航空器整机和航空发动机型号合格证、生产许可证并实现市场化销售的航空企业，按规定统筹相关专项资金予以支持；鼓励有条件的 4A 级及以上景区建设航空飞行营地，开展"航空+文旅"、航空运动和低空娱乐等飞行项目，支持发展航空摄影、商务飞行等通航特色产业；通过政府购买服务的方式，支持航空企业开展应急救援、城市消防、森林防护、医疗卫生等公共服务飞行业务；支持航空企业在安顺市注册发展，开展覆盖全省的低空领域经营性项目。

第一节　充分发挥自身比较优势

任何地方的发展，一般都应基于自身比较优势。比较优势越突出，产业发展越容易，付出的代价越小，成功的可能性越大。反之亦然。安顺的比较优势在于，气候凉爽，空气清新，风景资源丰富，地貌多样，是全国知名的旅游城市，适合发展空中游览、跳伞等通航旅游项目，因而可以从大力发展通用航空运营起步，吸引国内外各通航运营公司前来开展业务。通航运营发展起来后，维修保养等业务自然应运而生，随后带动通用航空制造业的发展。

比较优势是相对的，不是绝对的。人无我有的稀缺性当然非常重要，但现实中往往并不存在。大多数情况下，所谓的比较优势，并非就此一处、别无分店，而是在一定的时空条件下，某个地方相比其他地方拥有更好的条件，好很多，或者好一些。比较优势也并非一成不变，随着时间的推移与空间的变化，相对优势也会发生变化。例如，国际经济中经常讲的，某些后发达地区具有人力资源比较优势，但随着经济的发展，人们的工资水平不断提高，原有的低工资优势逐渐缩小直至消失，其比较优势也随之丧失。

比较优势奠定了成功的基础，但并不意味着一定成功。一些地方虽然具有比较优势，但由于种种原因，并没有将这种优势转化为经济发展成果；反而是一些看起来没有优势的地方，通过努力，闯出了一片新天地。例如，江苏省、浙江省的一些地方从资源上来看，比较匮乏，却抓住了改革开放的机遇，大力发展制造业，成为世界上著名的制造业中心。一些地方，虽然资源比较丰富，地理位置也比较好，但并没有发展起来。这种反差，值得总结提炼。

第二节　建设完善基础设施网络

通用航空产业的发展，离不开基础设施的支撑，特别是网络化的基础设施的支撑。通用机场是通用航空产业发展中重要的基础设施。通用机场及起降点越多，通航业务的开展就越便捷高效，通航产业的发展就越有保障。如果只有一个通用机场，则通航产业的发展只能局限在有限的空间范围内。目前，安顺还没有专门的通用机场。黄果树机场是军民两用机场，虽然也可以供通用航空使用，但需要优先满足军机和民航运输机的使用需求。这使安顺通用航空业务的开展受到限制，不利于通用航空产业的快速发展，满足不了今后通航产业的发展需求。规划中的乐平通用机场，一直没有合适的投资主体。在这种情况下，可考虑先建立简易的单跑道草坪机场，以满足全地形通用飞机使用。这样的机场建设成本很低，可以通过招商引资或者争取国家有关资金支持的方式筹集资金。要先解决有没有的问题，再根据情况择时解决好不好的问题。根据跑道的特点，在全球范围内选择全地形通用飞机，同时加强自研能力，争取在省内生产此类机型。

在建设完善机场网络工作过程中，需量力而行，本着市场化原则逐步推进。要提升安顺黄果树机场通航能力，建设无人机试飞区和民通航空发展区，形成相对隔离和独立运行的飞行活动与业务区域；分别在平坝建设1个A1级机场，在镇宁县、关岭县、普定县、紫云县建设4个A2级机场，在全市建设30个A3级机场，机场类型包括飞行员培训机场、高端旅游专用机场、飞行技能表演机场、空中巡查机场、森林防护机场、农产品运输机场。按照A类通用机场建设标准，建设符合固定翼飞机、直升机、无人机等起落要求的通用综合型机场及水上培训中心；配套低空飞行信息服务保障系统，建设通用飞机、飞行器水上培训中心和飞行爱好者试飞基地。

同时，可以充分利用国有农场等闲置的符合条件的地块，在市内和省内建设多条单跑道草地简易通用机场，形成网络化格局。安顺市西秀区军马场等地，属国有农场，地势较平坦，可以对其原有道路等构筑物进行简单整治，形成简易通用机场。

第三节　走产学研用结合之路

产学研用结合，是产业发展成功的基本路径之一。它强调产业、学术、研究与实际应用的紧密联合，以促进知识和技术的转化，加速创新成果的产业化进程。在航空产业，尤其是通用航空产业中，这种模式的应用尤为关键。对于航空产业而言，法国图卢兹（面积为118平方千米，人口约为110万）的产学研结合比较有代表性，其成功经验值得借鉴。图卢兹汇集空中客车等约500家航空企业，以及包括法国国立民航大学在内的20多所高校和400余家科研院所，形成了一个完整的航空产业生态圈。这一产业生态圈不仅涵盖了航空器的研发、设计和制造，还包括航空教育、培训和相关服务，为航空产业的持续创新和发展提供了强大的支持。

对于通用航空产业而言，产学研用结合的模式同样适用，但需要更加注重与实际应用的紧密结合。通用航空产业因其广泛的应用领域和多样化的产品型号，为不同地区提供了丰富的使用场景和市场需求。例如，农业植保、森林防火、空中游览、紧急医疗救援、地质勘探等领域，都需要不同类型的通用航空器来满足特定的作业需求。在这样的背景下，各地应当根据自身的产业基础、资源禀赋和市场需求，选择适合的通用航空产品和服务进行开发和推广。通过实际应用的反馈，不断优化产品设计，提升技术水平，增强产品的市场竞争力。

产学研用结合的模式应包括以下几个方面：一是产业链整合。通过整合上下游产业链，形成从原材料供应、零部件制造、整机组装到运营服务的完整产业链条，提升产业集群的竞争力。二是技术创新。依托高校和科研院所的研发能力，推动新技术、新材料、新工艺在通用航空产业中的应用，提高产品的技术含量和附加值。三是人才培养。与高校合作，建立与通用航空相关的教育和培训体系，培养飞行、维修、管理等方面的专业人才，为产业发展提供人力资源支持。四是市场需求驱动。紧密关注市场需求变化，通过市场调研，了解不同应用场景下的具体需求，开发适销对路的产品。五是国际合作。积极参与国际合作，引进国外先进技术和管理经验，提升本国通用航空产业的国际竞争力。六是示范应用。在特定区域建立通用航空产业示范园区，通过示范应用，展示通用航空技术和服务的优势，吸引更多的市场关注和投资。七是风险管理。建立健全风险评估和管理体系，确保通用航空产业的健康发展，避免因技术和市场风险导致的经济损失。通过上述措施，可以有效推动通用航空产业的产学研用结合，促进产业的健康发展。

第四节　提供有竞争力、可持续的政策支持

从过去的实践来看，招商引资是快速发展产业的关键举措。通过招商引资，可以成功吸引产业发展所需要的资金、技术、人才、经验等，使产业发展速度比较快。例如，在通用航空制造业方面，欧美等地已经非常成熟，拥有许多优质产品，如果能够成功引进欧美技术或者与之合作生产，将迅速补齐通航制造业的短板。如果仅依靠自己探索，往往发展比较缓慢，且总处于相对滞后状态。改革开放后，我国的发展从招商引资中得到了巨大的收益。通用航空产业的发展，也必然会因招商引资而得益。

常用的招商政策包括资金补贴、土地优惠、人才奖励、融资补贴、租金减免等。过去，一些地方为了项目，在招商引资中血拼优惠政策，

超出了自身承担的能力，酿成了苦果。一些别有用心的人则以招商引资之名，套取政府资源，或者从中渔利。为避免乱象，招商引资要尽力而为，切忌为了争取某个项目不惜一切代价，同时要高度重视廉洁纪律。通用航空产业招商，应尽可能用市场的力量，为适合当地的优质产品提供应用舞台。

第五节　找准产业发展的突破口

通用航空业涉及制造、运营和服务等环节，品类多，产品也十分丰富。仅就制造端而言，通航飞机就分很多种。从构型上来看，就包括固定翼飞机、直升机和旋翼飞机三大类，每种类型又分两座、三座、六座等产品。从是否需要驾驶员来看，可分为有人机和无人机。从动力形式来看，又可分为燃油动力和电动力。不同的产品有不同的特点，适用于不同的场景，也有其不同的市场空间。尤其是刚处于起步阶段的电动通航飞机，更为新进入这一行业的地方和企业提供新的机会。制造端需要规模优势支撑，竞争往往会比较激烈，先确定定位的地方一般具有先发优势；运营和服务端则不同，每个地方都可以发展自己的通用航空运营和维修保养产业，而不用担心重复建设和恶性竞争。每个地方的资源禀赋不同，发展通用航空运营和服务业的基础也不同，有的适合发展旅游，有的适合发展农业植保，有的适合发展文化创意，有的适合发展维修维护，在起步阶段可选择最适合的领域作为发展重点。

加快安顺航空城建设，在产业上需结合本地优势条件和资源禀赋，在以下几个方面重点发力：

一、着力提升通用航空制造水平

打造以整机制造为引领的航空制造产业链，提升通用航空器、航空发动机、航空转包零件、航空新材料等产品的制造能力与配套能力。积极向航空产业链上游延伸，通过与国内外相关企业的技术、资金合作，开展航空合金材料加工制造和复合材料零部件及原材料生产。力争引进通用飞机国际合作伙伴，推动多用途固定翼通用飞机、中型涡桨通用飞机的制造以及小型公务机、客机项目基地的建设。

大力发展航空零部件配套产业。要以航空精密铸件、起落架系统制造、制动系统制造等航空转包零部件制造为重点，大力培育龙头企业。要加快高端大型精密铸造工艺研发中心的建设，拓展中高端民用装备市场，开发军民两用生产线，加快形成与民用配套独立的生产、营销和技术研发体系，建设安顺统一航空外贸转包业务平台，建成安顺通用航空零部件转包制造体系。要以航空新材料研发及应用、民用航空环形锻件生产线建设、大中型直升机旋翼系统锻件生产能力建设、航空中小模锻件智能化生产线建设和高端零件精密加工为重点，提升设备和工艺数字化、智能化水平，加大与贵阳、遵义在装备制造产业链整合方面的合作，带动和促进安顺地区航空新材料及其加工产业技术升级和发展，提升地方经济发展能力。

大力发展航空附属设施和临空电子信息产业。要依托安顺航空产业城装备制造基础，开展机场地面设备生产线配套设备的研发和制造，主要包括各种机场特种车辆、飞机集装箱/集装板升降平台、飞机维修作业平台、大型飞机牵引及启动气源设备，以及登机桥、行李传送系统等机场地面设备。要依托黄果树机场和航空产业园区，孵化培育航空运输依赖度较高的电子及通信设备制造业，重点是电子及信息通信、生物制药、电子机械、精密仪器和光学仪器、软件、医疗器械等产业。

加强通用航空生产型服务业配套能力。要建立健全协调创新机制，引导规模以上重点企业建设研发机构，围绕航空装备制造、航空服务、航空旅游、航空探测等科技研发服务产业，加快形成一批高水平的国家、省级工程技术中心、企业技术中心、院士（博士后）工作站、重点实验室等研发平台。要依托贵飞公司建设安顺通用航空产品研发中心，加大影响科研生产的关键、瓶颈技术问题攻关力度，促进设计研发能力、科研制造能力和服务保障能力不断提高。要建设无人机试验试飞重点实验室，提高中航贵飞核心技术向通用飞机和民用科技零部件转化的研发能力，建设系统性理化检测、无损检测、标准件检测实验室，提高贵州安大航空难变形材料锻造工艺的创新研发能力，搭建通用航空科技创新产学研联盟平台，推动航空器技术的应用创新，提高安顺自主创新能力。要加强技术梯度培育和孵化力度，培育一批熟悉科技政策和行业发展的社会化、市场化、专业化的科技中介服务机构，打造贵州航空科技成果孵化核心区，扩大安顺市就业容量。

二、加快发展通用航空应急服务产业

依托中航贵州飞机有限责任公司的技术力量，开展航空器保障系统及装备的研发、生产和工程设计服务，开展无人机救援新技术的应用，在通用航空器保障系统集成、通用机场规划设计、通航信息化建设方面实施提升计划，加大航空应急救援保障、野外作业机动保障、低空监视和探视服务保障力度。

积极建设通用航空飞行服务站。通用航空飞行服务站系统由通用飞行服务站系统信息处理中心和通用飞行服务站构成。安顺市应积极申请建设通用航空飞行服务站，为通用航空活动提供飞行计划服务、航空气象服务、航空情报服务、应急救援服务和其他相关的空中交通服务，在公务机服务方面与贵阳龙洞堡机场形成协调互补，为各类公务机飞行、停放、托管等提供服务保障。

建设区域内航空应急指挥中心。要按照体系级指标要求提出多项专业标准，建立与贵州省应急平台集成的航空应急救援指挥中心；将紧急出动、无人机快速加改装、远程机动保障等体系提升至国内先进水平；不断加大在航空救援指挥、救援人员培训和评估、机载救援任务装备和地面快速机动保障等方面开展应用示范的力度。

开展国内救援联动服务。按照与国际接轨的中国民用航空应急救援服务标准，构建覆盖全国的民用航空救援体系和域内呼叫中心，在常态下履行空中"120""110"的社会职责，在紧急状态下开展公共安全、空中巡查、航拍航测、紧急医疗救援、抢险救灾、维稳反恐等公共服务。

加快发展通用航空物流产业。加快通用航空物流基础设施、安顺空港产业园、航空连接港口的建设，配套建设航空货运枢纽、货运集散地和快件处理中心、仓储中心、配送中心、加工包装中心、综合服务中心，加快发展航空物流产业，扩大农村就业途径，提升安顺脱贫质量，持续解决相对贫困问题。着力拓展国际国内货运航线，扩大航空物流货源渠道。大力发展全货运包机业务，积极开拓大中城市及至东南亚国家的国际货运航班，尽快建成较为完善的货运航线网络。力争建成1~2家国内外大型基地航空公司和航空物流企业，鼓励其设立运营、转运和分拨中心，发展集散分拨、仓储配送等延伸服务。力争吸引10家以上技术含量高、产品体积小、附加值高、适合或偏好航空运输的企业。引进一批对运输时效要求较高的产品到黄果树机场中转运输，组织机场、基地航空公司与企业开展物流供需对接。开展黄果树机场与贵阳龙洞堡、遵义、兴义、黄平等城市及物流园区的合作，以共同投资的方式设立远程货站，为航空公司和货运代理公司提供公共延伸服务平台。建设通用航空物流信息平台。加快建设和完善机场口片联检设施，支持口岸联检单位、机场公司、基地航空公司建立统一的业务数据电子信息交换平台，实现黄果树机场范围内航空物流信息一体化，推动航空物流基础设施承载力大幅提升、物流资源得到有效整合，逐步形成高效规范、成本低廉的航空物流服务体系。

三、加快发展通用航空文旅产业

综合考虑人口、经济发展水平、人均国民生产总值等因素，安顺市要想快速发展通用航空产业，关键点之一是要尽快为通用航空器的使用创造条件，并辅以市场换技术、换产品等方式，使生产与运营相互促进，共同发展，不断增强通航产业发展竞争力。结合安顺市特色，安顺可在发展低空旅游方面率先实现突破。安顺市拥有黄果树和龙宫两大 5A 级景区，以及格凸河风景名胜区、花江大峡谷、平坝樱花园、黄腊樱花园、旧州、山里江南、梭筛桃花、军马场、斯拉河、夜郎湖、邢江河、紫云中洞、乐安温泉、霸陵河大桥等观赏性强的自然风景区，可充分利用国家现有低空空域开发政策，大力发展通航低空旅游产业。

　　要围绕建设"国际旅游目的地城市""泛黄果树大旅游圈"的目标，以旅游市场需求为导向，以通航运营为核心业务，结合地方特色文化，创新"通用航空+旅游"的新商业模式，促进安顺文化旅游与通航产业协同发展，打造升级版安顺旅游产业。安顺要以"黄果树机场"为依托，打造以"黄果树航空旅游飞行体验核心区（镇宁县马厂镇）"为中心，包含"紫云格凸河亚鲁王民族文化体验和低空极限运动发展区""关岭花江大峡谷古生物化石科普教育基地和通用航空训练基地""平坝—西秀屯堡三线文化展示与航空创意研发展示区"的"一核三区"创新融合发展的安顺航空文化旅游示范区。该示范区具体情况如下：

　　1. 黄果树航空旅游飞行体验核心区（镇宁县马厂镇）

　　一核依托黄果树机场，发展小型飞机、直升机航空观光等旅游产业，发展飞行试驾、飞行代驾、飞行培训、航空 4s 店运营、飞机维修保养、小型飞机销售、飞机租赁、机库租用、飞行器托管、小型飞机航展、社区间通勤飞行、货运服务等航空服务产业；以长征国家文化公园贵州重点建设区建设为契机，紧抓"弄染解梦纪念园"建设，进一步深入挖掘以王若飞故居、黄齐生故居、陆瑞光纪念馆为重点的红色文化资源，全力打造一批红色文艺等的文化旅游精品项目和爱国主义教育基地，扶持一批脱贫农户和移民搬迁安置的居民围绕航空旅游新兴产业和红色文化传承业实现自主就业。

2. 紫云格凸河亚鲁王民族文化体验和低空极限运动发展区

该区以体验性、参与性为特点，发展模拟自驾飞行体验、热气球、动力伞、三角翼飞行、高空跳伞体验等低空极限运动产业和部队训练营，开展攀岩健身、山地自行车越野、生产拓展体验等运动体验，开发一批集飞行体验、高空探险、极限运动、生态旅游于一体的新型绿色科技旅游产业项目；该区以文化性、传承性为特点，发展苗族特色文化展示、民族歌舞表演、古河道遗址参观、穿洞文化考察、亚鲁王文化研学等旅游项目，配套游客集散中心、帐篷酒店、步道、索道、缆车等基础设施建设，吸纳周边村民就地就业，为巩固脱贫攻坚成果、全面建成小康走出一条"离土不离乡"的旅游扶贫之路。

3. 关岭花江大峡谷古生物化石科普教育基地和通用航空训练基地

该基地重点开展通用航空培训基地、滑翔伞培训基地、飞行器水上培训中心、飞行爱好者试飞基地、航空旅游商品"前店后厂"等重点项目建设，培育了一批通用航空训练产业专业教练和学员；该基地依托关岭古生物石化群和红崖天书，打造以关岭古生物化石国家地质公园、恐龙化石遗址等为重点的地质文化和奇石文化品牌，重点推进科普教育基地、地质公园博物馆建设，力求吸引一批高层次地质科研专家，培育一批奇石雕刻能工巧匠，促进军旅文扶贫产业的融合发展。

4. 平坝—西秀屯堡三线文化展示与航空创意研发展示区

该区要充分发挥安顺历史文化、三线文化、红色文化、屯堡文化、古生物文化在该区域融会贯通的地方特色优势，加强保护和利用非物质文化遗产，创造性转化、创新性发展乡村优秀传统文化，快速推动安顺文化产业发展，引领黔中文化大繁荣大发展。利用安顺经开区贵飞云马老厂区和平坝黎阳老厂区分别以三线贵州歼击机总装厂旧址、三线航空发动机厂旧址作为工业遗产被列入国家重点保护文物的重要历史机遇，加快建设航空博物馆、航空科技馆，积极推进中小学航空科普教育，大力开展特色航空无人机比赛、航模比赛，开办航空专业职业教育培训，打造集航空会议会展、学术论坛、三线体验、工业遗游、运动休闲和田园观光于一体的特色区域。发展航空创意研发及配套服务产业，军民融合相关产业，以三线文化、航空文化、军工文化为主体的文化展示及旅游产业，为农村劳动力创业就业、稳定增加收入提供重要机遇。推动航空商务会展产业发展。发展飞机实物展示、贸易洽谈、学术交流、飞行表演、航空旅游品牌推介服务等产业。引进航空专业院校，建设航空公司训练基地，重点发展通用航空维修、飞行、制造等方面专业人才的培训业务；引进金融机构和社会资本参与孵化通用航空各类产业，大力发展通航大数据、国际商务、保税物流、航空会展等空港服务业。发挥安顺特色产品资源优势和大数据产业优势，创新农村电商发展模式，大力发展农村电子商务。

第十一章 贵州发展通用航空
产业的路径

第一节 扩大低空空域开放程度

低空空域，是指真高 3000 米以下的空间范围，是通用航空活动的主要区域。

长期以来，我国低空空域必须经过批准方可使用。随着低空空域管制改革的推进，这一情况正在发生变化。

2002 年 1 月，国务院、中央军委颁发了《通用航空飞行管制条例》。2010 年 8 月，国务院、中央军委下发了《关于深化我国低空空域管理改革的意见》。2010 年 9 月，中国人民解放军总参谋部、公安部、民航局等八部委联合印发了《关于加强和改进通用航空管理的意见》。2011 年以前，在国家空管委的统筹下，我国在空军的长春、广州飞行管制区和海军的海口飞行管制分区进行了低空空域管理改革试点。2012 年，试点范围进一步扩大，分别在空军的唐山、西安、杭州、昆明、重庆和海军的青岛、宁波这 7 个飞行管制分区进行试点。据空军统计，在试点地区共划设管制空域 122 个，监视空域 63 个，报告空域 69 个，划设低空目视航线 12 条。其中，"珠海—阳江—罗定"

航线是国内开通的首条低空目视转场飞行航线。通用航空飞行计划报批时限由前一天 15 点前缩短为飞行前 4 小时；其中，监视空域只需在飞行前 1 小时提出，报告空域只需在飞行前 30 分钟提出。上述改革措施极大地简化了通用航空飞行流程，提高了通用航空产业运转和经营效率，是低空空域管理改革的重大成果，具有十分重要的意义。

2014 年 11 月，全国低空空域管理改革工作会议在北京召开，相关负责人在会上指出，三类空域的划设和真高 1000 米高度的设置，走出了我国低空空域管理改革具有"破冰"意义的第一步，初步满足了通用航空飞行的基本要求。2014 年 12 月，国家空管委办公室相关负责人在西安中国国际通用航空大会的高峰论坛上表示，到 2014 年底低空空域管理改革试点涉及全国 14 个省、自治区和直辖市，约有 33% 的低空空域由过去的全域管制调整为按照管制、监视、报告三类不同属性实施分类管理使用。

2016 年 5 月，国务院办公厅出台的《关于促进通用航空业发展的指导意见》提出，要扩大低空空域开放，实现真高 3000 米以下监视空域和报告空域无缝衔接，划设低空目视飞行航线，方便通用航空器快捷机动飞行。2016 年 6 月，国家发展改革委在贯彻落实《关于促进通用航空业发展指导意见》电视电话会议上强调，要重点推进扩大低空空域开放等 5 大任务的落实。2016 年 7 月，中共中央、国务院、中央军委联合发布的《关于经济建设和国防建设融合发展的意见》提出，要"优化空域结构，推进空域分类管理和低空空域管理改革，建立空域动态管理、灵活使用机制"，这是党中央首次就低空空域管理改革从军民融合发展战略高度提出要求。

2023 年 12 月，民航局将空域划分为 A、B、C、D、E、G、W7 类，其中 G 类虽为非管制空域但必须报备飞行计划，W 类为非管制空域。新的空域划设，进一步开放了低空空域并规范了管理，为通用航空产业的发展提供了更好的条件。

关于低空空域的有关文件的归纳如表 11-1 所示。

表 11-1　关于低空空域的有关文件

序号	发布单位	文件名称	备注
1	国务院、中央军委	《关于深化我国低空空域管理改革的意见》	
2	国务院	《国务院关于促进民航业发展的若干意见》	
3	国务院办公厅	《国务院办公厅关于印发促进民航业发展重点工作分工方案的通知》	
4	国务院	《关于促进通用航空业发展的指导意见》	
5	国务院办公厅	《关于推动国防科技工业军民融合深度发展的意见》	
6	工业和信息化部	《民用航空工业中长期发展规划（2013—2020 年）》	
7	国家发展改革委	《关于建设通用航空产业综合示范区的实施意见》	
8	工业和信息化部等八部门	《无人驾驶航空器系统标准体系建设指南（2017—2018 年版）》	
9	工业和信息化部	《关于促进和规范民用无人机制造业发展的指导意见》	
10	交通运输部	《民用航空空中交通管理规则》	
11	中国民用航空总局	《全国民用机场布局规划》	
12	民航局	《关于推进民航科技教育创新发展的意见》	
13	民航局	《通用航空发展"十三五"规划》	
14	民航局	《关于鼓励社会资本投资建设运营民用机场的意见》	
15	国家发展改革委、民航局	《关于促进通用机场有序发展的意见》	
16	民航局、财政部	《通用航空发展专项资金管理暂行办法》	
17	国家体育总局、国家发展改革委等 9 部委	《航空运动产业发展规划》	

资料来源：中华人民共和国国务院及国家有关部门官方网站。

在政策的支持下，各地都努力推动低空空域管理改革，以提高审批效率，便捷通航作业。

2018 年 1 月，国家空管委批准四川省低空空域协同管理改革方案。方案的主要内容为：划设首批川协 1~3 号三个协同管理空域（真高 300 米或 100 米不等）；修建川通 1 号低空目视通道（宽度为 3 千

米，飞行高度为成都双流机场修正海压 900 米（含）以下），和其他
设施称"四点三片一通道"（"四点"指洛带、都江堰安龙、崇州和彭
山起降点，"三片"指都江堰—崇州、洛带、彭山试验片，"一通道"
指洛带—彭山低空目视通道）。这些空域为非管制空域，符合条件的
通用航空用户不需要申请即可使用。

2018 年 6 月 27 日，四川省成立了低空空域协同管理委员会，主要
成员包括四川省政府、西部战区空军、民航西南地区管理局及空管局
等单位，办公室设在四川省国防科学技术工业办公室。8 月 24 日，四
川省低空空域协同运行中心完成第一批人员招聘，共招募 13 名工作人
员，他们主要来自军用航空、民用航空空管系统及通信、气象等专业。
2018 年 12 月 14 日，成都地区空中交通管制协调委员会同意了《四川
省低空空域协同管理运行规则（暂行）》。2018 年 12 月 24 日，四川
省低空空域协同管理委员会成功组织了新机制下的首次低空飞行，西
部战区空军、民航西南地区管理局及空管局、四川省人民政府等成员
单位参与了这项工作。四川省低空空域管理改革，为通用航空产业的
发展创造了有利条件，取得了不错的效果。截至 2019 年 5 月 8 日，四
川省低空空域协同管理运行中心共保障 31 个飞行单位、27 种机型、
1110 架飞机、飞行 8901 架次、2202 小时，各项飞行数据较历史同期
均有较大幅度增长[①]。

2023 年 2 月，安徽省 22 个低空空域、15 条低空试点航线获东部
战区空军批复，分别同比增长 100%、50%。22 个试点空域可用于空
中游览、航空应急、科学试验、航空体验、飞行训练等活动。15 条低
空试点航线可用于短途运输、空中游览、训练飞行等项目。使用机场
涉及合肥白龙、黄山屯溪、芜湖宣州、池州九华山、宁国青龙湾、安
吉天子湖、东阳横店、建德千岛湖等通用机场。临时起降点有 21 个，

---

① 金伟，高远洋 . 中国战略性新兴产业研究与发展 · 通用航空 [M]. 北京：机械工业出版
社，2021：253.

涉及 12 个地级市，其中合肥 5 个、芜湖 4 个、安庆 3 个。

低空空域审批是一项十分专业的工作。申请内容包括航空用户名称、任务性质、航空器型号类别、架数、机长姓名、航空器呼号、通信联络方法、起降机场或者起降点、备降机场、使用空域和航线、飞行高度、预计飞行起止时刻和执行日期等。飞行计划只需向一个单管制分区主管部门或指定相关军用机场空管部门申报即可。有关部门收到飞行计划申请后，按飞行计划所涉及区域和现行申报程序逐级上报，由有关航空管理部门负责审批，然后通报相关军用航空、民用航空空管部门。

对于通用航空企业用户的申请，有关部门和单位需在规定的时限内进行批复，不同的空域的批复时限不同。对于管制区域，在飞行管制分区内，申请需在起飞前 4 小时提出，审批单位需在起飞前 2 小时批复；在飞行管制区内，申请应在起飞前 8 小时提出，审批单位需在起飞前 6 小时批复；在飞行管制区外，申请应在起飞前 1 天 15 时前提出，审批单位需在起飞前 1 天 18 时前批复。对于监视空域，通用航空企业应在起飞前 2 小时向飞行计划受理单位报备，飞行计划受理单位需在起飞前 1 小时进行报备。对于报告空域，通用航空企业应在起飞前 1 小时向飞行计划受理单位报备，飞行计划受理单位需在起飞前 30 分钟进行报备。

对低空空域实施某种程度的管控，无论是审批还是报备，对于通用航空产业的发展都具有重要影响。低空空域管理改革的目的，就是要在确保安全可控的情况下，减少管控，增加通用航空企业的自主性和便捷性，最终做到目视自主飞行，想飞就飞。需要强调的是，目视自主飞行必须在划定的特定空域中才可以实施，对于超过这个范围的空域则必须按照有关规定执行。此外，目视自主飞行必须要遵循空中交通规则，违反了交通规则，需要由执行飞行的人员承担安全责任，正如汽车驾驶员违反道路交通法规一样。

低空空域管理改革的另一个重点是简化飞行审批程序、提高审批效率，其核心是简化审批环节、缩短审批时间。在审批环节方面，涉及的部门数量越多，事项的环节越多，效率往往越低。在缩短审批时间方面，近年来行政审批改革不断下放权力、压缩审批时间，并且向社会公示，审批效率得到大幅度提高。对于低空空域管理改革而言，就是要根据情况，稳妥有序地减少多头管理、多层次审批的做法，加强统筹协调，尽可能实施飞行审批"一站式"服务，切实提高效率。

为了使通用航空器能在空中更加安全地飞行，航图开发是一项必需的工作。有了航图作为基础，随着大数据技术、通信技术以及传感技术等的不断进步，通航领域可以更好地实现通用航空器的自动辅助驾驶甚至自动驾驶，切实提高通用航空器飞行的安全性，确保各项工作能够更加高效进行。

民航贵州空管分局成立于2001年，隶属民航西南地区空中交通管理局，是民航空管系统负责贵州空域空中交通管理相关事务的中央驻黔单位，主要负责指挥、协调责任管制区域内的民航飞行活动，提供民航空中交通服务和通信导航监视服务、航行情报、航空气象服务等。贵州低空空域的管理由南部战区空军负责。

贵州通用航空产业能否取得快速发展，低空空域开放水平的高低是关键。争取扩大低空空域开放程度，主要目标是争取支持使辖区内管制空域的范围尽可能小，监视和报告空域的范围尽可能大，使通用航空灵活快捷的特点和优势能得到充分发挥。此外，在具体的审批过程中，要争取支持以减少审批事项、减少审批环节、缩短审批时间。一句话，要努力争取获得高效的审批服务。特别是在申请进行跨越不同管制区域的飞行时，协调层级更高，协调难度更大，如何得到高效的审批服务和保障支持显得尤为重要。

争取扩大低空空域开放程度，还需要致力于推动完善有关法规和标准。虽然我国就民航和通用航空颁发了不少法规，但总体上来讲这些法规对于促进通用航空发展的针对性和时效性还不是很强，标准还不够，实施细则还不足以覆盖通用航空发展需求，依法依规开放空域的程度还比较有限。

在实际操作过程中，考虑到民航安全和军用航空需求，可以结合实际，循序渐进稳妥推进低空空域开放。在争取尽可能充分的空域开放的同时，要首先立足于已开放情况，合理规划机场等基础设施建设，合理谋划运营项目，合理选择重点发展机型等，避免盲目投资。

当前贵州省通用航空产业发展不如预期，最关键的问题是飞行难。在各种限制条件和考虑下，通航飞机获得飞行许可比较困难。如果飞机不方便使用，那还买飞机来做什么。通航飞机使用难的问题严重影响了通用航空产业市场，从而影响了产业的迅速发展。因此，贵州通航产业发展，首先要解决的问题是，争取国家支持，成为新的低空空域管理改革试点省份，除了军事禁飞区以及依照法律法规必须禁飞的区域，彻底开放省域内低空空域，为通用航空产业发展创造更好的条件。贵州省土地面积为17.6万平方千米，如能开放10万平方千米的低空空域，面积相当于韩国，或者150个新加坡，可供数量巨大的通航飞机使用，能为通用航空业的发展提供至关重要的条件。争取扩大景区临时起降点范围，重点支持黄果树、龙宫、格凸河、马岭河、西江千户苗寨、施秉云台山、小七孔、海龙屯、茅台镇等景区景点起降点范围的扩大。应千方百计力争将低空航线连成一片，使通航飞机可在省内实现大范围连续飞行并实现闭环。力争获得景区之间的通航交通许可，连点成线，提高景区间通达性，推动通航旅游大发展。尽量避免涉及空域孤岛，以免影响飞行作业和体验。应充分考虑将省内开放空域与广西、湖南、重庆、四川、云南等相邻省（区）开放空域连为一体，一方面为跨省旅游、跨省作业创造条件，另一方面力求经由广西飞至南海领略浩渺壮阔的海洋风光。

第二节　酌情加大通用机场建设力度

新中国成立后，我国通用机场一度得到较快发展。1952 年，我国已经拥有 40 个可供通用航空作业起降的机场或者起降点。到 20 世纪 60 年代中期，仅华北地区就修建了 200 个以上用于农林牧作业的通用机场或临时机场。"文化大革命"期间，通用机场建设受到影响，但并未终止。1966~1977 年，因林业部门组织实施的飞播造林作业需要，中南五省建设了 36 个通用机场，辽宁省修建了 11 个农用机场，湖北省修建了 20 多个简易通用机场，湖南、广东、广西等地各兴建了 10~20 个机场。改革开放前所建设的各类通用机场，后来大多被废弃了。改革开放后，我国通用机场建设不断发展。

2012 年 5 月，民航局发布了《通用机场建设规范》，这是国内第一次对通用机场进行分类，具体划分为三类：一类通用机场指具有 10~29 座航空器经营性载人飞行业务，或最高月起降量达到 3000 架次以上的通用机场；二类通用机场指具有 5~9 座航空器经营性载人飞行业务，或最高月起降量在 600~3000 架次的通用机场；三类通用机场指除一类、二类外的其他通用机场。

2017 年 4 月 14 日，为将通用机场的分类与相应的管理更好地衔接起来，民航局发布了《通用机场分类管理办法》，将通用机场分为 A、B 两大类，划分的主要依据为是否对公众开放。A 类通用机场对公众开放，B 类则不对公众开放。A 类通用机场又分为三级，使用乘客座位数在 10 座以上的航空器开展商业载客飞行活动的为 A1 级通用机场，使用乘客座位数在 5~9 座的航空器开展商业载客飞行活动的为 A2 级通用机场，其余均为 A3 级通用机场。民航行政管理部门针对不同类型的通用机场实行差异化管理，在飞行场地、空中交通管制、导航设施、服务及保障设施等方面有不同的要求。新的分类在方法上进行了调整，同时也保留了灵活性，对各地根据自身情况合理建设通用机场网络同样具有重要意义。通用机场的分级，对通用航空器产品种类多、业务种类丰富的通用航空产业，更具有针对性和适用性。有的通航业务，并不需要使用较大的通用航空器，小的通用航空器反而更加适用、更加经济，因此并不需要很大的场地。我国国土资源的特征和国民居住情况，使很多地方不支持建设较大的通用机场。有的通用机场可以非常简单，其通用飞机可在非硬化的土跑道上起降，甚至可以在平整的麦田里降落。在国家主管部门对通用机场进行分级后，各地可以更加灵活地根据地貌特征、经济发展水平、融资情况、消费能力等更好地开展通用机场的规划建设，使投资更加有效，避免过度超前的建设和浪费。此外，通用机场的分级也与国土资源管理的刚性约束更加协调。为了守住 18 亿亩耕地红线，我国对国土资源的使用管理十分严格，违反规定者会受到相应的处罚甚至负法律责任。

2017 年，国家民航局出台的《通用机场分类管理办法》，除了对通用机场进行更有针对性的分类，还简化了通用机场颁证程序，便利了通用机场认证工作。《通用机场分类管理办法》印发实施后的第二年，通用机场认证迎来了一次大爆发，2018 年新增 126 个已颁证通用机场，是历年已获得证件的通用机场总和的 1.7 倍，总数达到 202 个。其中，A 类通用机场为 84 个，占总数的 41.6%；B 类通用机场为 118 个，占总数的 58.4%；A1、A2、A3 级通用机场占 A 类通用机场总数量的比例分别为 69%、17.9% 和 13.1%。

截至 2019 年底，国内已取证通用机场达到 240 个（平均每个省大约有 8 个），超过了运输机场数量。其中，A 类通用机场有 92 个，含 A1 级通用机场 66 个、A2 级通用机场 17 个、A3 级通用机场 9 个；B 类通用机场有 148 个。从机场适用机型上来看，跑道型机场有 148 个，直升机场有 77 个，跑道型兼表面直升机场有 14 个，水上机场有 1 个。B 类通用机场主要用于航空护林、农垦作业和电力作业等专业生产活动，并不对公众开放，国内一半的 B 类通用机场位于黑龙江省，由农垦系统以及林业部门管理。

贵州规划建设的通用机场数量较多，但建成并取证的仅有 1 个，与全国平均水平有较大差异，也与省内通用航空产业发展的条件和趋势不相适应。

通用机场的建设审批涉及部门较多，有地方各级政府、民航系统以及军方等，审批程序也比较繁杂。有分析表明，通用机场审批包括规划、选址、可研、环评、土地手续办理、消防、施工许可、竣工验收等超过 50 项程序，需要数年时间才能完全具备开始建设的条件。其中，仅选址就涉及规划、水利、电力、气象、国土、林业等方向的行政主管部门和有关单位。虽然地方政府包括民航系统的审批权限已经下放了很多，但不少程序走起来仍然耗时费力。除审批环节外，投资也面临着不确定性。通用机场投资虽然不似民航机场那样动辄数十亿元，只需要几千万元至数亿元，但由于其起步阶段收入有限，难以引起较高层面的重视，建设投资主要由市县级政府投入。市县级政府的资金筹措能力有限，融资又受到宏观政策的较大影响，通用机场的建设在当前具有诸多不确定性。加之军队系统的审批趋于严格，通用机场建设在现有审批条件下，可能面临更高的门槛、更长的时间和更多的投资。

贵州由于山地多，地块比较零碎，土地开发受到的限制较大。在各种因素的制约下，虽然通用机场占地面积并不大，选址也并不容易。国家将通用机场进行分类管理，对各地根据自身实际建立通用机场提供了良好的政策支撑，贵州可根据实际情况建设并不断完善机场系统。

通用机场的投资模式有多种，比较常见的是政府投资、建设—经营—转让（Build-Operate-Transfer，BOT）、民间投资、融资、政策性银行贷款等几类。政府投资受政策影响非常大，BOT 模式则因为项目投资周期太长且收益不稳定很难吸引到投资人，其他面向银行的融资也受制于金融政策。从企业自筹资金的方式来看，我国民间融资比较活跃，但一般追求较高的回报，而通用机场的回报率一般较低，短期内实现财务平衡的压力较大，目前难以获得民间资本的认可。总体上讲，通用机场的投融资在当前还比较困难。

地方政府投资公司受宏观政策的影响较大。过去，地方政府投资公司的投资管理政策相对宽松，各地出于发展经济的目的，进行了大量投资。这些投资，相当一部分是作为完善基础设施、提供公共服务的资金来源存在的，对改善交通条件、拉动固定资产投资、促进城市开发发挥了积极作用。当前，在道路等基础设施建设空间不大、政策对地方政府投资公司管控加强、投资必问效、无效不投资的情况下，地方政府投资公司不太可能再对通用机场等通用航空产业相关基础设施进行大规模投资。但是，如果条件很好，投资回报率有保障，此类投资是被允许的。尤其是以旅游作为经营业务的公司，并不在限制投资之列，关键是能不能产生良好的现金流以及实实在在的利润。在实际操作中，可以有多种途径发挥地方政府投资公司的作用，以强化通用航空产业基础设施建设。例如，旅游经营公司可以通过购买、租用通用航空器，用于开展低空体验、婚纱摄影等经营活动。此类通用航空业态比较受市场认可，现金流和利润都比较好，基于此对相应的基础设施进行投资，能较快回收投入并实现较好的经济效益，有利于国有企业做大做强。

为了推动通用航空基础设施建设，国家层面予以了一定的资金补助，并多次出台文件明确了支持办法。2011年，民航局出台了《关于印发〈民航基础设施项目投资补助管理暂行办法〉的通知》，提出"通勤机场建设项目参照民用运输机场补助标准确定补助额度；通用机场建设项目补助标准另行研究"。2012年3月，财政部印发的《民航发展基金征收使用管理暂行办法》明确"民航发展基金使用范围"涵盖"通用航空发展，包括支持通用航空企业开展应急救援、农林飞行等作业项目，通用航空飞行员教育培训，通用航空基础设施建设投入和设备更新、改造等"。2016 年，民航局修订了《民航基础设施项目投资补助管理暂行办法》，将通用机场列入民航发展基金的补贴范围，对符合省级政府批准规划并安排财政资金支持的通用机场项目给予资金补助，最高补助金额可达 1 亿元。2018 年 9 月，国家发改委、民航局联合印发《关于促进通用机场有序发展的意见》，明确"'十三五'时期民航局将安排民航发展基金对各省（区、市）1~2 个以短途运输、应急救援、医疗救护等公益性较强的通用航空服务为主的通用机场建设项目予以重点支持"，后来按照文件规定至少支持了 33 个项目。

　　自 2020 年 1 月 1 日起施行的《国务院办公厅关于印发交通领域中央与地方财政事权和支出责任划分改革方案的通知》明确地方通用机场建设属于地方事权，地方承担支出责任，同时又表示"对地方政府履行财政事权、落实支出责任存在收支缺口的，上级政府可根据不同时间发展目标给予一定的资金支持"。不难看出，虽然中央没有完全取消对地方建设通用机场的资金补贴，但补贴将变少，获取的难度将增大。

　　江苏、云南、内蒙古、江西、吉林等地也出台了相关文件明确对建设通用机场进行资金补贴。例如，云南省人民政府出台的《关于进一步加快通用机场建设的实施意见》明确，"新建一类、二类和三类通用机场，省级财政分别给予 1 亿元、0.5 亿元和 200 万元的建设资金补助"。

　　从功能上来讲，通用机场的主要作用包括作为试飞基地、运营基地，或者维修保养托管基地等，可以是单一功能的，可以具备两种或者多种功能，也可以按照发展的需要进行功能调整。我国一些地方的通用机场，已经形成一定的业务特色。例如，西安阎良、沈阳法库、河北石家庄等机场以通用航空制造业为主，根河机场、阿拉善通勤机场、嫩江通用机场等以通用航空运营为主，北京、上海、深圳等地的通用机场具备实力较强的通用航空服务保障能力。通用机场的运营，有很多丰富的内容，如举办航展、开发地产等。从投资回报来看，依托通用机场打造通用航空产业全产业链更具有经济性，也是很多地方规划建设通用机场的目标。

各地产业基础不同，资源禀赋各异，选择建设什么样的通用机场发展模式，需因地制宜，避免贪大求全不切实际。一般而言，航空制造业基础好的地方，较有条件建设通用航空制造业基地；旅游资源和物流需求旺盛的地方，比较适合发展通用航空运营；交通条件好、通用航空消费能力强的地方，有利于发展服务保障。

对于通用机场的建设管理，国家有相关的要求，并有相应的具体文件予以规定。《国务院关于发布政府核准的投资项目目录（2014年）的通知》和《国务院对确需保留的行政审批项目设定行政许可的决定》，主要明确企业投资项目采取核准或备案制，省级政府负责通用机场项目立项的审批，对通用机场项目的可行性研究进行把控。《交通运输领域中央与地方财政事权和支出责任划分改革方案》《关于修订〈民航基础设施项目投资补助管理暂行办法〉的通知》等主要明确了通用机场建设的资金来源。此外，对不同通用机场的建设标准也有专门的文件予以规定，如《通用机场建设规范》（MH/T 5026-2012）、《民用机场飞行区技术标准》（MH 5001-2013）、《民用直升机场飞行场地技术标准》（MH 5013-2014）、《水上机场技术要求（试行）》（AC-158-CA-2017-01）、《通用航空供油工程建设规范》（MH/T 5030-2014）和《民用机场选址报告编制内容及深度要求》（AP-129-CA-02）等，分别对机场建设的相关内容进行了明确。

通用机场选址的主要流程包括：与军队有关部门沟通明确预选址意向，当地国土、交通、气象、水文、供水、供电、通信等部门出具意见，地方无线电管理部门出具电磁环境影响报告，获取省级人民政府向战区空军商请批复通用机场的函，军队有关部门厂址批复，民航局出具场址审查意见，设置气象观测站，省发改委批复可研报告，获取土地使用指标，空域协调，地方政府有关部门出具开工许可证，机场建设，竣工验收，行业验收，机场手册审批，飞行程序审批，试飞，颁发证件及下发手册。全流程各个环节的审批共计超过 40 项，将持续数年。

通用机场作为发展通用航空产业的基础设施，由谁进行投资在理论和实践两端都存在争议。这种争议源于基础设施与生产部门之间孰先孰后的不同立场。早在 20 世纪 40 年代，英国经济学家罗森斯坦·罗丹在《经济学》杂志发表的《东南欧工业化》一文中就提出，在消费品工业建立以前，必须大规模地筹集大量不可分割的社会分摊资本，建立起基础设施部门，这些资本通常占总投资的 30%～35%，依靠私人和市场积极性无力做到这一点，必须通过倡议、计划或规划等步骤，为工业部门创造投资机会。基础设施建设工期长、投资额大、资本产出率高，应根据社会经济发展预测，有准备、有步骤地进行投资建设，不然就会产生工业发展后电力不足、道路不畅等问题，临时弥补又会出现巨额资本无法筹集，进而丧失时间、制约经济增长等问题，所以基础设施应优于直接生产部门，超前发展①。与此对立的观点是生产部门应优先于基础设施，该观点认为，在资金有限的情况下，应本着投资收益最大化原则，集中投资于生产部门，实现收益最大化，以尽可能增加收入。有了收入之后，再投资于基础设施，实现良性循环。介于这二者之间的观点则认为，应对工业、消费品生产，基础设施等各部门，同步进行投资，实现不同部门的协调发展。

在若干年前，我国在基础设施建设方面实际上不存在类似争议，基础设施建设基本上由政府或国有企业（平台公司）承担，成为我国发展经济的重要抓手之一。一方面，基础设施建设本身需要较大投入，且有很大拉动效应，能够带动水泥、沙石等各类建材的生产，也产生了大量的就业需求。另一方面，基础设施的完善，为居民改善居住条

---

① 李学祥.中国通用航空产业园区投融资与开发模式研究［M］.北京：气象出版社，2018.

件和交通出行方式等行为提供了条件，刺激了住房、汽车等大件消费品的增长。但是，随着各种条件的变化，特别是政策层面的变化，这一争议出现并影响着相应的投资行为。

一般而言，均衡投资的理论较容易被接受。对于通用航空领域而言，均衡投资理论也更加符合实际。通用飞机的制造，需要试飞支撑，而试飞离不开机场这一必要的基础设施。通航飞机的运营，更需要各类通用机场作为基础，否则无法开展。

贵州在搭建通用机场网络过程中，鉴于当前支线机场较多、通用航空业务规模还较小的实际情况，需结合实际，充分挖掘现有潜力，构建大小结合、重点突出、节点明确、各有侧重的体系，解决通用航空基础设施问题。

贵阳作为省会城市，具有较强的消费能力，而且位于贵州的地理中心，是省内交通枢纽，也是西南地区重要的交通枢纽。此外，贵阳山在城中、城在山里的特点，造就了众多的景区景点，仅在贵安新区核心区，就有红枫湖、月亮湖、星月湖、云漫湖、百花湖、樱花园、羊艾茶场等众多观赏性强的景观。这些都使发展通用航空产业具备得天独厚的条件。鉴于上述优势，应考虑在贵阳建设贵州省通用航空枢纽机场，支撑和带动全省通用航空产业的发展。具体需综合考虑与军用机场、民用运输机场——龙洞堡机场的关系，选择恰当的地址，建设全省最大、功能最全的通航机场，使其具备较大的吞吐能力，以满足更多的业务需求，缓解民航客货运大型机场的压力，同时可以在紧急情况下作为民用运输机场的备降机场。

至于贵阳市国土面积较小、因具有龙洞堡机场和军用机场而担心空域资源紧张等问题，从国际实践来看，并不是问题。

洛杉矶是美国第二大城市，位于加利福尼亚州西南部，面积约为1215平方千米，人口约为410万，是美国重要的科教、娱乐、工商业、国际贸易和体育中心，其石油化工、海洋、航天工业和电子业比较发达，世界著名的好莱坞也在此地。

洛杉矶拥有多个机场。约翰韦恩机场是美国洛杉矶以通用航空为主的机场，面积为1.8平方千米，有两条跑道，内有3家FBO，以及提供包机、机库出租、销售、保险、培训、加油、耗材、维修等服务的公司，兼顾支线航空业务。主跑道为支线航空服务、辅跑道则为通用航空服务。机场距离最近的迪士尼乐园约23千米，毗邻有"第二硅谷"之称的尔湾商务区。除了约翰韦恩机场，洛杉矶还有几个为通用飞机提供起降服务的机场，包括洛杉矶国际机场（Los Angeles International Airport，LAX）、圣塔莫尼卡机场（Santa Monica）、伯班克鲍勃机场（Burbank Bob Hope）和范纳伊斯机场（Van Nuys）等。其中，洛杉矶国际机场东北部距洛杉矶市中心19千米，为4F国际机场，有9座航站楼，设132个登机廊桥机位和113个远机位，4条跑道分别长3382米、3939米、3318米和2721米。洛杉矶国际机场业务非常繁忙，2019年，旅客吞吐量为8806.8013万人次，在美国排名第2位，货邮吞吐量达231.3247万吨，在美国排名第4位，飞机起降共69.1257万架次，在美国排名第4位。范纳伊斯机场是专门的通用航空机场，主要为附近的好莱坞提供服务。

贵阳市土地面积为8034平方千米，远大于洛杉矶，只要规划得当，管理水平不断提升，完全有条件建设通用航空枢纽机场，为大力发展贵州省通用航空产业创造条件。

在省会城市之外的各市（州）政府所在地，要充分发挥遵义市新舟机场和茅台机场等10个已建成支线机场的作用，通过适当改建方式，使其在承担民航运输的同时运营通航飞机，以拓展业务范围，增加营业收入。要适当增加通航机场数量，对已经有规划的通航机场，如安顺市平坝区乐平机场，加大招商引资力度，加快启动建设，为通用航空产业发展提供更好的基础设施支撑。今后，可以建设节点型通航机场，这些机场可以根据情况新选址建设，也可充分利用部分相对独立而又暂时闲置的城市道路改造实现。

在推进机场网络建设的过程中，部分通用机场完全可以降低标准，不追求面面俱到，甚至能够满足使用功能即可。现在的技术条件，可以使一些通航飞机已经不需要依靠硬化跑道即可成功实现起飞和降落。根据通航飞机的这一特点，在建设和完善通航飞机起降网络过程中，完全可以考虑将部分功能较为单一的机场以及起降点建成草坪式的，这一方面能够减少投资避免浪费，另一方面能减少对土地的硬化，最大限度维护土地的水土保持功能。事实上，国外的实践已经提供了这方面的经验。例如，美国约2万个机场中，就有8400多个通用机场没有硬化跑道。法国G1飞机为了适应不同地型的需求，可以在有一定坡度的自然草地上实现起飞和降落。贵州多山，近年来开发了不少风力发电项目。为了将体形巨大的风机运到风力较好的山顶，各风力发电企业专门修了不少上山道路。这些道路使用效率低，完全可以根据通航飞机起降作业需要，选择合适的路段，稍加整治，改造为起降点甚至简易机场，兼顾为风机维护、观光旅游、电线巡检、农业作业服务。在景区景点的许多小型空地，都可以考虑经过简单整治或者改造转变为简易通用机场或者起降点使用。此外，还可以充分利用山顶的部分闲置小块土地，在不破坏或者几乎不破坏地貌的情况下，建设可供旋翼机和直升机起降使用的停机坪。也可以适当规划水上起降机场。贵州省虽然水面面积不大，但河流不少，作为水上应急救援特别是汛期应急救援体系建设的一部分，有必要在适当时布局一些水上机场。在成片的林区，应该选择适当的位置，开辟森林防火带，同时修建简易的草坪式机场或者起降点。在森林防火带建设通用机场或者起降点，除了满足应急情况下的防火灭火需求，也可酌情依法适当开展观光旅游项目。

适时加大机库建设力度，根据发展情况，依托支线机场、较大的通用机场、景区较大的停车场等，建设通航飞机机库，停放并托管通航飞机。

第三节 培育航空文化

通用航空产业的发展需要消费支撑，而消费需要消费文化支撑。一个地方是否能够实现通用航空产业大发展，航空文化起着关键性甚至决定性作用。大力发展通用航空产业，需大力培育航空文化，以帮助人们更好地认识、理解、接受和支持通用航空产业。如果一个人不认可通航飞机，或者总是害怕乘坐通航飞机，那么，即使他再有消费能力，也不会购买通航飞机，或者在生产生活中使用通航飞机。

培育航空文化，首先要多看。近年来，我国不少地方举行了通用航空飞行展，其中经典节目的飞行表演吸引了很多观众。人们在观看飞行表演的过程中，在赞叹飞行员技艺高超、飞行表演精彩绝伦的同时，开始慢慢认识到驾驶和乘坐飞机是安全的，即使在空中做出非常惊险的特技动作，一般也不至于发生事故。看得越多，就越接受，越理解。

培育航空文化，要多传播航空知识。很多人在赞叹飞机居然可以在上不着天下不着地的情况下高速飞行的同时，始终对飞行有一种神秘感，这种神秘感有时会带来恐惧，总觉得那么重的"铁疙瘩"飘在空中心里不踏实。实际上，飞机能在空中飞翔，是靠飞机的机翼设计使其能够在飞行中产生向上的升力。机翼的形状通常是上表面凸起，下表面平坦，气流在上表面流动时速度较快，在下表面流动时速度较慢，速度快的气流产生的压强较小，速度慢的气流产生的压强大，由此在机翼上下表面之间形成了压力差，产生了向上的升力。同时，飞机发动机通过燃烧燃料产生的高温高压气体，通过喷口排出，形成一个向后的喷流，这个喷流的反作用力即为飞机的推力。简言之，升力使飞机能飘浮在空气中，推力使飞机能够向前运动。讲清楚道理后，一些人就会消除顾虑了。事实上，飞机被认为是最安全的交通工具，发生事故的概率很低，事故率为几十万分之一，造成多人伤亡的事故

219

率约为 1/300 万。哈佛大学的一项研究显示，在美国、欧洲和澳大利亚，飞行实际上比开车安全得多。飞行的事故率约为 1/120 万，致命事故率约为 1/1100 万，而致命车祸的概率约为 1/5000。但因为飞机在空中飞行，很多人总是不放心。

培育航空文化，还需与爱国主义教育结合在一起。当今世界，战争的形态已经发生了巨大的变化，一旦国家之间发生战争，掌握空中优势的一方将更容易获得优势、取得战争主动权并赢得战争。两次海湾战争、科索沃战争，都体现了掌握制空权对战争的重要性。出于国家安全考虑，必须高度重视空军建设，而其基础就在于大众航空文化水平。尤其是在我国，人民群众具有深厚的爱国情怀，让大家明白航空的重要性将激发大家对航空产业的热爱和支持。

不仅如此，对人类文明而言，人类文明新形态的创建，也需要我们勇敢地迈出从地面到天空的一步，尤其是普通大众。人们视野的变化将催生新的认识，看到不同的物景，会产生不同的感受，孕育不同的思想。进入天空，不仅将拓宽视野，也将拓展文明的维度。建设中华民族现代文明，需要我们探索更多的奥秘，发现更多的可能。

2017 年 1 月 16 日，民航局印发的《通用航空发展"十三五"规划》提出，"要鼓励各界参与通用航空的宣传、教育和推广，扩大通用航空爱好和消费群体。加强航空文化普及教育，在中小学开展通用航空科普以及飞行爱好培养活动。培育社会公众参与通用航空的热情，支持航空文化体验馆、展览馆等文化基础设施建设，建设通用航空展示宣传与交流平台。充分发挥行业协会和航空俱乐部的平台作用，组织开展多种形式的通用航空文化宣传、实践体验活动，普及通用航空知识，提升社会对通用航空的认知水平"。根据民航局的文件，可进一步在中小学中加强通用航空有关知识的教学，通过增加相关研学活动、考试内容、作文等，帮助学生更多地了解和掌握航空知识，消除对航空的神秘感，增强对通用航空的信心，更加热爱通用航空。

　　近年来，我国不少地方热衷于举办飞行表演大会，宣传地方特色和优势，培育通航文化，发展通航产业。这些活动大多由政府主导，活动的核心是重金聘请国外飞行表演队进行飞行表演，以吸引观众。有的地方收取门票，有的地方不收。但收门票的效果往往不佳。举办飞行表演大会除了向国外飞行队支付必要的费用，还涉及不少其他费用，包括安保费用、展台布置、气象防雨、办公、餐饮等，因而往往需要花费数以千万计的费用。而在办会过程中，虽然飞行表演很精彩，但与观众的互动性不强，教育效果有限。最后的结果是钱花了不少，力出了不少，但效果并不是十分理想。今后的飞行表演大会，应该更接地气，让参与者更多地通过直接使用飞行模拟器、参与贴地慢速飞行体验等方式，培养对通航的兴趣与爱好。同时，应多举办一些由民间主导、互动性强、危险程度低的小型航空文化活动，多使用热气球、超轻型运动飞机等更加廉价的通用航空器，辅以无人机秀等观赏性强、门槛又不高的项目，活动要尽量做到投资小、门槛低、效果好、频次高、有收益、可持续。不片面追求高大上，只求实实在在的效果。有条件的地方，可以为民间举办通用航空体验活动提供便利，如提供场地、予以安保支持、维持交通秩序、利用手中的媒体资源投放广告等。在财力允许的情况下，还可以对主办方予以适当资金补贴，以提高市场主体投资通用航空产业文化推广活动的积极性。由民间主导的通航文化体验活动虽以商业为目的，但也客观上承担了公益责任，有条件获得一定的政府补贴。此外，为了确保公众参与度，飞行表演活动不宜收取门票，但具体的体验项目可以适当收取费用，如乘坐热气球和直升机进行短暂的空中游览等。还可以开辟出一定区域，用于出租给个人和企业开展餐饮服务并收取一定费用，以实现举办活动的商业目的。

　　航空文化的培育不可能一蹴而就，需要持续用力，久久为功。这就要求在通用航空文化建设中，有意识地加强这方面的工作。近代以来，由于历史原因，贵州具有不少关于航空方面的文化素材。例如，第二次世界大战时期，美国飞虎队援华抗日战时，在黔东南州黄平县且兰机场建立了基地，留下了许多航空文化印记。新中国成立后三线建设时期，贵州安顺一带建设了航空产业基地，也留下了大量的航空文化遗产和成果。这些都是培育通航文化的宝贵财富。

第四节　加大招商引资力度

美国和欧洲是通用飞机的主要生产地。全球知名通用飞机制造厂商有美国的赛斯纳、派珀、西锐，瑞士的派士以及奥地利的钻石飞机公司等。根据美国通用航空制造商协会统计，2020年美国共计生产通用飞机1555架，占世界生产数量的65%；欧洲生产705架，占世界生产数量的29%。美国和欧洲两者的通用飞机产量之和共占世界总数的94%。虽然美国通航飞机市场占有率较高，但其门槛也比较高，如需要获得美国FAA认证，需要专业公司维护保养，整机零部件供应商需要获得美国FAA认证，获得驾照需要学习至少35个小时且学费比较昂贵，驾驶员必须定期前往认证机构进行体检等。与美国相比，欧洲的准入门槛比较低，可自行维护保养（不需要专业公司），自主生产零部件，获得驾照只需25小时，费用为6万~8万元，对驾驶员的体检没有具体要求（见表11-2）。

表11-2　欧系与美系通用航空产品的比较

欧系超轻型标注	美系飞机标注
使用普通95号汽油	需要获得美国FAA认证
自行维护保养	专业公司维护保养
自主生产零部件	需要美国FAA认证企业提供零部件
学习25小时，费用为6万至8万元	至少学习35小时，学费昂贵
对驾驶员无具体要求	驾驶员必须定期前往认证机构进行体检

　　综合考虑经济性、市场准入、政治风险等方面因素，贵州应将欧洲作为招商引资重点区域，寻求欧洲企业的投资或者技术合作，借助外力加快通用航空产业发展步伐。

　　发展通用航空产业初期，在招商引资过程中，要认真选择通航产品，从安全性、经济性、适应性和适用性等方面认真甄别比选。

　　就安全性而言，作为一种在空中飞行的交通载重工具，安全性是最为重要的，在中国尤其如此。如果没有安全性作为保障，至少在中国市场将寸步难行。如果安全性有保障，则会大大提高市场认可度。

　　经济性主要包括两个方面：一是购买时的价格，越低越好；二是使用成本，如油料成本、维修成本、托管成本等，也是越低越好。如果两个方面的成本都不是很高，则比较利于推广使用，形成良性循环，否则发展将会受到很大限制。

　　在适应性方面，通航飞机作为一款空中交通工具，对起降地形的要求也十分重要。如果需要的跑道比较窄，且对地面平整度和硬度等要求并不高，则基础设施建设所需资金额度较小，对通航产业的发展将起到十分重要的促进作用。

　　适用性对通航飞机拓展市场具有重要影响。在个人交通工具和个人飞行爱好、旅游、农业植保、高压电线巡查、治安巡逻及交通疏导、森林巡检及防火、灾害预警及应急救援、油气管道巡查等方面，通用飞机好不好用十分关键。

　　在招商过程中，可采用多种方式吸引外来投资。一是市场主体独立投资，由具有实力的公司进行独立投资，政府做好服务并提供现有政策支持。二是利用闲置厂房合作。在招商引资的过程中，根据投资方提出的诉求，本着合作共赢的原则，在经过充分论证的前提下，地方政府可以将现有闲置的厂房拿出来与对方合作，并约定在经营收益中获得与投入相应的部分利益，以盘活闲置资产，增加收入。三是省内产业基金参与。在投资方有需求的情况下，省内有关产业基金参与投资，在支持产业发展的同时实现基金收益。四是省内国有企业投资。对产品技术含量高、发展前景好的项目，省内有关国有企业可以加大对通用航空产业投资的力度，在推动贵州省通航产业加快发展的同时，不断壮大企业自身实力。

此外，在招商对象方面，可重点面向国内大型国有企业，以及大型航空企业设立的投资公司进行招商。中国的大型国有企业拥有大量资本，目前很多集团公司都设有投资子公司，效法新加坡等地的风险投资模式进行投资活动。通用航空产业迎来发展机遇时，大型企业设立的投资公司也将成为一股重要的力量。大型企业设立的投资公司可进行较长期限的投资，偏向于稳定回报，对退出机制有一定的要求，持有优质资产是其优先选择。航空行业大型企业设立的投资公司，因其天时地利条件，在通用航空的发展过程中，必将占尽先机，可投资于通用航空产业链中的绝大多数领域。

第五节　运用大数据技术赋能通用航空产业

大数据技术以及人工智能的发展，与通用航空产业的融合，将深度影响通用航空产业全产业链，大大促进通用航空产业发展。

在生产制造环节，从研发设计到流水线装配，都可以运用智能计算、VR/AR 等信息技术手段，在虚拟仿真的信息化环境中实现更好的设计。对结构、性能和功能等方面的仿真模拟，可以大大提高各个环节的效率和成功率，使产品的可靠性和稳定性得到大量前期验证从而使产品更加稳定。从产业数字化的角度来讲，数字技术可以使设备更新和工艺优化等加速进行，使生产过程更加智能高效，并有机会使其更加节能、更加清洁。而且，产业数字化后，智能化的生产过程将大大提高自动化程度，从而使参与生产过程的劳动者数量进一步减少，劳动强度进一步降低，而使生产变得更加安全。产业数字化还将优化各个环节，尽可能地节约试验试错的消耗，降低产品的生产成本，提高市场竞争力，促进产品更快普及。

从数字产业化的角度来讲，通用航空产业无论是在生产制造、运营还是服务保障环节，都会产生大量数据，而且涉及大量三维空间地图等全新领域。数字技术在遥感、定位、导航等方面的重要功能，是发展通用航空产业的重要基础，而其在传感、远程监测、软件定义硬件、电子围栏、障碍预警、自动避障、飞行姿态被动和主动调节等方面的作用，也将对通用航空产业的发展产生重要且深远的影响。

第六节　摸清低空空域资源，制定贵州省低空空域要素目录

低空空域资源是发展通用航空产业的基础。自 2021 年我国明确提出发展低空经济以来，围绕低空经济发展的一系列基本制度、政策相继发布，标志着低空这一新兴的国土空间要素的供给侧改革驶入"快车道"，这有望为区域经济注入新质生产力，为促进区域经济、社会发展提供新动能。

《中华人民共和国空域管理条例》明确"空域是国家重要战略资源，属于国家所有"。国家保障空域资源的合理开发利用。低空空域资源的所有权人是国家，因此低空空域要素由政府专营，只能采取拍卖、招投标或行政指定的方式进行开发利用。例如，用于应急保障的空域和航线，政府通常采取指定的方式进行配置；而无人机快送、无人机物流配送、eVLOT、低空旅游等这些场景，则可以采用招投标、拍卖特许经营许可的方式进行市场化配置。

要把空域资源转化为可交易、可管理的经济资产需要提前完成以下工作：

一、低空空域划设

根据区域需求和规划，低空空域的划分和管理主要遵循《中华人民共和国飞行基本规则》及其补充规定，低空空域可以划分为管制空域、监视空域和报告空域。管制空域通常用于民航航班、商业航班等航班的飞行活动，需要严格遵守空管部门的指令；监视空域适用于一些特定的飞行任务，如农业喷洒、摄影测量等，飞行器需要保持与空管部门的无线电联系；报告空域则是对飞行活动限制最少的区域，飞行器只需在起飞和降落时向空管部门报告位置。

此外，还有一些特殊区域，如禁飞区、危险区等。这些区域通常由于国家安全、环境保护等原因而被禁止或限制飞行。

二、低空空域确权

首先需要对低空空域资源进行确权，明确资源的归属和使用权限。低空空域可以设置的权利包括飞行权、空域使用权、监视和侦察权、数据收集和传播权、航道使用权、噪声和污染控制权、空域租赁权等。

三、低空空域置权

不同的空域，基于其地理、经济、社会和人文特征，可以设置不同的权利。城市低空空域和乡村低空空域的权利设置会有很大的区别。不同的权利设置对低空要素的经济价值影响很大。例如，一个设置了稠密物流配送航线的空域与仅设置不多航线数量的空域，经济价值差异很大。设置了数据收集、租赁权等多种权利的空域比设置单一权利的空域经济价值要大很多。低空空域资源除了在空间维度上可以设置这些权利，在时间维度上也可以设置各项权利。例如，不同时间段，在同一个空域中，既可以设置不同的权利，也可以分配给不同的市场主体使用这些权利。

四、低空空域要素目录

低空空域资源要素化后会形成一个低空空域要素目录。低空空域要素目录不仅是一个区域的低空空域要素供给清单，也是当地政府的低空空域资产（见图 11-1、图 11-2）。

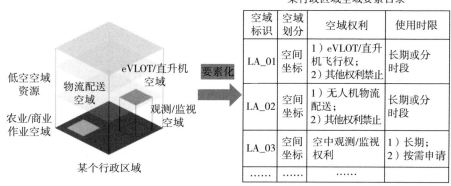

图 11-1 低空空域要素化与低空空域要素目录

资料来源：浅析低空经济 ［EB/OL］2023-12-08/2024-04-11. https：//zhuanlan. zhihu. com/p/671056731.

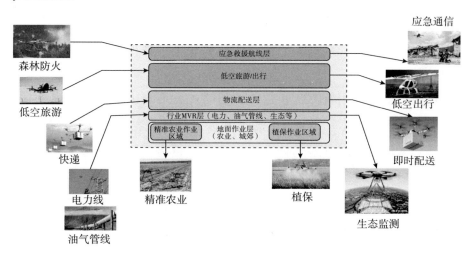

图 11-2 低空空域要素化示意图

资料来源：浅析低空经济 ［EB/OL］2023-12-08/2024-04-11. https：//zhuanlan. zhihu. com/p/671056731.

五、低空空域要素市场化

低空空域要素市场化要解决的是如何将不同的要素配置给不同的市场主体。地方政府在完成符合市场发展趋势的空域要素供给、通过采取多元化的方式建设和完善本区域的低空基础设施后，低空空域作为生产要素对区域经济增长的促进作用才能真正显现。地方政府要根据本地区经济社会发展的需要，科学、合理地进行低空要素供给设计、规划和定价，以满足不同层次的需求。

通过对贵州省低空空域资源进行调查摸底，可以掌握大量第一手的数据，为之后发展通用航空产业等低空经济提供可靠的数据支持。在今后的实践中，可以运用产业乘数效应这一基本原理，构建一个简单的模型来分析低空空域要素市场化对区域经济增长的贡献。

第七节　寻找合适的新赛道，发展通用航空制造业

发展通用航空产业要量力而行，不能贪大求全，要根据自身实际选择适合的方向、产业，集中精力和资源在选定赛道和细分领域做大做强。

目前，虽然通用航空产业蕴含的战略性发展潜力巨大，但尚处在起步阶段，存在技术、市场、管理等风险和挑战，在地方政府、企业、资本争相入场，无序竞争的情况下，贵州省更需要保持冷静。要组织专家加强对通用航空产业的基础性研究，特别是对新技术、新应用的持续追踪分析，努力找到发展中的新赛道，结合贵州的产业发展战略和优势，选择其中发展前景较好，具有较高经济价值，符合市场需求的产业进行重点培育。

就当前而言，贵州可以重点关注低成本航空发动机研发制造和航空电池研发制造与回收。

航空发动机是飞机的"心脏"，其性能直接决定了飞机的运载能力、航程长短和可靠性这三个关键性能，是航空装备产业发展的核心基础。航空发动机成本占比较高，约占飞机整体价值的 20%～30%，经济价值突出。同时，航空发动机具有产品生命周期长、市场竞争小、发展潜力大、技术门槛高等特点。在国家大力发展通用航空产业的战略下，需要大量的低成本航空发动机为通航飞机、无人机等提供动力。贵州省作为国家重要的航空工业基地，在航空发动机研制方面有较强的技术和产业优势，可鼓励贵航集团等航空企业，通过技术合作等多种模式，重点发展低成本的活塞航空发动机、涡喷航空发动机、涡扇航空发动机和大功率航空电动机的研发制造。

在航空电池研发制造与回收方面，目前航空电池使用的产品和技术与电动汽车基本相同。借助贵州省目前布局的新能源动力电池及材料产业基础，可以用较低的成本迅速抢占航空电池研发制造市场。同时，随着通用航空产业的发展，无人机大量使用，未来会有数量庞大的报废航空电池亟待处理。因此，可通过建立航空电池回收产业，补强电池回收梯次利用产业链，创造良好的经济效益和环保效益。

第八节　大力开拓通用航空应用场景

贵州作为中国西南部的高原山地省份，其独特的地形地貌和资源优势为通用航空产业的发展提供了得天独厚的条件。

在低空旅游方面，贵州的山地地貌和丰富的自然景观非常适合发展此类项目。例如，可以开发热气球观光、直升机游览等项目，让游客从空中欣赏贵州独特的山水风光。此外，还可以利用无人机进行空中摄影和摄像，为游客提供独特的视觉体验。

在农业植保方面，贵州多以山地农业为主，传统交通方式的效费比不高，因而轻型通用飞机、无人机在农业植保领域的应用前景广阔。例如，可以使用无人机进行农作物病虫害的监测和防治，提高农业生产效率，减少农药使用，保护生态环境。

在物流配送方面，贵州的地形地貌复杂，公路交通不便，但低空物流配送可以有效地解决这一问题。例如，可以使用无人机进行偏远地区的物资配送，提高物流效率，降低物流成本。

在应急救援方面，贵州的山地地貌使地面交通有时难以到达，但通用航空应急救援可以快速到达事故现场。例如，可以使用直升机或eVTOL进行紧急医疗救援，或者在自然灾害发生后，使用无人机进行灾情侦察和物资投送。

在地质勘探和矿业开发方面，贵州的矿产资源丰富，无人机和直升机在地形复杂的矿区可以进行高效的地质勘探和矿业开发。例如，可以使用无人机进行矿区的地形测绘和地质调查，或者使用直升机进行矿石运输。

在生态保护和环境监测方面，贵州的生态环境独特，无人机可以进行有效的生态保护和环境监测。例如，可以使用无人机进行森林资源的普查和森林火灾的预防，或者进行水质和空气质量监测。

参考文献

1. 普通图书

[1] 金伟，高远洋主编．中国战略性新兴产业研究与发展·通用航空 [M]．北京：机械工业出版社，2021.

[2] 于一，刘菲，管祥明．我国通用航空市场与战略研究 [M]．北京：中国民航出版社，2021.

[3] 古彪．世界特种飞行器及应用 [M]．北京：航空工业出版社，2016.

[4] 何景武，田云．通用航空企业筹建与运营 [M]．北京：北京航空航天大学出版社，2022.

[5] 王永根．通用航空典型安全问题研究 [M]．成都：西南交通大学出版社，2022.

[6] 邵文武，荆浩，黄涛．辽宁省通用航空产业发展的探索与实践 [M]．沈阳：东北大学出版社，2022.

[7] 李学祥．中国通用航空产业园区投融资与开发模式研究 [M]．北京：气象出版社，2018.

[8] 宗苏宁．中国通用航空产业发展战略与思考 [M]．北京：航空工业出版社，2014.

[9] 陈阳，郭璟坤，常秀娟．通用航空产业规划与实施 [M]．北京：航空工业出版社，2017.

［10］史永胜，王霞，耿建华．通用航空运营与管理［M］．北京：航空工业出版社，2007.

［11］孙鹏飞，王江锋．通用航空产业发展研究与政策解读［M］．厦门：鹭江出版社，2015.

［12］雷晓锋．启航——山西通用航空职业技术学院首学年办学纪实［M］．北京：北京航空航天大学出版社，2022.

［13］许东松，张兵．中国通用航空中长期发展展望［M］．北京：航空工业出版社，2016.

［14］雷晓锋．通用航空概论［M］．北京：北京航空航天大学出版社，2022.

［15］张攀科，罗帆．通用航空水上机场安全风险管理研究［M］．北京：中国经济出版社，2022.

［16］王华伟等．通用航空安全工程［M］．北京：北京航空航天大学出版社，2020.

［17］胥郁．通用航空飞行组织与实施［M］．北京：化学工业出版社，2018.

［18］黄涛．通用航空中高级管理人才培训教材［M］．北京：北京航空航天大学出版社，2021.

［19］董彦非．通用航空发动机原理与构造［M］．北京：北京航空航天大学出版社，2018.

［20］任艳萍，邓红华．通用航空器结构与修理［M］．西安：西北工业大学出版社，2017.

［21］胥郁，李仙勇．通用航空机型概论［M］．北京：化学工业出版社，2023.

［22］范振伟，邓玉东，黄涛．通用航空产业技术蓝皮书（2020）［M］．北京：北京航空航天大学出版社，2021.

［23］高阳．通用航空安全管理［M］．北京：北京航空航天大学

出版社，2023.

［24］麦海波，史珂．通用航空飞机故障实例汇编［M］.成都：西南交通大学出版社，2016.

［25］王霞，陈兆鹏，韩莎莎．通用航空的基石 FBO［M］.北京：航空工业出版社，2014.

2. 期刊文献

［1］柳青，田甜．中国西部地区通用航空企业运营效率比较研究——基于三阶段 DEA 模型［J］.管理现代化，2023，43（6）：120-125.

［2］许天牧，郑秀梅，张洪，等．通用航空短途运输运行保障系统分析与优化［J］.综合运输，2023，45（11）：60-64+78.

［3］吕新，李晓津，刘鹏．经营性通用航空（有人机）市场结构变化分析［J］.综合运输，2023，45（9）：46-51.

［4］冯英杰，邹淑青，郝爱民．中国通用航空产业高质量发展指标体系构建［J］.管理工程师，2023，28（3）：5-11.

［5］温芝香，温卯红，曾静新，等．某通用航空产业园区市政工程 PPP 项目实施过程中的重难点研究［J］.工程技术研究，2023，8（8）：125-127.

［6］高金敏，乐美龙．区域通用航空应急救援协同度评价研究［J］.中国民航大学学报，2023，41（1）：58-64.

［7］高启明．通用航空产业数字化转型的市场逻辑与发展思路［J］.西安航空学院学报，2022，40（6）：3-8+58.

［8］王国军，马倩．构建中国通用航空保险制度的路径研究［J］.北京航空航天大学学报（社会科学版），2022，35（5）：139-152.

［9］吕焕亮．山东省通用航空飞行保障体系建设［J］.山东交通科技，2022（4）：145-146+161.

［10］刘光才，赵洁．通用航空市场准入法律制度重构研究［J］．北京航空航天大学学报（社会科学版），2022，35（5）：153-159．

［11］艾洪舟，何鑫，刘全义，等．通用航空山区救援安全航迹规划模型［J］．安全与环境学报，2023，23（2）：506-514．

［12］皮骏，王凯，齐福强．通用航空应急救援点选址布局优化研究［J］．消防科学与技术，2022，41（2）：270-274．

［13］王学林，魏中许．通用航空与旅游产业融合发展新探［J］．北京航空航天大学学报（社会科学版），2022，35（4）：102-110．

［14］邓涛．通用航空应用型创新人才培养模式探析［J］．重庆交通大学学报（社会科学版），2021，21（5）：108-114．

［15］王清薇，王华伟，王颖，等．气象因素对通用航空安全风险的影响［J］．航空计算技术，2021，51（1）：37-40+45．

［16］陈亚青，杨得用，蒋豪．通用航空各区域发展竞争力研究［J］．航空计算技术，2020，50（6）：13-17．

［17］刘思佳，杨梦娜．关于提高通用航空维修培训机构培训质量的研究［J］．中国设备工程，2020（21）：42-43．

［18］王怡晴，陆显慧，李梦琴，等．通用航空企业医疗救援的需求调查及策略研究［J］．现代医院，2020，20（7）：1027-1031．

［19］物流无人机产业发展的若干思考——2019年新时代区域通用航空业发展高端研讨会专家发言摘编［J］．河北经贸大学学报（综合版），2020，20（1）：74-78．

［20］李晰睿．我国通用航空发展现状与对策研究［J］．中国民航飞行学院学报，2020，31（1）：25-28．

［21］林小凤．通用航空业发展瓶颈与对策研究［J］．中国设备工程，2019（19）：203-204．

［22］佀庆民，王延霞，李学伟，等．国家通用航空业发展安全保障体系建设研究［J］．中国民航飞行学院学报，2019，30（5）：

10-14.

［23］孟祥安．地方高校服务吉林省通用航空产业发展的思考［J］．吉林化工学院学报，2019，36（8）：75-78.

［24］张海峰．通用航空短途运输"城际飞"发展思考——以粤港澳大湾区直升机"城际飞"为例［J］．西安航空学院学报，2019，37（4）：80-85.

［25］宋薇薇，赵立杰，项松，等．我国通用航空公司及相关企业的运营模式探究［J］．中国工程科学，2019，21（3）：127-132.

［26］邵文武，刘畔，黄涛．我国通用航空市场增长动力分析［J］．沈阳航空航天大学学报，2019，36（1）：90-96.

［27］袁建，李耀鼎．国外通用航空机场布局相关案例研究［J］．交通与港航，2019，6（1）：87-92.

［28］胥郁．基于关键成功因素的我国通用航空安全管理体系实施路径选择［J］．安全与环境工程，2019，26（1）：127-132.

［29］张君周．通用航空安保立法的挑战与应对研究［J］．北京航空航天大学学报（社会科学版），2018，31（5）：78-85.

［30］何来．北斗卫星导航定位在通用航空领域的应用与发展［J］．中国战略新兴产业，2018（40）：11.

［31］杨润静．我国通用航空安全文化建设思路研究［J］．中国战略新兴产业，2018（24）：59-60.

［32］成海燕，徐治立．中国通用航空政策改革——倡议联盟框架视角下的政策变迁分析［J］．北京航空航天大学学报（社会科学版），2019，32（2）：77-83.

［33］吴硕，任鸽．依托旅游支线机场发展的通用航空产业园规划方法探索［J］．中外建筑，2018（3）：94-96.

［34］陈亚青，王春政．浅谈通用航空人才的培养［J］．中国民航飞行学院学报，2018，29（1）：62-64.

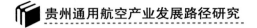

［35］吴俭，何毅．国家通用航空 2020 年战略目标实现度评价研究［J］．航空科学技术，2017，28（8）：52-58.

［36］燕福民．推进我国通用航空产业发展的法律模式［J］．法制博览，2016（36）：19-22.

［37］张丁，高启明．系统视角下的通用航空产业集群分析及发展导向［J］．西安航空学院学报，2016，34（6）：42-46.

［38］佟刚．基于协同创新平台培养通用航空实用型人才的探索与实践［J］．高等工程教育研究，2016（5）：59-60.

［39］朱煜明，史丽丽，韩青叶．基于优势关系粗糙集方法的通用航空产业重点发展项目分类研究［J］．运筹与管理，2016，25（3）：11-18+25.

［40］韩文蕾，李江超．中美通用航空经营许可法律比较研究［J］．西北工业大学学报（社会科学版），2016，36（2）：18-23.

［41］朱森林．中南地区通用航空发展现状与对策［J］．中国民航飞行学院学报，2016，27（3）：31-34.

后　记

　　本书的写作，是对贵州发展通用航空产业的初步思考与探索。面对这一阶段性成果，我的内心充满了复杂的情感。这不仅是一项工作的完成，更是一段心灵旅程的结束。在此，我想用最真挚的语言表达我的感激和对未来的憧憬。

　　要感谢我的同事，没有他们的支持和信任，任何工作都是难以推进的。他们的远见卓识和对知识的尊重，为我的写作提供了动力，他们的专业与敬业、贡献和智慧是本书不可或缺的一部分。

　　这部作品深入探讨了通用航空产业的多个方面，从其基本含义到全球发展状况，再到中国特别是贵州的发展现状。着重分析了贵州的地理、气候、旅游资源和大数据基础等优势，并结合国家政策和地方实际情况，提出了一系列促进贵州通航产业发展的策略和建议。

　　在研究过程中，我深刻体会到通用航空产业的复杂性和多元性。它不仅关系到技术进步和经济发展，更与社会福祉、环境保护和国家安全紧密相连。贵州的多山地形和丰富的民族文化，为通航产业提供了独特的发展机遇。我们希望本书的研究成果，能够为贵州乃至中国的通航产业发展贡献一份力量。

　　要特别感谢在背后默默支持我的家人。是他们的理解和鼓励，让我在研究和写作的孤独时刻，依然能够坚持下去。他们的支持，是我不断前进的力量源泉，以及面对不完美的勇气。

此外，我也要感谢那些在学术上给予我启发和指导的老师和前辈们。他们严谨治学的态度和深厚的学术造诣，是我学习的榜样。在与他们的交流中，我不断开阔视野，深化理解，这对于本书的质量提升而言至关重要。

在本书即将面世之际，我虽然对研究成果充满信心，但也不免感到些许遗憾。这份遗憾源于本书在深入实践探索的同时，对于理论层面的深入剖析和系统性分析尚嫌不足，未能充分展现理论与实践相结合的深度与广度。

本书的完成，并不意味着研究的结束，而是一个新的开始。通用航空产业的发展日新月异，未来的路还很长。我将继续关注这一领域的变化，不断更新知识和视野。同时，我也期待与更多的学者和实践者合作，共同推动通用航空产业的健康发展。

最后，我要感谢每一位阅读本书的读者。是你们的关注和反馈，让该项研究有了更广阔的天地；期待与你们的交流和讨论，让我们共同为通用航空产业的未来贡献智慧和力量。

在未来的研究中，我将继续深化对通用航空产业的探索，特别是在技术创新、政策支持、市场需求等方面。我相信，随着观念的持续改变、技术的不断进步和政策的不断完善，通用航空产业将迎来更加广阔的发展空间。

再次感谢所有支持和参与本书研究的个人和机构。让我们携手共进，迎接通用航空产业的美好明天。